SHAKESPEARE
ontem, hoje e amanhã,
e amanhã, e amanhã

José Roberto de Castro Neves

SHAKESPEARE
ontem, hoje e amanhã,
e amanhã, e amanhã

Por que Shakespeare é pop?

Apresentação
Liana Leão

Editora
Nova
Fronteira

Copyright © 2024 by José Roberto de Castro Neves

Direitos de edição da obra em língua portuguesa no Brasil adquiridos pela Editora Nova Fronteira Participações S.A. Todos os direitos reservados. Nenhuma parte desta obra pode ser apropriada e estocada em sistema de banco de dados ou processo similar, em qualquer forma ou meio, seja eletrônico, de fotocópia, gravação etc., sem a permissão do detentor do copirraite.

Editora Nova Fronteira Participações S.A.
Av. Rio Branco, 115 — Salas 1201 a 1205 — Centro — 20040-004
Rio de Janeiro — RJ — Brasil
Tel.: (21) 3882-8200

Dados Internacionais de Catalogação na Publicação (CIP)

N518s	Neves, José Roberto de Castro
	Shakespeare ontem, hoje e amanhã, e amanhã, e amanhã: por que Shakespeare é pop?/ José Roberto de Castro Neves; apresentação por Liana Leão. – 1. ed. – Rio de Janeiro: Nova Fronteira, 2024.
	ISBN: 978.65.5640.918-4
	1. Teatro grego influência. I. Título
	CDD: 882
	CDU: 82-2

André Felipe de Moraes Queiroz – Bibliotecário – CRB-4/2242

CONHEÇA OUTROS
LIVROS DA EDITORA:

SUMÁRIO

Apresentação – Liana Leão 09

Cronologia de Shakespeare 12

Por que Shakespeare é pop? 17

Romeu e Julieta: o manual da juventude 49

O mercador de Veneza e as aparências 81

As peças históricas: o espelho do homem público 105

Hamlet e suas muitas tragédias 161

Otelo: os sete pecados capitais,
o supervilão e o papel da mulher 189

Rei Lear: família e velhice 223

Hail Macbeth!: a consciência humana 245

Shakespeare: o começo e o falso fim
(o amanhã, e o amanhã, e o amanhã) 261

Epílogo 273

Pequena nota do autor 275

Obras consultadas 276

TO BEL OR NOT TO BEL
THAT IS NOT THE QUESTION
TO BEL

APRESENTAÇÃO

"Amigos, romanos, compatriotas, prestem atenção!" É assim, brincando com a famosa fala de Marco Antônio no enterro de César — *"Friends, Romans, countrymen, lend me your ears"* —, que começa o novo livro de José Roberto de Castro Neves, que versa sobre uma de suas paixões mais frutíferas: William Shakespeare. Desde o delicioso título, *Shakespeare ontem, hoje e amanhã, e amanhã, e amanhã*, que, por sua vez, remete à passagem de *Macbeth "Tomorrow, and Tomorrow, and Tomorrow"*, o autor se propõe a nos trazer um Shakespeare que fala e sente como os jovens de hoje. Um Shakespeare pop, como ele mesmo indica no subtítulo: "Por que Shakespeare é pop?".

Em linguagem ágil, coloquial, guardando muito da oralidade gostosa e do jeito informal com que, em suas palestras, tem encantado plateias Brasil afora, José Roberto nos propõe um mergulho na época do dramaturgo, situando o Renascimento inglês diante de outros grandes acontecimentos históricos: a imprensa de Gutenberg, as grandes navegações, a reforma protestante e os avanços científicos. Aborda, já no primeiro capítulo e ao longo do livro, momentos históricos importantes para a formação da Inglaterra como nação, como o ano de 1588, quando os ingleses vencem, de modo inesperado e espetacular, a "invencível" armada espanhola. Também discorre, em momentos diversos, sobre o protestantismo de Lutero e a reforma inglesa, e em como o impacto dessa mudança religiosa se manifesta, por exemplo, em uma peça como *Hamlet*, em que a Dinamarca medieval se contrapõe às luzes de Wittenberg. Por detrás da preocupação em traçar o contexto histórico, há a firme crença de nosso autor de que "o gênio não é um fenômeno isolado"; para que ele se manifeste e se desenvolva, fazem-se necessários o local e a hora. E só isso já valeria o livro.

Mas José Roberto nos oferece mais. Explora a cidade natal do poeta, sua educação escolar e a vida em família, o casamento com Anne Hathaway e o nascimento dos três filhos. Abarca também os anos perdidos e a chegada do futuro dramaturgo a Londres e o ambiente do teatro profissional nascente em que seu gênio vai florescer. Toca em questões interessantes como os dramaturgos com os quais Shakespeare teria convivido, quem seriam seus possíveis rivais e que outras diversões a Londres elisabetana oferecia... passando pelas execuções públicas e pelas lutas de ursos contra cães, as últimas muitas vezes compartilhando o mesmo teatro que as peças de Shakespeare. Tudo isso em uma linguagem que não cansa.

Para os interessados em Direito, são especialmente preciosos os momentos em que José Roberto discorre, do ponto de vista jurídico, sobre peças como *O mercador de Veneza*. Para quem busca saber mais sobre política e história da Inglaterra, o capítulo em que o autor adentra o universo das peças históricas e os temas do homem público e do desgoverno é especialmente gratificante. O autor traz informações preciosas como a voga de um gênero de literatura conhecido como *Myrroure for Magistrates*, o espelho dos magistrados, cujo propósito é discutir os comportamentos adequados aos homens públicos. Há quem diga que José Roberto, fingindo dar lições sobre Shakespeare, oferece mesmo lições aos políticos atuais.

Em *Shakespeare ontem, hoje e amanhã, e amanhã, e amanhã*, José Roberto nos mostra que Shakespeare pode ser pop, sim, e que, definitivamente, ele não é inacessível. E que a arte, e especialmente a arte de Shakespeare, educa. Educa para a vida em família e em sociedade, educa para a vida cívica e política. Educa para o amor, para a angústia do viver, para a velhice. Educa o sentir, o pensar, educa, enfim, o próprio ser.

Em determinado momento do livro, José Roberto diz, acertadamente, que "nunca há resposta definitiva nas obras de Shakespeare" e que há sempre o leitor ou espectador sendo chamado a refletir. Por isso mesmo nem eu nem você, leitor amigo, precisamos concordar integralmente com as leituras de *Romeu e Julieta* ou de *Hamlet* feitas pelo nosso autor. Eu, certamente — e lá se vão quase trinta anos em que leio e releio Shakespeare —, encontro a cada releitura um *Lear* e um *Macbeth* um pouco diferentes. Esse é o milagre dos clássicos que se renovam a cada leitura. Essa é a genialidade e a generosidade de Shakespeare, que me convida a repensar e diferir de mim mesma.

Boa leitura!

Liana Leão
Professora de Literatura da Universidade Federal do Paraná

CRONOLOGIA DE SHAKESPEARE

Como tudo se discute em Shakespeare, há uma acirrada disputa sobre a precisa data de composição de suas peças. Eis uma linha com o provável ano de conclusão das obras, além de fatos históricos e algumas marcas importantes na vida do dramaturgo:

1558 John Shakespeare casa-se com Mary Arden, pais de Shakespeare

A Inglaterra perde Calais, a última possessão inglesa na França

Elizabeth I torna-se rainha da Inglaterra

1564 Nasce William Shakespeare, terceiro filho de Mary e John Shakespeare, sendo o primeiro de quatro varões

1571 Batalha naval de Lepanto: derrota da frota turca para as forças venezianas

1572 Noite de São Bartolomeu: massacre dos protestantes na França

1580 Espanha "conquista" Portugal

1582 William Shakespeare casa-se com Anne Hathaway; Introdução do calendário gregoriano

1583 Nasce Suzanna, primeira filha de Shakespeare

1585 Nascem os gêmeos Judith e Hamnet, filhos de Shakespeare
1587 Provável ida de Shakespeare para Londres
Execução de Maria Stuart (mãe do futuro rei Jaime I)
Vitória naval inglesa sobre os espanhóis — destruição da "invencível" Armada

Os dois cavalheiros de Verona	1590-1591
A megera domada	1590-1591
Henrique VI, Parte II	1591
Henrique VI, Parte III	1591
Tito Andrônico	1592
Ricardo III	1592-3
A comédia dos erros	1594
Trabalhos de amor perdido	1594-5
Ricardo II	1595
Romeu e Julieta	1595
Sonho de uma noite de verão	1595
Vida e morte do Rei João	1596
O mercador de Veneza	1596-7
Henrique IV, Parte I	1596-7
As alegres comadres de Windsor	1597-8
Henrique IV, Parte II	1597-8

1598 Edito de Nantes garante a liberdade religiosa na França

Muito barulho por nada	1598

Inauguração do teatro The Globe

Henrique V	1598-9
Júlio César	1599
Como gostais	1599-1600

	Noite de Reis	1600-1601
1601	Morte de John Shakespeare, pai de William	
	Hamlet	1601-1602
	Troilo e Créssida	1602
1603	Morte de Elizabeth I e ascensão ao trono inglês de Jaime I (Jaime VI da Escócia)	
	Jaime I passa a ser o patrocinador da companhia teatral de Shakespeare — a partir de então, a "King's Men"	
	Medida por medida	1603
	Otelo	1603-4
1604	Selada a paz entre Inglaterra e Espanha	
	Tudo está bem quando acaba bem	1604-5
1605	Descoberta a "Conspiração da Pólvora" contra Jaime I	
	Lançamento da Primeira Parte de *Dom Quixote*, de Miguel de Cervantes	
	Tímon de Atenas (com Thomas Middleton)	1605
	Rei Lear	1605-6
	Macbeth	1606
	Antônio e Cleópatra	1606
	Péricles (com George Wilkins)	1607
1608	Inauguração do teatro Blackfriars	
	Coriolano	1608
1609	Johannes Kepler publica as leis das movimentações dos corpos celestes	
	A peste causa o fechamento dos teatros londrinos	
	Conto de inverno	1609
	Cimbeline	1610
1611	Publicação da Bíblia em inglês na versão do rei Jaime	

A tempestade	1611
Henrique VIII (com John Fletcher)	1613
Os dois primos nobres [*Parentes*] (com John Fletcher)	1613-1614

- **1613** Incêndio destrói o teatro The Globe
- **1614** The Globe reaberto
  Shakespeare assina seu testamento
  Casamento de Judith, filha de Shakespeare
  Morte de Shakespeare
- **1618** Começa a Guerra dos 30 anos na Europa
- **1620** Peregrinos do *Mayflower* chegam a Massachusetts, nos Estados Unidos
- **1622** Jaime I dissolve o parlamento inglês
- **1623** Morte de Anne Hathaway, viúva de Shakespeare
  Publicação do *First Folio* — primeira compilação da poesia dramática de Shakespeare

POR QUE SHAKESPEARE É POP?

Amigos, romanos, compatriotas, prestai atenção! Estou aqui para exaltar Shakespeare, não para maldizê-lo. O bem que fazem os homens perdura depois deles! Frequentemente, o mal que fizeram é sepultado com os próprios ossos! Que assim seja com Shakespeare!

Shakespeare foi o maior dramaturgo da história. Tamanha a força de suas tramas e seus personagens que eles se incorporaram à cultura ocidental. O mundo todo conhece *Romeu e Julieta*. "Ser ou não ser" tornou-se chavão. *A megera domada* virou tema de inúmeros filmes e adaptações. Otelo, Macbeth, Lear, Hamlet, Falstaff... — entre muitos outros — possuem plena humanidade, a ponto de nós, no dia a dia, os encontrarmos, com frequência, andando por aí.

Por quê? Como Shakespeare conseguiu produzir peças teatrais tão extraordinárias? Por que suas obras são tão admiradas? Por que Shakespeare virou pop?

Para compreender o fenômeno Shakespeare, vale a pena começar por entender seu tempo. Um útil estudo do artista parte da história — social, intelectual e emocional — que ele vivenciou.

Essa história pode começar assim: William Shakespeare nasceu em 1564, numa pequena cidade, Stratford-upon-Avon, em Warwickshire, região central da Inglaterra.

LOCAL DE NASCIMENTO DE SHAKESPEARE, EM STRATFORD (WIKICOMMONS)

IGREJA LOCAL EM QUE SHAKESPEARE FOI BATIZADO (WIKICOMMONS)

Mudanças de paradigma

A Inglaterra de Shakespeare e aquele específico momento histórico assistiram a diversas quebras de paradigmas, que permitiram novas formas de pensar e, com isso, iluminaram o mundo.

Por volta de 1450, em Mogúncia, na Alemanha, Johannes Gutenberg, um ourives, aperfeiçoa a imprensa, aprimorando o meio de imprimir com caracteres móveis. Com isso, foi possível produzir livros e panfletos com rapidez e facilidade — e o rumo da história foi alterado.

Até então, os livros tinham um valor inalcançável para a maior parte das pessoas, pois os trabalhos eram manuscritos. Antes da invenção da imprensa, era necessário, em média, um ano para que um copista, com dedicação exclusiva, completasse o *Novo Testamento*. Com o advento da imprensa, os livros se tornaram mais acessíveis ao público e a informação foi disseminada — não sem razão, diz-se que foi a maior invenção da nossa história.

JOHANNES GUTENBERG (WIKICOMMONS)

Em 1492, Colombo aportou num novo continente. Havia "um admirável mundo novo" ("*a brave new world*") — a expressão aparece em *A tempestade*, uma das últimas peças de Shakespeare — a ser desbravado. Novos animais, novas árvores, novas plantas e frutas, novos povos. O homem tomou conhecimento de que o mundo era mais vasto. A geografia adquiria outro contorno. A pergunta deixava de ser: "há algo mais no mundo?", que poderia encerrar com uma resposta simples e desalentadora, "nada", para se transformar em "o que há de novo no mundo (?), já que o mundo é maior", não havendo resposta pronta para isso.

Pairava no ar um convite para desbravar, para deixar livre a curiosidade.

SUPOSTO RETRATO DE COLOMBO POR SEBASTIANO DEL PIOMBO, 1519 (WIKICOMMONS)

O florentino Nicolau Maquiavel escreveu um pequeno livro em 1513, apenas publicado em 1532, quando seu autor já havia falecido. Eram lições oferecidas a um político. O trabalho se tornou imediatamente um clássico com o seguinte título: *O príncipe*. Nele, em suma, Maquiavel, com objetividade e franqueza, explica o que deve fazer o gestor público para triunfar. Principalmente, o florentino afasta a ideia de que o destino tem algo a ver com o sucesso de um governante. Para Maquiavel, o êxito do príncipe se relaciona exclusivamente à sua virtude, isto é, à sua capacidade de exercer o poder — que incluía, por vezes, doses de cinismo e violência.

A partir da publicação de *O príncipe*, a política foi compreendida como ciência.

NICOLAU MAQUIAVEL, POR SANTI DI TITO (WIKICOMMONS)

Martinho Lutero, um monge alemão, em 1517, desafiou a poderosa Igreja, apresentando as 95 teses, nas quais denunciava, abertamente, a venda de indulgências e os hábitos nababescos do clero. Era necessário, dizia o monge, que a absolvição dos pecados viesse do perdão e não do dinheiro. Lutero defendia que, embora a palavra fosse de Deus, a interpretação pertencia ao homem. Com a tradução da Bíblia ao baixo-alemão, a língua falada pelo povo, a tarefa foi levada adiante pelo próprio

Lutero. Com a sua publicação graças à invenção da imprensa, foi oferecida às pessoas comuns a oportunidade de interpretar. Essa insurreição marca o início do movimento protestante: percebeu-se que questionar a Igreja não era o mesmo que questionar a Deus.

CÉLEBRE PINTURA DE MARTINHO LUTERO, REALIZADA POR LUCAS CRANACH, O VELHO (WIKICOMMONS)

Por fim, em 1543, é publicada *De Revolutionibus Orbium Coelestium*, obra do polonês Nicolau Copérnico, na qual se explicita o modelo heliocêntrico. Ao contrário do que defendia a Igreja, que se apegava ferrenhamente aos ensinamentos de Ptolomeu e a uma passagem das Escrituras (o profeta Josué [10:13] diz que o sol parou), a Terra não era o centro do universo. Como explicava cientificamente Copérnico, o nosso era apenas o nono planeta a girar ao redor do Sol. A órbita se movimentava como um relógio, seguindo uma ordem lógica e explicável.

Copérnico, de temperamento introspectivo, publica sua obra em 1543, já bem idoso, tanto que vem a falecer naquele mesmo ano.

Segundo a tese heliocêntrica, a Terra era apenas mais um entre tantos outros planetas, sem distinção ou privilégio. Um choque narcísico.

Do ponto de vista geográfico, político, religioso, astronômico, e da forma como a informação passou a ser disseminada, o mundo mudou radicalmente. Era tempo de questionar, explorar, descobrir.

RETRATO DE COPÉRNICO (WIKICOMMONS)

A Inglaterra elisabetana e a geografia do gênio

Quando William Shakespeare nasceu, sua cidade, Stratford-upon-Avon, uma pequena e próspera *market-town*, contava com possivelmente 2.500 habitantes. Para chegar até a capital, Londres, a cerca de duzentos quilômetros ao sul, o viajante tardava de dois a quatro dias, a depender das condições da estrada e da velocidade com que se percorria a distância. O tempo do percurso costumava ser menor no verão, tanto pelo estado mais seco das estradas, como pelo maior tempo de claridade durante o dia.

Os pais de Shakespeare não eram nobres, nem especialmente ricos. Embora exista acesa discussão sobre o tema, acredita-se que seus pais sabiam ler — mais provavelmente, a mãe, Mary Arden, de origem mais próspera se comparada à de seu marido. John, pai do futuro teatrólogo, era filho de um homem do campo e arrendou terras pertencentes ao seu futuro sogro.

John se dedicou a diversos afazeres: foi luveiro, açougueiro e comerciante de lã. Ocupou cargos de administração da pequena Stratford, sendo eleito vereador e prefeito. Aspirava ao título de cavalheiro e solicitou brasão de armas para a família, o que num primeiro momento foi negado. Posteriormente, por intermédio de William, o brasão foi concedido. Quando William ainda estava na adolescência, seu pai sofreu sério revés financeiro, o que possivelmente obrigou o jovem a largar os estudos.

Shakespeare se casa aos 18 anos, com Anne Hathaway, de 26, oito anos mais velha que ele. Logo em seguida, nasce a primeira filha, Susanna, evidenciando que Anne se casou grávida. Poucos anos depois, Anne ficou grávida novamente. Dessa vez, nascem gêmeos: Judith e Hamnet.

Algum tempo depois, Shakespeare, deixando a família em Stratford, vai para Londres.

O ROYAL SHAKESPEARE THEATRE, EM STRATFORD (WIKICOMMONS)

Shakespeare não abandona sua origem. Embora tenha mudado para a capital atrás de trabalho, voltava com frequência para sua cidade, a fim de estar com a família e os amigos.

A indústria teatral se desenvolveu em Londres, a partir da segunda metade do século XVI. A primeira peça feita no estilo que Shakespeare viria a consagrar — adotando regras de métrica e o verso branco (isto é, versos métricos porém sem rima) — foi *Gorboduc*, de Thomas Norton e Thomas Sackville, apresentada no começo de 1561, no Inner Temple, uma das guildas de advogados de Londres. A peça cuidava da disputa entre os filhos pela sucessão do rei Gorboduc. Esse modelo ganhou público.

Quando Shakespeare chega a Londres, possivelmente em 1587, havia em funcionamento companhias teatrais, dedicadas a preparar e apresentar espetáculos. Na capital, Shakespeare, em algum momento entre sua chegada e 1590, se junta a uma trupe de artistas liderada por um ator, James Burbage. Este recebeu, em 1574, a licença real para praticar sua "arte", sob o patrocínio e proteção do conde de Leicester. Burbage foi, para alguns, o primeiro a construir um teatro em Londres,[1] chamado "*Theatre*", numa referência aos espetáculos clássicos.

Entre os membros de sua companhia teatral constava Richard Burbage, filho de James, reconhecido como o maior ator de sua época — para quem Shakespeare escreveu seus principais papéis. Richard Burbage foi o primeiro ator a interpretar Júlio César, Hamlet e Lear.

Existem poucos dados concretos acerca da vida de Shakespeare — o que é natural, levando-se em conta o período histórico em que ele viveu. Sem muitas informações, abre-se espaço — e que espaço! — para especulação. Com graça, Ralph Waldo Emerson registrou que "o único bió-

---

[1] Ver Chute, Marchette. *Shakespeare of London*. Nova York: E. P. Dutton Publishers, 1949, p. 25. Mais especificamente, houve um primeiro estabelecimento com esse fim, construído por volta de 1567, chamado Red Lion. Durou pouco. Mais adiante, seu idealizador, John Brayne, junto a seu cunhado, James Burbage, erigiram o Theatre. Essa empreitada deu certo.

grafo de Shakespeare é Shakespeare".[2] É dele a tese de que o verdadeiro gênio reside não na originalidade, mas em sua influência e alcance.

No livro *A geografia do gênio*[3] defende-se a tese de que o gênio não é um fenômeno isolado. Para que ele se manifeste e se desenvolva, fazem-se necessários o local e o momento histórico, no qual haja liberdade para se exprimir, além de outros indivíduos ao seu redor, igualmente brilhantes, que o estimulem.

Interessante anotar que o período de 1580 a 1680 foi possivelmente o mais profícuo da história da literatura ocidental. Otto Maria Carpeaux anota a produção, entre outros, dos seguintes autores da época: Tasso, Cervantes, Góngora, Lope de Vega, Tirso de Molina, Ben Jonson, John Donne, John Webster, Quevedo, Corneille, Milton, Padre Antônio Vieira, La Fontaine, Molière, Pepys, Boileau, Racine e, claro, Shakespeare.

Se a história prova algo, é que o ser humano e o momento histórico se criam, reciprocamente. Assim, em grande parte, as pessoas se compreendem pelo *Zeitgeist*, isto é, o espírito da época. Shakespeare, de uma só vez, é reflexo de seu tempo, embora tenha transformado seu tempo.

A Inglaterra governada por Elizabeth I (1533-1603) era um país em franca ascensão. No campo militar, derrotaram, em 1588, a "invencível armada" da Espanha. No ano anterior, Elizabeth determinou que sua prima, Maria Stuart — também conhecida como Maria, Rainha dos Escoceses —, acusada de tramar seu assassinato, fosse decapitada, depois de mantê-la presa, por quase vinte anos, em vários castelos no interior da Inglaterra. A rainha demonstrava força.

---

2   Emerson, Ralph Waldo. *Shakespeare y Goethe*. Madri: Archivos Vola, 2023, p. 24.
3   Weiner, Eric. *The Geography of Genius*. Nova York: Simon & Schuster, 2016.

A RAINHA, POR UM PINTOR ANÔNIMO (WIKICOMMONS)

O governo inglês de então se preocupava especialmente com a educação. Mesmo em cidades pequenas, espalhadas pelo país, havia escolas com um severo e organizado modelo de aprendizado. Na pequena Stratford-upon-Avon, existia uma boa escola, na qual as crianças eram submetidas a longas horas de estudo, estimulando-se a leitura e a tradução de textos clássicos gregos e latinos.

Ainda se seguia na Inglaterra o modelo de educação que privilegiava um conhecimento geral e amplo, sob temas diversos. Alimentava-se o aluno com cultura geral. Os estudantes inicialmente eram apresentados às sete artes liberais. No primeiro ano, estudavam o trívio — *trivium* —, com a introdução da lógica, da gramática e da retórica. No segundo, o *quadrivium*, no qual recebiam lições de geometria, aritmética, astronomia e música.

Londres era a cidade mais importante da Inglaterra, com cerca de 250 mil habitantes. Naquele tempo, não havia no país outra grande concentração urbana.

ELIZABETH I COROADA (WIKICOMMONS)

Na época, todas as encenações se sujeitavam à censura. Na Inglaterra do final do século XVI, a censura, comparada à de outros países europeus, era consideravelmente menos severa, experimentando-se relativo espaço para manifestação de ideias. Havia regras, editadas no governo de Elizabeth I, restringindo o uso de temas bíblicos e alusões de cunho supostamente político em peças teatrais. Adiante, já no reinado de Jaime I, em 1606, sobreveio norma proibindo vocabulário chulo nas encenações. Do original de *Otelo*, de 1603, para a versão publicada no *Primeiro Folio*, de 1623, há cerca de cinquenta revisões, com o fim de excluir termos considerados grosseiros.[4]

O *Master of the Revels* — o Mestre das Diversões — da época, Sir Edmund Tilney, atuava como censor. Ele não lia as peças, mas exigia que elas lhe fossem lidas ou encenadas, antes de admitir sua exibição pública. Por algum motivo desconhecido, as peças de Shakespeare, seus sonetos e seus poemas não sofriam grandes restrições de censura — com exceção de *Ricardo II*, como veremos adiante. O artista conseguiu com razoável liberdade abordar os mais diversos temas.

Para os londrinos daquele período, havia três tipos de entretenimento público: os julgamentos, que podiam culminar em execuções; as lutas de ursos com cachorros; e, finalmente, os teatros. Em um mundo com acesso limitado a livros, sem rádio, cinema, televisão ou internet, os ingleses lotavam esses eventos.

Os julgamentos públicos levavam multidões a discutir os temas jurídicos. As execuções, por enforcamento ou por degola, eram disputadas. A multidão tomava as praças para assistir a mulheres serem condenadas como bruxas e arderem em grandes piras. Queimadas vivas, seus gritos de dor serviam como o momento de clímax do evento. Nas arenas de ursos, por sua vez, assistia-se a um espetáculo sanguinolento. O urso era amarrado a uma estaca e atacado por uma matilha de cães. Uma luta feroz, nas quais o urso, na maior parte das vezes, morria ao fim, todo mutilado pelas dentadas caninas.

No final dos anos 80 do século XVI, o teatro inglês deu um salto qualitativo. Até então, a dramaturgia repetia práticas medievais, que pouco variavam: encenações de passagens bíblicas ou histórias simples, nas quais não havia exatamente personagens humanas, mas alegorias, como, por exemplo, o "diabo", a "virgem", o "cavaleiro" ou o "padre". Havia também a rotineira encarnação de virtudes (como "o gentil" ou "o sábio") e vícios (como "a inveja" ou "a preguiça"). Eram o que mais tarde

---

4   Wells, Stanley. *What Was Shakespeare Really Like?*. Cambridge: Cambridge University Press, 2023, p. 41.

chamaríamos de arquétipos. Os enredos se repetiam, com histórias de "ensinamento moral".[5] A partir da geração de Marlowe e Shakespeare, inaugurou-se uma nova dimensão para as peças de teatro, com temas realistas e personagens dotadas de características humanas.

O teatro passou a tratar de temas políticos, recontando momentos históricos relevantes da Inglaterra. Outras vezes, levava os espectadores para lugares exóticos ou apresentava enredos de vingança.

Esses espetáculos magnetizaram a atenção dos londrinos. Gente de todos os estratos sociais — desde os nobres aos mais humildes — passou a frequentar o teatro. O público se familiarizava com a linguagem teatral, cheia de trocadilhos, ambiguidades e referências culturais.

Aos poucos, foram criadas companhias semiprofissionais e inaugurados teatros em Londres, "sedes permanentes" que ofereciam apresentações nas tardes de todos os dias da semana, menos aos domingos, destinados à prática religiosa — e a ida à igreja aos domingos era um dever legal. The Globe, a casa de espetáculos da companhia teatral de Shakespeare, hasteava uma bandeira preta para anunciar que, naquele dia, seria apresentada uma tragédia. Caso a bandeira fosse branca, seria uma comédia. Havia encenações diárias, que se iniciavam às duas da tarde.

Na época, não havia recursos cênicos. Cabia ao texto explicar a plateia onde se dava a cena, para que a imaginação dos espectadores fluísse. Logo no começo de *Sonho de uma noite de verão*, o público é informado de que a trama se passa em Atenas. Na primeira frase de *Muito barulho por nada*, já se informa que a história se passa em Messina, na Itália. Era importante, portanto, que se estivesse atento ao que era dito pelos atores, inclusive para entender o local dos acontecimentos narrados na peça.

Havia recessos das sessões de teatro, por determinação das autoridades, que fechavam os estabelecimentos quando surgiam epidemias, infelizmente comuns. Nessas ocasiões, a trupe de artistas saía pelo país,

---

5   Ver Knight, Charles. *Studies of Shakespeare*. Londres, George Routledge and Sons, 1869, p. 7 e seguintes, assim como os exemplos em Hussey, Maurice (org.). *The Chester Mystery Plays*. Londres, William Heinemann Ltd, 1957.

promovendo *performances* em pequenas cidades. Há registros de visitas de companhias teatrais em Stratford, quando William era criança. Muito possivelmente, ele assistiu a essas apresentações, até mesmo porque, no período, seu pai ocupava um importante cargo público na pacata cidade.

Quando Shakespeare chega a Londres, possivelmente em 1587, vindo da pequena e rural Stratford-upon-Avon, ele logo se interessa pela vida dos teatros. Um grupo de talentosos dramaturgos dominava a cena. Foram alcunhados de "University Wits", ou seja, os talentosos (e espertos) universitários, pois oriundos de Cambridge ou Oxford, os dois grandes centros de estudo da Inglaterra. Entre eles estavam Christopher Marlowe, Robert Greene, Thomas Nashe (estes de Cambridge), John Lyly, Thomas Lodge, George Peele (os últimos de Oxford), além de Thomas Kyd (possivelmente de nenhuma delas).

A IDENTIDADE DO RETRATADO NESTA PINTURA DE AUTORIA ANÔNIMA COSTUMA SER ATRIBUÍDA A CHRISTOPHER MARLOWE (WIKICOMMONS)

Marlowe despontava como o mais talentoso desse grupo de dramaturgos. No início da carreira de Shakespeare, Marlowe encontrava-se no auge. Havia lançado sucessos como *O judeu de Malta*, *Eduardo II* e *A trágica história do Doutor Fausto*. Na última década do século XVI, Shakespeare se esforçava para atingir o patamar artístico desse rival, que tinha exatamente a sua idade. Infelizmente, Marlowe morre precocemente, aos 29 anos, em 1593, numa briga no refeitório de uma estalagem — sobre essa circunstância também há profunda especulação.

Muito se divaga acerca do que se ocupou Shakespeare entre o nascimento dos gêmeos, em 1585, a chegada a Londres (possivelmente em 1587), e 1592, quando dispomos de registros do poeta ativo na cena teatral londrina. São os chamados "anos perdidos", devido à escassez de informação. Para alguns, ele viajou pelo mundo, amealhando conhecimentos náuticos, além de detalhes da geografia de algumas cidades italianas (Verona e Veneza, em especial).[6] Há também quem defenda que o jovem William trabalhou como ajudante de advogado, o que explicaria a precisão com que se valia de conceitos jurídicos.[7] Outros argumentam que trabalhou como professor particular junto a uma abastada família católica em Lancashire.[8]

Como mencionado, por volta de 1590, Shakespeare se une a um grupo teatral. Naquele momento, o ator precisava, necessariamente, pertencer a uma trupe, patrocinada por algum nobre. O artista independente era considerado vagabundo, sem ocupação e ficava sujeito à prisão.

De toda forma, o gênio dramático de Shakespeare se desenvolveu num ambiente em que poderia expor seu talento, com certa medida de liberdade, e no qual havia grandes rivais, estimulando sua produção.

---

6   Roe, Richard Paul. *The Shakespeare Guide to Italy*. Nova York: Harper, 2009.

7   Entre outros: Malone, Edmond. *William Shakespeare: Plays and Poems*. Londres: F.C. & Rivington, 1821, vol. 1, p. 104; e Knight, W. Nicholas. *Shakespeare's Hidden Life*. Nova York: Mason & Lipscomb, 1973, p. 103, 106 e 107. Ver Castro Neves, José Roberto de. *Medida por medida: o Direito em Shakespeare*. 6ª ed. Rio de Janeiro: Nova Fronteira, 2019.

8   Ver Honigmann, E. A. J. *Shakespeare: The 'Lost Years'*. Manchester: UP, 1998.

RETRATO DO REI JAIME POR DANIËL MIJTENS (WIKICOMMONS)

Em 1603, com a morte de Elizabeth I, os Tudor saem de cena. Ascende ao trono o escocês Jaime Stuart. A trupe artística do Bardo passa a ser patrocinada pelo rei — eles se tornam os "King's Men".

Shakespeare recebeu reconhecimento de sua obra enquanto vivo. Como sócio de sua companhia teatral, ganhou dinheiro suficiente para, mais no fim da vida, voltar para Stratford e viver numa das mais belas casas da cidade.

Shakespeare morre em 1616 — supostamente, no dia em que completou 52 anos. Foi enterrado na principal igreja de Stratford, onde, acredita-se, seus restos mortais descansam até hoje.

Cerca de metade de suas peças foram publicadas em vida. Sete anos depois de seu falecimento, em 1623, o mesmo ano da morte de sua viúva, dois de seus antigos parceiros na companhia teatral, John Heminges e Henry Condell, reúnem suas peças e lançam uma célebre coletânea, o chamado *First Folio*.

Ben Jonson, grande dramaturgo contemporâneo de Shakespeare, faz o prefácio dessa compilação. Sensível, Jonson prevê com clareza a força do Bardo: "Ele não era de uma época, mas de todos os tempos" — "*He was not of an age, but for all time!*".

No *First Folio*, as peças não são apresentadas em sua ordem cronológica, porém separadas em comédias, históricas e tragédias — numa divisão nem sempre perfeita. Curiosamente, a obra que inicia o *Folio* é *A tempestade*, uma das últimas peças escritas por Shakespeare.

O caminho do Bardo

Pode-se afirmar, com razoável segurança, que Shakespeare escreveu pelo menos 37 peças. Muitas delas foram concluídas em parceria com outros dramaturgos, algo comum naquele tempo.

Como todo grande artista, Shakespeare não se contentava plenamente com sua obra e sempre buscava algo novo. No início da carreira, fez comédias mais simples — como *A megera domada* —, tragédias sanguinolentas — como *Tito Andrônico* —, bem ao gosto do público, além de uma série de peças históricas, sobre o período da Guerra das Rosas.

Em 1599, Shakespeare lança *Júlio César*, peça considerada uma guinada em sua carreira, pois passa a tratar de temas políticos de forma mais aberta.

Entre 1601 e 1608, mais maduro, Shakespeare apresenta *Hamlet, Troilo e Créssida, Otelo, Rei Lear, Tímon de Atenas, Macbeth, Antônio e Cleópatra* e, ainda, *Coriolano*. Uma série de extraordinárias tragédias. Ao mesmo tempo, fez comédias amargas e melancólicas como *Medida por medida* e *Tudo está bem quando acaba bem*.

Ao fim de sua carreira, o Bardo de Stratford oferece peças mais românticas, tendo a reconciliação como elemento comum — isso se vê em *Conto de inverno* e *A tempestade*.[9] Como aponta Fernanda Medeiros, sobre essa fase da produção do gênio, "trata-se de um mundo à parte na obra de Shakespeare".[10]

Com bastante facilidade, vê-se uma linha condutora, que leva o mesmo artista, inquieto e criativo, a aprimorar sua atividade,[11] num constante desenvolvimento, típico das mentes privilegiadas.

Do puritanismo à bardolatria

Pouco após a morte de Shakespeare, a Inglaterra mergulha numa revolução puritana, liderada por Oliver Cromwell. Ao tomar o poder, os puritanos, além de decapitar o rei Carlos I, filho de Jaime, proíbem as apresentações de artistas e determinam a demolição de todos os teatros de Londres. Um grande revés para a dramaturgia.

A monarquia foi restaurada em 1660. Os teatros foram, então, reabertos. O rei concedeu autorização para apenas duas companhias, que puderam construir casas de espetáculo. Essas duas companhias, um duopólio — de Thomas Killigrew e William Davenant —, estavam alinhadas com o rei. As cartas patentes emitidas garantiam que não haveria nenhuma outra companhia de teatro, além daquelas duas.

Esse período se tornou conhecido como "Restauração". No campo teatral, o alegre rei Carlos II concedeu patentes para a abertura de duas casas de espetáculo, licenciadas para apresentar dramas. Observam-se,

---

9   Ver Traversi, Derek. *Shakespeare: the Last Phase.* Nova York: Harcourt, Brace & Company, 1953.

10 Medeiros, Fernanda. "Minhas pistas shakespearianas para antes que o mundo acabe". In: Leão, Liana de Camargo; Medeiros, Fernanda (orgs.). *O que você precisa saber sobre Shakespeare antes que o mundo acabe.* Rio de Janeiro: Nova Fronteira, 2021, p. 127.

11 Ver Castro Neves, José Roberto de. *Shakespeare e os Beatles: o caminho do gênio.* Rio de Janeiro: Nova Fronteira, 2021.

nesse período, sensíveis alterações em relação ao teatro elisabetano: para começar, passa-se a admitir as mulheres no palco e o uso de recursos cênicos (inexistentes na Inglaterra até então).[12]

Aos poucos, as peças de Shakespeare voltaram a ser encenadas. Na Restauração inglesa, as peças foram simplificadas para agradar ao público. A versão mais famosa dessa época é a de *Rei Lear*, modificada a fim de garantir um final feliz, como adiante veremos.

Com o tempo, a obra de Shakespeare chega a outros países. O gênio ganhou admiradores. Sua obra era apresentada e discutida.

Em 1767, um clérigo escocês, William Duff, publica um livro intitulado *Ensaio sobre o gênio original — An essay on original genius; and its various modes of exertion in philosophy and the fine arts, particularly in poetry*, no original. Nessa obra, sustenta-se que o verdadeiro gênio se observava pela imaginação, pela racionalidade, pelo bom gosto. Shakespeare seria o paradigma desse comportamento brilhante. Mais ainda, o dramaturgo, com tantas qualidades, poderia ser qualificado como um "semideus".

Pode-se dizer que, a partir do século XVIII, Shakespeare se incorpora à cultura ocidental. Inicia-se o culto ao "Bardo", sobretudo considerando as palavras do crítico e lexicógrafo Samuel Johnson e as ações e atuações do ator David Garrick. Nas primeiras décadas do século XIX, no período romântico inglês, Coleridge, Hazlitt e Keats qualificam Shakespeare como gênio. Consolida-se a bardolatria: a adoração ao "Bardo" de Stratford.

John Keats, poeta romântico inglês, morre de tuberculose em 1821, com apenas 25 anos. Ele estava em Roma, longe de casa e das pessoas que mais amava. Conta-se que, nos seus momentos derradeiros, certo de que a morte era iminente, Keats teve um primeiro sentimento de

---

12 Ver Carlson, Marvin. "The Restoration and Eighteenth Century in England". In: Carlson, Marvin. *Theories of the Theatre: a Historical and Critical Survey, from the Greeks to the Present*. Cornell: UP, 1996, p. 112; e Heliodora, Barbara. "A Revolução Republicana e a Restauração Monárquica". In: Heliodora, B. *Caminhos do teatro ocidental*. São Paulo: Perspectiva, 2013, p. 195.

profunda desolação, pois acreditava que não havia produzido nada de relevante em sua curta existência. Em seguida, contudo, sobreveio outro sentimento, mais forte, que o aliviou: ao menos, ele havia vivido o suficiente para ler a obra de Shakespeare e compreender sua beleza. Histórias como essa alimentavam o culto ao mestre Will.

Passa-se a discutir tudo a respeito de Shakespeare. Sua religião, sua sexualidade, suas referências. Nada escapa dos fãs. Stratford-upon-Avon se torna uma Meca, para onde seguem os fãs em peregrinação, a fim de ver o local do nascimento do dramaturgo. As peças são examinadas em detalhes. Versões, revisões, cópias, alterações. Questiona-se, até mesmo, se Shakespeare realmente existiu — e existem inúmeros livros tratando desse tema e um arsenal de possíveis personagens históricas que teriam, nessa teoria da conspiração, escrito a famosa obra.

O principal argumento dos anti-stratfordianos, como são chamados aqueles que defendem que Shakespeare não escreveu as peças, mas apenas "emprestou" seu nome, é o de que Shakespeare não possuía educação formal suficiente para fazer um trabalho tão elaborado e erudito. Sempre quando surge essa discussão, lembro-me dos Beatles. Como se sabe, os quatro jovens de Liverpool, que formavam os Beatles, revolucionaram a música e moldaram o comportamento da sociedade contemporânea. Eles compuseram 13 álbuns entre 1963 e 1969. Contudo, não receberam educação musical em nenhuma escola, muito menos frequentaram um conservatório de música. Não tiveram aulas de métrica ou de literatura. Paul McCartney compôs *Yesterday* com 23 anos. Talvez, daqui a quatrocentos anos, digam que os Beatles nunca existiram. Outra pessoa — com mais estudos — teria composto todas aquelas músicas, elaboradas e profundas... Nada disso. A verdade é que o gênio não se explica[13] ou, dito de outra forma, se conseguíssemos explicar perfeitamente a obra de Leonardo da Vinci, de Shakespeare, de Machado

---

13 Ver Castro Neves, José Roberto de. *Shakespeare e os Beatles: o caminho do gênio*. Rio de Janeiro: Nova Fronteira, 2021.

de Assis ou dos Beatles, seria porque talvez não fossem verdadeiramente geniais.

A "forma" de Shakespeare

Nas 18 peças publicadas em vida de Shakespeare, não há divisão em atos, mas apenas a sequência de cenas. Sabemos que a divisão em cinco atos, um padrão em suas peças, surge apenas com a edição do *Primeiro Fólio*, em 1623, sete anos após a sua morte. Contudo, é possível compreender tal divisão. No primeiro ato, as personagens são apresentadas e o problema principal é colocado. Entre o segundo e o quarto atos, a trama se desenvolve. No quinto, temos o desfecho — nas tragédias, dá-se a consumação da catástrofe, com a morte do protagonista.

As personagens se valiam de duas formas de se expressar: por vezes, falam em verso, outras, em prosa. Isso não ocorre aleatoriamente. O emprego de verso ou prosa tem função dramatúrgica: varia de acordo com o momento.

Em *Romeu e Julieta*, por exemplo, os jovens amantes apenas falam em verso entre si, configurando um soneto no célebre primeiro encontro. As rimas servem para demonstrar a sinergia entre o jovem casal.

Bottom, o tecelão, e seus companheiros artesãos em *Sonho de uma noite de verão* falam sempre em prosa, enquanto as fadas se comunicam por meio de versos rimados.

Nos versos, Shakespeare adota o pentâmetro iâmbico. Nesse modelo, há um conjunto de cinco duplas de sílabas, sendo a segunda a tônica. O som é sempre: tatá/tatá/tatá/tatá/tatá. Dizem que isso repete a batida do coração.

Eis um exemplo do Soneto nº 18:

*"Shall **I** / Com**pare** / thee **to** / a **sum**/ mer's **day**?"*

Ou os hamletianos:

*"The **ti** / me is **out** / of **joint**. / O **cur** / sed **spite** /
That **E** /ver **I** /was **born** / to **set** / it **right**!"*
*"To **be** / or **not** / to **be**. / That **is** / the **ques**tion."*

Veja ainda a famosa frase de Ricardo III:

*"A **hor** /se, a **hor**/ se. / My **kin**/ gdom **for** / a **hor**se"*

... e o começo de *Noite de Reis*:

*"If **mu** / sic **be** / the **food** / of **love** / play **on**"*.

Há peças como *Ricardo II* e *Rei João*, nas quais Shakespeare usa apenas versos em toda a obra. Não se encontra nelas uma só linha em prosa. Em *Antônio e Cleópatra*, por sua vez, há 92% de verso e apenas uma parte em prosa. *Romeu e Julieta* é 88% em verso. *Otelo*, 81% e *A megera domada* tem 78% em verso.

As frases em verso tornam belíssima a peça, pois essas passagens aparentam ser cantadas. Esse recurso do pentâmetro, contudo, dificulta a tradução do inglês — e, por isso, alguns shakespearianos ortodoxos entendem ser uma heresia verter a obra do Bardo para qualquer outra língua.

Reiteradamente, Shakespeare inventa palavras e se vale de jogos de palavras — entre outras, foi ele, por exemplo, que, em *Macbeth*, introduziu na língua inglesa a palavra "assassino". Na sua quase totalidade, esses artifícios são "intraduzíveis". No começo de *Ricardo III*, o vilão diz: *"Now is the winter of our discontent / Made glorious summer by this sun of York"*. *"Sun"* é sol em inglês, cujo som é o mesmo de *"son"*, isto é, filho, pois Eduardo, irmão de Ricardo, era da casa dos York, logo, o "filho" de York. O primeiro solilóquio de Hamlet diz *"O, that this too solid flesh would melt / Thaw and resolve itself into a dew!"* — E se essa carne sólida se dissolvesse e evaporasse em orvalho. *"Solid flesh"* — carne sólida — pode ser entendida como *"sullied flesh"*, que significa "carne desonrada, podre".[14] Para dar outro exemplo, o título da peça *Much Ado About Nothing* está cheio de malícia. Isso porque *"Nothing"* (nada) é dito da mesma forma que *"Noting"* (notar). O título pode ser lido tanto como "Muita confusão por nada", como "Muita confusão por notar (algo)". Ou, ainda, *"no thing"* (não coisa) era gíria da época, significando "vagina". Logo se vê como o trocadilho tinha força.

Essas nuances, salpicadas por toda a obra, apenas se percebem no original — em alguns casos, com o auxílio de um especialista. Como registrou o poeta Robert Frost, "a poesia é o que se perde na tradução". Esses trocadilhos, afinal, servem como mais uma peça do quebra-cabeça.

Aqui, vale uma pausa para louvar o trabalho extraordinário dos tradutores de Shakespeare. Sem a sensibilidade e talento deles, o legado do Bardo não teria sobrevivido e prosperado. Viva os tradutores!

A obra de Shakespeare tem mais de quatrocentos anos. É bastante tempo! Embora ela se apresente impressionantemente fresca, para melhor aproveitar o texto, vale entender o contexto.[15] Obra clássica é aquela que resiste ao tempo. A passagem dos anos se revela como um justo árbitro da qualidade das manifestações artísticas. Se o trabalho de Shakespeare segue assistido e exaltado até os nossos dias — com crescente interesse —, isso apenas atesta seu mérito extraordinário.

---

14   No caso de *Hamlet*, há inclusive uma divergência entre o Primeiro (1603) e o Segundo Quarto (1604) — as primeiras publicações da peça, isoladas num livreto, da versão constante do *First Folio*, de 1623. Nos Quartos, fala-se em *"sallied flesh"* e no *Folio*, *"solid flesh"*. Millôr Fernandes traduz como "carne maculada" (ficando com o *"sallied"* ou *"aullied"*), ao passo que Anna Amélia Carneiro de Mendonça preferiu "carne rude". F. Carlos de Almeida usa "carne sólida". Caro leitor, por favor, fique à vontade para escolher.

15   Ver Lodowyk, E. F. C. *Understanding Shakespeare*. Cambridge: Cambridge University Press, 1962, p. 71 e seguintes.

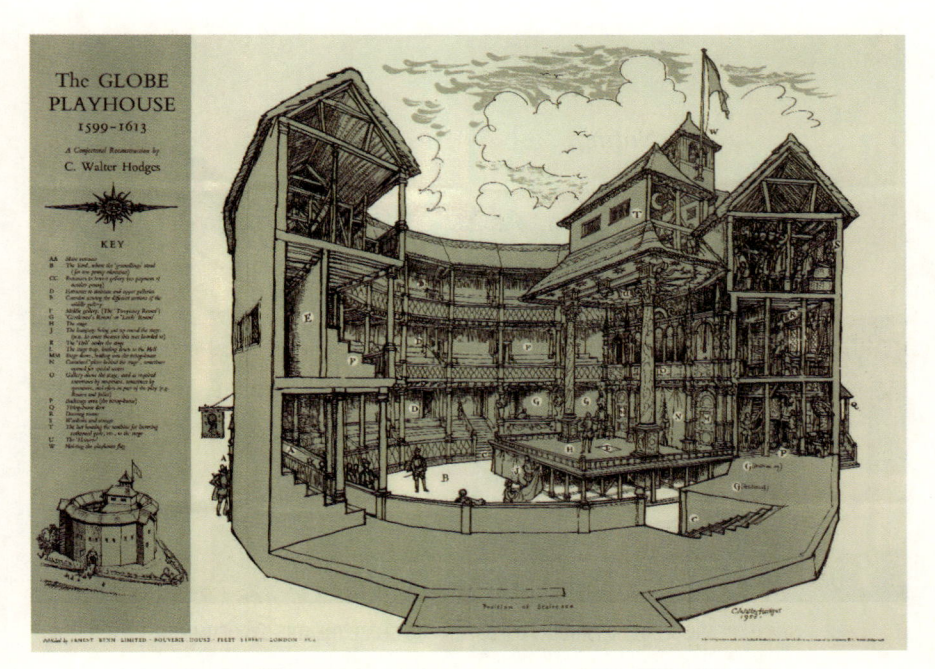

RECONSTRUÇÃO DO GLOBE THEATRE FEITA POR C. WALTER HODGES COM BASE EM EVIDÊNCIAS ARQUEOLÓGICAS E DOCUMENTAIS (WIKICOMMONS)

Como se pode imaginar, há uma experiência muito distinta entre ler a peça e assistir à sua encenação. Ambas são fantásticas. Contudo, no teatro, ou numa reprodução cinematográfica, percebe-se a cadência e a inflexão da declamação, a construção de significados que ocorre na situação de enunciação — e, por isso, cuida-se de uma experiência mais ampla e intensa. É certo que o texto escrito não reflete a expressão corporal do ator ou da atriz que interpreta a personagem. Proferir uma frase com ar irônico ou circunspecto altera completamente o sentido daquilo que se diz. A interpretação faz toda a diferença.

SHAKESPEARE GLOBE, REPRODUÇÃO MODERNA DO GLOBE THEATRE (WIKICOMMONS)

Quando lê o texto, o leitor deve fazer esse esforço — um divertido esforço — de imaginar a expressão de Hamlet, Julieta, Otelo, Cordélia, Ricardo III e de tantos outros.

O que faz única a obra de Shakespeare?

Pode-se enumerar um sem-fim de razões para justificar a adoração por Shakespeare. Possivelmente, nenhuma explicação ou mesmo um grupo delas seja plenamente satisfatória para a idolatria. A seguir apontamos algumas razões pelas quais Shakespeare nos magnetiza:

1. Nunca há resposta definitiva nas obras de Shakespeare

Mestre Will — como possivelmente era chamado — criou textos cuja interpretação é, na maior parte das vezes, exógena, ou seja, ela se encontra no espectador. Seu texto não permite que se chegue a uma conclusão única e final sobre os temas mais relevantes da peça; os sentidos são dúbios. Cabe ao leitor dar as respostas — ou viver em dúvida.

As tramas funcionam como grandes quebra-cabeças, cujas peças temos de encaixar a fim de examinar a figura que se forma. Eis a generosidade do texto shakespeariano. Um jogo intelectual, altamente sofisticado: Hamlet era ingênuo? Shylock, o judeu de *O mercador de Veneza*, era malvado? Lear era carente? Romeu era mimado? Catarina (uma megera?) foi domada? A resposta é sua.

2. Para tudo há um motivo

Nada nas peças acontece por acaso. Tudo tem sua razão de ser. Os comportamentos humanos possuem explicações — e vale a pena investigá-los.

3. Não há espaço dogmático para o divino

O homem é o senhor de seu destino. Shakespeare, renascentista, retira do divino o papel de protagonista. Nas suas peças, os desfechos são decorrentes da atividade humana. Para toda ação, há uma consequência. As pessoas respondem pelas decisões que tomam, assim como respondem pelas decisões que deixam de tomar. Ao fim, "a culpa não é das estrelas".[16]

4. Existe uma ordem

As regras morais são claras. As regras sociais também. Existe um ordenamento. O drama decorre da violação a essa ordem. Catarina, protagonista de *A megera domada*, é insubordinada; Julieta decide namorar o filho do inimigo dos pais; Desdêmona contraria o pai para se casar com o mouro Otelo; Macbeth, por ambição, mata seu rei; Lear, irado, deserda a filha honesta; Ulisses afirma que a falta de ordem e hierarquia causa o impasse dos gregos diante dos troianos; Hamlet se desespera exatamente porque compreende que o mundo está fora da ordem, sentindo-

---

16   A frase é dita por Cássio: *"Men at some time are masters of their fates. The fault, dear Brutus, is not in our star, but in ourselves."* ("Os homens em alguns momentos são os mestres de seus próprios destinos. A culpa, querido Brutus, não é do destino, mas de nós mesmos.") *Júlio César*, Ato I, Cena 2.

-se obrigado a emendá-lo. Quando a ordem, alguma ordem, é violada, instaura-se o caos.

5. Reconhecimento da complexidade do homem

O ser humano é cheio de complexidades e contradições. Ninguém é absolutamente ruim ou integralmente bom. Shakespeare não apresenta heróis modelares. Mesmo os vilões são capazes de atos grandiosos e revelam suas fraquezas. Não se apresenta o homem de forma simples, tipificada, como arquétipo. As personagens são de carne e osso. Eis por que nos identificamos tanto com a obra do Bardo. Jocosamente, Victor Hugo pontificou: depois de Deus, Shakespeare foi quem mais criou.

WILLIAM PLEATER DAVIDGE NO PAPEL DE MALVÓLIO (WIKICOMMONS)

Permita-me exemplificar: em *Noite de Reis,* uma comédia de 1601 (portanto, por volta da mesma época em que o dramaturgo oferecia *Hamlet*), conta-se, numa subtrama, que o ébrio Sir Toby Belch e seus comparsas de farra decidem pregar uma peça em Malvólio, o guardião de sua prima Olívia. A implicância de Sir Toby Belch se deve aos modos do vaidoso e afetado Malvólio, associados aos puritanos. Os gaiatos fazem Malvólio acreditar que Olívia se apaixonou por ele e ficará ainda mais enamorada se ele seguir algumas recomendações. Tudo invencionice. Malvólio, acreditando que estaria agradando Olívia, passa a vestir meias amarelas e ligas, além de estampar um sorriso constante. Olívia, sem saber de nada (e sem nutrir qualquer sentimento especial por Malvólio), passa a crer que o homem enlouqueceu. Malvólio é aviltado e tido como insano. Chega a ser preso.

A plateia, no início, acha graça do chiste levado adiante por Sir Toby Belch. Entretanto, à medida que cresce o sofrimento de Malvólio, os espectadores passam a sentir um desconforto e comiseração pela vítima da "brincadeira". Nem mesmo as pessoas repugnantes merecem a humilhação.

O claro objetivo de Shakespeare com a sua obra era a reflexão do espectador. Somos intimados a pensar, a fazer escolhas morais.

O BARDO, EM PINTURA DE JOHN TAYLOR (WIKICOMMONS)

Por que Shakespeare é fundamental? Por que esse autor, falecido há mais de quatrocentos anos, é essencial na compreensão da história da civilização? Por que é considerado o mais importante artista da literatura do Ocidente? Por que segue sistematicamente citado e referido? Por que há sempre novas montagens de suas peças, embora as peças sejam as mesmas? Por que virou pop?

É raro ouvir alguém dizer que não gosta de Shakespeare. Seria como dizer que não gosta de sorvete (e muito dificilmente se ouve isso!). Incontáveis vezes, contudo, ouve-se alguém falar que não conhece Shakespeare, ou que leu apenas essa ou aquela peça (tomando-se exclusivamente a experiência da leitura, que, embora por demais válida, não deve obscurecer a precípua questão teatral, cênica). Muitos acham, de forma precipitada, que Shakespeare é inacessível. Na verdade, Shakespeare escreveu suas peças para os cidadãos ingleses de seu tempo. Os teatros londrinos, entre o final do século XVI e o início do século seguinte, lotavam com pessoas do povo para assistir às suas peças. Essas mesmas peças eram encenadas para os nobres, nas cortes, uma plateia sofisticada. Se as peças não fossem compreensíveis para o público em geral, não serviriam. Da mesma forma, não poderiam ser consideradas simplórias pela nobreza. Assim, toda a obra desse dramaturgo é inteligível para quem busque conhecê-la, e, ao mesmo tempo, segue desafiadora.

Shakespeare tratou, principalmente, de temas humanos: ciúme, inveja, ambição, paixão, ódio, loucura, amor... São temas universais, que seguirão objeto de nossas reflexões. Em todos os lugares do mundo onde houver pessoas interessadas em discutir os sentimentos e as relações entre os indivíduos, as peças de Shakespeare encontrarão público. Pela sua natureza, enquanto o ser humano continuar sendo o que é, as obras do Bardo estarão condenadas à atualidade.

As peças de Shakespeare são mais complexas do que a quase totalidade dos entretenimentos hoje disponíveis. Shakespeare nos convida a conjecturar, a raciocinar, a ter dúvidas e tirar conclusões. Como identificou o grande crítico literário Harold Bloom, Shakespeare "estabelece o padrão e os limites da literatura".[17]

Como tudo se discute em Shakespeare, a sua própria existência é motivo de debate. Embora essa tese esteja cada vez mais desacreditada, muitos sustentam que Shakespeare era apenas o nome utilizado para uma outra pessoa, possivelmente um nobre, lançar as peças sem se identificar. Argumenta-se que um homem do interior — da pacata cidade de Stratford-upon-Avon —, sem ter cursado uma faculdade, não teria educação suficiente para escrever obras tão sofisticadas. Eis o engano. Como esclarece Northop Frye, "as peças de Shakespeare não foram produzidas por sua experiência: foram produzidas por sua imaginação".[18]

SHAKESPEARE RECITANDO *HAMLET* PARA SUA FAMÍLIA (WIKICOMMONS)

***

---

17   Bloom, Harold. *O cânone ocidental*. Rio de Janeiro: Objetiva, 1995, p. 55.
18   Frye, Northop. *A imaginação educada*. Campinas: Vide, 2017, p. 89.

Às vésperas de sua execução, em 1649, o rei inglês Carlos I doou ao seu ajudante pessoal, Sir Thomas Herbert, seu exemplar do *Segundo Folio*, com as obras de Shakespeare. Carlos sabia que sua vida duraria pouco.[19] Naquele momento, o rei deposto deve ter tido a percepção da nossa pequenez e o fato de que o mundo seguiria seu caminho — melhor que seguisse acompanhado de Shakespeare.

GRAVURA RETRATANDO SHAKESPEARE, POR MARTIN DROESHOUT (WIKICOMMONS)

---

19   Esse exemplar, que hoje se encontra em Londres, na Royal Library, contém o seguinte registro, com a letra do rei: *"Dum Spiro Spero"* — "enquanto ainda respiro, espero", algo como: enquanto há vida, há esperança.

ROMEU E JULIETA: O MANUAL DA JUVENTUDE

*"For never was a story of more woe
Than this of Juliet and her Romeo."*[20]

— O que Shakespeare nos ensina?
— O que você quer saber?

A primeira pergunta acima merece outra pergunta como resposta. Afinal, o que você quer saber? Você quer saber o que é a falta de moral, o que é a solidão, ciúme, velhice, inveja, descontrole emocional e confusão mental? Quer entender a ironia, a trapaça, o perdão, a doçura, a honra, a melancolia, a loucura, a frustração, a ganância e a paixão? Quer compreender tantos e tantos outros sentimentos e situações às quais as

---

20 Tomei por base várias traduções de *Romeu e Julieta* — principalmente a de Barbara Heliodora e a de F. Carlos de Almeida Cunha Medeiros. Todas [elas] foram, aqui e ali, alteradas pelas minhas próprias.

pessoas são submetidas? Se você quer se enfronhar nessa lista ilimitada e crescente de lições e reflexões, eis aí o que Shakespeare nos ensina.

Como percebem os apreciadores de Shakespeare, os ensinamentos transbordam das peças. O Bardo era tão generoso que deixava, em suas obras, diversos temas em aberto, a fim de que o espectador ou o leitor fizessem suas conjecturas. Um poema ilimitado, como diz Polônio, em *Hamlet* (ato II, cena 2).[21] Shakespeare dramatiza suas histórias abrindo, propositalmente, espaços para que nossa criatividade possa interagir, uma forma de desenvolver o enredo desafiando a inteligência de quem tiver acesso à obra. Eis por que, necessariamente, as pessoas divergem sobre a melhor interpretação das peças. Com isso, leitores e espectadores atingem, em cheio, o objetivo do dramaturgo de Stratford: eles pensam, identificam-se, ocupam-se de um divertido jogo mental, descobrindo suas próprias verdades.

Frustra-se, portanto, quem pretender explicar, com alguma brevidade, os ensinamentos de Shakespeare. Para sorver tanta informação e sabedoria, convém que se desfrute das obras com vagar, sem pressa — sabendo que o tesouro se esconde em vários lugares e que o mapa se perdeu.

Em *Romeu e Julieta*, uma das mais populares de suas peças — e quiçá a mais famosa dupla de amantes de toda literatura ocidental —, Shakespeare oferece um guia perfeito do comportamento juvenil. Quer compreender como funciona um jovem? Leia *Romeu e Julieta*.

Quando elaborou *Romeu e Julieta*, provavelmente em 1595, Shakespeare ainda estava no início da carreira. Antes, sem considerarmos algumas de suas peças históricas, havia produzido apenas uma tragédia, *Tito Andrônico*, em 1592, num estilo ainda muito tributário de Christopher "Kit" Marlowe, o dramaturgo de maior sucesso nos teatros londrinos até morrer, em 1593.

---

21   Ver Bloom, Harold. *Hamlet: poema ilimitado*. Tradução José Roberto O'Shea. Rio de Janeiro: Objetiva, 2004.

CHARLOTTE E SUSAN CUSHMAN COMO OS PROTAGONISTAS DA PEÇA DE SHAKESPEARE, NO SÉCULO XIX (WIKICOMMONS)

A história de Romeu e Julieta conta a sina de dois jovens, filhos de famílias rivais em Verona, que se apaixonam e acabam por cometer suicídio quando não conseguem concretizar seu amor. Era uma história muito popular na época de Shakespeare. A principal fonte usada pelo dramaturgo se chamava *A trágica história de Romeu e Julieta*,[22] escri-

---

22 Sobre as distinções entre a obra de Shakespeare e as suas fontes, Samuel Johnson e George Steevens fizeram, em 1778, um clássico e aprofundado estudo (*Supplement to the Edition of Shakespeare's Plays*, Londres, vol. 1, impresso por C. Bathurst et al., 1778, p. 262 e seguintes). Ainda sobre as fontes de *Romeu e Julieta*, ver Gesner, Carol. *Shakespeare & The Greek Romance: a Study of Origins*. Lexington: The University Press of Kentucky, 1970, p. 62 e seguintes, além do clássico Bullough, Geoffrey. *Narrative and Dramatic Sources of Shakespeare*, em 8 volumes, Columbia University Press, 1962.

ta em italiano por Matteo Bandello e vertida para o inglês por Arthur Brooke,[23] datada de 1559 ou 1562. Brooke viria a morrer jovem, em 1563, num naufrágio. Havia, no poema de Brooke, uma moral clara, exposta de forma direta no introito do longo poema: as péssimas consequências da desobediência dos jovens, além de uma mensagem anticatólica.[24]

O dramaturgo de Stratford, contudo, transforma a trama original. Em vez de um conto moralista, cujo tema central era o dano decorrente de os filhos não respeitarem as ordens dos pais, a tragédia, na versão shakespeariana, se dá, em grande parte, pela ira alimentada pelas famílias, que, sem motivo, se odeiam reciprocamente.

Entre muitas de suas passagens brilhantes, a peça *Romeu e Julieta* é conhecida também pelo prólogo. São poucos versos, os primeiros da peça, ditos pelo coro à plateia, nos quais, de pronto, se resume tudo o que vai acontecer. Trata-se do mais famoso *spoiler* de que se tem notícia:

> *PROLOGUE*
> *Two households, both alike in dignity,*
> *In fair Verona, where we lay our scene,*
> *From ancient grudge break to new mutiny,*
> *Where civil blood makes civil hands unclean.*
> *From forth the fatal loins of these two foes*
> *A pair of star-cross'd lovers take their life,*
> *Whose misadventured piteous overthrows*
> *Do with their death bury their parents' strife.*

> PRÓLOGO
> Na bela Verona, onde situamos nossa cena,

---

23   A outra importante fonte foi a história de *Romeus and Julietta*, incluída no livro *Palace of Pleasure*, de William Painter, de 1566. Sobre o tema, ver Hazlitt, W. C. *Shakespeare's Library*. Nova York: AMS Press, 1965, p. 58.

24   Ver Mehl, Dieter. *Shakespeare's Tragedies: an Introduction*. Cambridge: Cambridge University Press, 1986, p. 20.

> duas famílias iguais em dignidade, levadas por antigos rancores,
> desencadeiam novos distúrbios,
> nos quais o sangue civil tinge mãos cidadãs.
> Na entranha fatal desses dois inimigos, ganharam vida,
> sob adversa estrela, dois amantes,
> cuja desventura e lastimoso fim enterram,
> com sua morte, a constante sanha de seus pais.[25]

Nessas oito linhas, sintetiza-se tudo. Duas nobres famílias de Verona litigam há muito. Apesar disso, os filhos delas se apaixonam, mas a história não acaba bem, pois os jovens morrem.

Alguém pode achar que, depois de ouvir, nos primeiros versos, o desfecho da trama, não se queira mais assistir à peça. Afinal, já se sabe como termina a história. Ledo engano. O prólogo serve como isca. Ele aguça a curiosidade. Depois de escutar a bela introdução, todos querem saber como tudo ocorreu.

Eis um breve resumo: os habitantes de Verona já não toleram os distúrbios causados pelas brigas de duas poderosas famílias locais, os Montéquio e os Capuleto. Jamais se explica o motivo do ódio recíproco. Romeu, o herdeiro dos Montéquio, se encontra desiludidamente apaixonado por Rosalina, que não corresponde aos seus sentimentos. Deprimido, Romeu é convencido pelo amigo Mercúcio a ir a uma festa na casa dos Capuleto. Essa ida de um Montéquio à moradia dos Capuleto somente é possível porque se trata de um baile de máscaras, no qual os convidados não revelam suas identidades. Na festa, Romeu, de pronto,

---

[25] A introdução de Arthur Brooke, no poema original, também resume, logo no início, todo o drama: *THE ARGUMENT: / Love hath inflamed twayne by sodayn sight, / And both do graunt the thing that both desyre; / They wed in shrift by counsell of a frier; / Yong Romeus clymes fayre Juliets bower by night. / Three months he doth enioy his cheefe delight: / By Tybalts rage, provoked unto yre, / He payeth death to Tybalt for his hyre. / A banisht man he scapes by secret flight: / New mariage is offred to his wyfe: / She drinkes a drinke that seemes to reve her breath; / They bury her, that sleping yet hath lyfe. / Her husband heares the tydinges of her death; / He drinkes his bane; and she with Romeus knyfe, / When she awakes, her selfe (alas) she sleath.*

se apaixona por Julieta, única filha dos Capuleto, que sequer havia completado 14 anos[26] — Romeu, por sua vez, deve contar com 17, pois Shakespeare não nos indica essa idade com precisão.[27] Julieta corresponde. Amor! Amor à primeira vista para os dois.

OLIVIA HUSSEY E LEONARD WHITING FORAM JULIETA E ROMEU EM FILME DE ZEFFIRELLI (WIKICOMMONS)

Aturdido pela violenta e repentina paixão, naquela mesma noite, Romeu pula o muro da casa dos Capuleto e adentra o jardim para declarar seu afeto por Julieta, que o escuta do balcão e, da mesma forma, confessa seus sentimentos.

Os dois jovens contam com a ajuda do Frei Lourenço, que, no dia seguinte, os casa em segredo. Pretendem contar o fato às famílias, mas, antes que isso pudesse acontecer, Teobaldo, primo de Julieta, busca duelar com Romeu. Este tenta evitar o confronto, mas Teobaldo ataca

---

26   Interessante notar que a filha mais velha de Shakespeare, Suzanna, contava com exatos 13 anos no tempo em que *Romeu e Julieta* foi encenada pela primeira vez.

27   Um fato curioso: quando Baz Luhrmann promove sua icônica versão fílmica de *Romeu e Julieta*, em 1996, havia escalado Natalie Portman, com apenas 14 anos, para o papel. Iria contracenar com Leonardo Di Caprio, que já tinha 22. Contudo, pela idade, uma série de restrições legais impediram Natalie de interpretar o papel, que acabou ficando com Claire Danes, à época com 17 anos.

e mata Mercúcio, o melhor amigo de Romeu. Tomado pela ira, um descontrolado Romeu enfrenta Teobaldo, ferindo-o mortalmente. Diante desse ocorrido, o príncipe de Verona condena Romeu ao exílio. Ele tem de fugir para Mântua.

Julieta se desespera. Para piorar, sua família quer vê-la casada com o nobre conde Páris. Ela pede, mais uma vez, o auxílio do Frei Lourenço, que formula o seguinte plano: Julieta tomaria uma poção que a faria parecer morta. Um falecimento passageiro. Depois, Julieta despertaria. O frei enviaria uma carta a Romeu, explicando que Julieta seguia viva. Assim, o casal se reuniria quando ela acordasse.

O plano é posto em ação. Julieta toma a poção.

Ocorre que a carta não chega a Romeu. Este, por outras fontes, toma ciência do que acredita ser a morte da amada. Desenganado, compra um poderoso veneno num boticário e corre para o mausoléu dos Capuleto. Lá, encontra o conde Páris, com quem duela. Romeu mata o conde. Diante do corpo de sua Julieta, Romeu toma o veneno para morrer.

> ... Olhos, olhai uma derradeira vez! Braços, dai vosso último abraço! E vós, ó lábios! portas da vida, com um legítimo beijo selai o pacto infindo com a morte devoradora! Vem, amargo condutor! Vem, guia repugnante! Tu, desesperado piloto, lança enfim sobre o recife escarpado tua barca exausta, farta de navegar! Por minha amada! (*Bebe*). Ó honesto boticário! Tuas drogas são rápidas!... Assim, morro... com um beijo! (*Morre*)[28]

Logo em seguida, Julieta desperta do efeito da droga. Ao ver o cadáver do amado, crava um punhal no próprio peito.

---

28 "... *Eyes, look your last! / Arms, take your last embrace! and, lips, O you / The doors of breath, seal with a righteous kiss / A dateless bargain to engrossing death! / Come, bitter conduct, come, unsavoury guide! / Thou desperate pilot, now at once run on / The dashing rocks thy sea-sick weary bark! / Here's to my love!* (Drinks) / *O true apothecary! / Thy drugs are quick. Thus with a kiss I die.* (Dies)" (Ato V, Cena 3)

Quando as duas famílias rivais encontram os jovens mortos percebem a estupidez de sua briga. Assim termina a peça, com o príncipe de Verona lamentando o incidente.

Como se disse, *Romeu e Julieta* é uma enciclopédia sobre a juventude. Sob o prisma do mundo dos jovens, fala-se de tudo: a forma ansiosa de se relacionar com o tempo, o amor, a descoberta do sexo, a busca pela identidade, a aparência, o teste dos limites e a transgressão, as drogas, a dificuldade de diálogo com os pais, a solidão e a descoberta do livre-arbítrio.

A forma ansiosa de tratar o tempo

Como na vida dos jovens, tudo acontece com uma velocidade febricitante. Há uma ânsia por viver.

Os jovens se conhecem no domingo à noite, na festa dos Capuleto. Casam-se na segunda de manhã. Na tarde dessa mesma segunda, Romeu mata Teobaldo. À noite, o casamento é consumado. Na terça-feira cedo, Romeu tem de deixar Verona. Nessa mesma tarde, Julieta obtém a poção do Frei Lourenço. Na primeira hora de quarta, Julieta é declarada morta. Na quarta à noite, os dois jovens têm seu destino selado no mausoléu dos Capuleto.

Tudo acontece entre a festa de domingo e a quarta-feira. São muitos eventos e emoções comprimidas em tão escasso tempo. Shakespeare faz questão de deixar as datas e a dinâmica dos acontecimentos bem registradas.[29] Mas isso faz sentido, pois os jovens vivem intensamente.

Em toda a peça, há apenas cinco cenas em que Romeu e Julieta aparecem juntos: na festa na casa dos Capuleto (quando estão mascarados), na cena do balcão (na qual eles sequer se tocam), no casamento secreto, na noite que antecede o banimento, e, por fim, no mausoléu dos

---

29 Ver Lloyd Evans, Gareth. *The Upstart Crow*. Londres: Dent, 1982, p. 143.

Capuleto (quando não interagem). Poucas cenas, mas tudo com grande intensidade.

Essa forma de encarar o tempo também resulta numa impaciência com os mais velhos e uma incontida ansiedade. Aguardando por notícias de Romeu, que sua Ama fora buscar, Julieta desabafa: "Muitos velhos agem como se já estivessem mortos." E segue: "Inertes, moles, pesados e pálidos como chumbo." Quando a Ama finalmente chega, trava-se um diálogo que bem demonstra a impaciência da jovem, que deseja, com rapidez, colher as informações de sua paixão:

> **AMA:** Estou cansada. Deixa-me só por um momento.
> Ai, que dor nos ossos! Como corri!
> **JULIETA:** Quisera que tivesses os meus ossos, e eu, tuas notícias.
> Vamos, eu te rogo, fala, boa aia!
> **AMA:** Jesus, que pressa! Não podes esperar um momento?
> Não vês que estou sem ar?
> **JULIETA:** Como podes estar sem ar se tens ar bastante
> Para dizer-me que estás sem ar?
> A desculpa que dás para o atraso
> É mais longa que as notícias que trazes.
> Que diz ele sobre o casamento — que me contas?[30]

Romeu faz o mesmo com Frei Lourenço. Ao pedir ajuda ao frade para concretizar seu enlace com Julieta, o adolescente revela sua impaciência:

---

30 "Nurse: I am a-weary, give me leave awhile: / Fie, how my bones ache! what a jaunt have I had! / Juliet: I would thou hadst my bones, and I thy news: / Nay, come, I pray thee, speak; good, good nurse, speak. / Nurse: Jesu, what haste? can you not stay awhile? / Do you not see that I am out of breath? / Juliet: How art thou out of breath, when thou hast breath / To say to me that thou art out of breath? / The excuse that thou dost make in this delay / Is longer than the tale thou dost excuse. / Is thy news good, or bad? answer to that;" (Ato II, Cena 5)

> **ROMEU:** Vamos logo! Estou louco de pressa.
> **FREI LOURENÇO:** Sábia e calmamente, pois quem muito corre pode cair.[31]

Não à toa, a primeira fala de Romeu na peça é: "Como assim? Já é dia?"[32] Quem passou por uma adolescência normal ouviu essa mesma frase algumas vezes...

Jovens agem como se o mundo fosse terminar em seguida. Uma pressa fatal.

O amor

No começo da peça, Romeu está apaixonado por Rosalina. Um amor não correspondido que o leva à depressão e ao isolamento. Quer esquecê-la, embora não consiga. Romeu pede a um amigo que o ajude a superar o desamor:

> **ROMEU:** Então me ensine a como não pensar.
> **BENVÓLIO:** Dando a teus olhos toda liberdade,
> Observe outras belezas.[33]

Seu amigo Benvólio explica que, para esquecer uma paixão, deve-se procurar uma nova. Como ele próprio esclarece: "uma chama apaga a outra". Assim acontece.

Romeu "penetra" na festa dos Capuleto. Um costume adolescente de *crash the party* — isto é, ir a uma festa mesmo sem convite. Nela, experimenta o "amor à primeira vista" pela bela Julieta.

---

31 *"Romeo: O, let us hence; I stand on sudden haste. / Friar Laurence: Wisely and slow; they stumble that run fast."* (Ato II, Cena 3)
32 *"Is the day so young?"* (Ato I, Cena 1)
33 *"Romeo: O, teach me how I should forget to think. / Benvolio: By giving liberty unto thine eyes; / Examine other beauties."* (Ato I, Cena 1)

Será que seu sentimento por Rosalina era mesmo sólido? Ou era simplesmente um amor juvenil, sabidamente fugidio?

Frei Lourenço censura o rapaz:

> **FREI LOURENÇO:** Por são Francisco! Que mudança é essa? Já te esqueceste de Rosalina, a quem amavas tão apaixonadamente? O amor dos jovens, em verdade, não está nos corações, mas, de preferência, nos olhos, Jesus, Maria! Que pranto copioso inundou tuas faces por Rosalina! Quanta água salgada vertida em vão, para sazonar um amor que não tem nem gosto dela! O sol ainda não limpou o céu de teus suspiros, teus antigos gemidos repercutem ainda em meus velhos ouvidos! Olha: aqui sobre tua face, aparece a marca de uma antiga lágrima que ainda não foi limpa! Se alguma vez foste tu mesmo e se eram tuas essas dores, tu e essas dores éreis somente para Rosalina. E mudaste? Pronuncia, então, esta sentença: "Bem podem cair as mulheres, quando os homens não possuem firmeza."[34]

Na noite em que o casal protagonista da peça se conhece, na casa dos Capuleto, Romeu se apaixona apenas ao olhar para Julieta. Shakespeare não nos dá qualquer pista sobre os aspectos físicos de Julieta: teria cabelos castanhos, seria loira? Alta ou baixa? Cada um de nós pode imaginar a própria Julieta.

---

34 *"Friar Laurence: Holy Saint Francis, what a change is here! / Is Rosaline, whom thou didst love so dear, / So soon forsaken? young men's love, then, lies / Not truly in their hearts, but in their eyes. / Jesu Maria, what a deal of brine / Hath wash'd thy sallow cheeks for Rosaline! / How much salt water thrown away in waste, / To season love, that of it doth not taste! / The sun not yet thy sighs from heaven clears, / Thy old groans ring yet in my ancient ears; / Lo, here upon thy cheek the stain doth sit / Of an old tear that is not wash'd off yet: / If e'er thou wast thyself and these woes thine, / Thou and these woes were all for Rosaline: / And art thou changed? pronounce this sentence then, / Women may fall, when there's no strength in men."* (Ato II, Cena 2)

LESLIE HOWARD E NORMA SHEARER INTERPRETANDO ROMEU E JULIETA (WIKICOMMONS)

Amor à primeira vista. Romeu fala do que sente só de olhar a jovem Capuleto:

Se já amei antes? Não. Tenho certeza;
Pois nunca havia eu visto tal beleza.[35]

Romeu faz a investida. O curto e provocante diálogo remete a santidades e a pecados. As falas dos jovens se entrelaçam formando um soneto. É uma harmonia natural:

ROMEU: Deixa então, minha santa, que os lábios façam o que fazem as mãos. Imploro que me beijes. Atende à minha súplica, para que a fé não se trasmude em desespero.
JULIETA: Os santos não se movem quando atendem a súplicas.

---

[35] *"Did my heart love till now? forswear it, sight! / For I ne'er saw true beauty till this night."* (Ato I, Cena 5)

ROMEU: Então não te movas enquanto rezo. (*Beija-a*) Teus lábios tomaram aos meus o meu pecado.
JULIETA: Então meus lábios agora têm o pecado que era teu.
ROMEU: Meu pecado? Tua doçura me leva ao crime. Quero-o de volta. (*Beija-a*)
JULIETA: Sabes como beijar.[36]

Após receber o beijo, Julieta exclama: *"You kiss by the book."*[37]

(Registro ao leitor que, até hoje, não me satisfiz com nenhuma das traduções que conheço dessa passagem para o português.[38] Ao mesmo tempo, não consigo imaginar melhor elogio que um jovem possa receber depois de beijar uma namorada.)

Apaixonados, o amor os cega, os desconecta da realidade. Romeu jura seu amor, mas Julieta o repreende:

Não jure nunca
Ou, se o fizer, jure só por si mesmo,
Único deus de minha idolatria,
Que eu acredito.[39]

---

36 "*Romeo: O, then, dear saint, let lips do what hands do; / They pray, grant thou, lest faith turn to despair. / Juliet: Saints do not move, though grant for prayers' sake. / Romeo: Then move not, while my prayer's effect I take. / Thus from my lips, by yours, my sin is purged. / Juliet: Then have my lips the sin that they have took. / Romeo: Sin from thy lips? O trespass sweetly urged! / Give me my sin again. / Juliet: You kiss by the book.*" (Ato I, Cena 5)

37 *A New Variorum Edition of Shakespeare*, editado por Horace Howard Furness, anota, ao examinar precisamente essa passagem, que o Bardo pretendia aqui copiar os modelos de poesia erótica italiana, na época em voga na Inglaterra (Filadélfia, J. B. Lippincott, 1971, p. 82).

38 Ver Castro Neves, José Roberto de. *Caixa de palavras*. Rio de Janeiro: Nova Fronteira, 2023, p. 204 e seguintes.

39 "*Do not swear at all; / Or, if thou wilt, swear by thy gracious self, / Which is the god of my idolatry, / And I'll believe thee.*" (Ato II, Cena 1)

Os jovens experimentam um sentimento inusitado — assim como se submetem a algo novo, imensamente forte e irresistível. O resultado é a transformação, com a perda da pessoa que se era antes. Ao final da famosa cena do balcão, Romeu, que já havia renegado seu nome próprio pelo amor de Julieta, diz também se esquecer de que tem um lar. Já Julieta, como ela própria confessa, vê seu namorado como uma divindade.

Shakespeare deixa no ar uma pergunta sem resposta: Romeu se apaixona mesmo por Julieta ou se apaixona por estar apaixonado?

A descoberta do sexo

O casal adolescente, na peça, tem a sua noite de núpcias. Escondidos (como sói acontecer com a maioria dos jovens, cuja primeira experiência sexual se dá de forma clandestina). Assim, consumam o casamento clandestino. É uma noite memorável, interrompida pela luz do dia. Romeu tem de deixar Verona.

Frei Lourenço resume o que seria o amor entre os jovens:

> E violento prazer tem fim violento,
> E morre no esplendor, qual fogo e pólvora
> Consumido num beijo. O mel mais doce
> Repugna pelo excesso de delícia,
> Que acaba perturbando o apetite.[40]

Ao fim da peça, imediatamente antes de se matar com um punhal, Julieta diz: "bendita adaga!" — "*happy dagger*", no original. É uma penetração, tal como a de seu amante.[41] Ao morrer, Julieta evoca um símbolo

---

40 "*These violent delights have violent ends / And in their triumph die, like fire and powder, / Which as they kiss consume: the sweetest honey / Is loathsome in his own deliciousness / And in the taste confounds the appetite.*" (Ato II, Cena 6)

41 Ver Wells, Stanley. *Shakespeare, Sex & Love*. Oxford: Oxford University Press, 2010, p. 167.

fálico, lembrando o que foi, possivelmente, o momento mais importante de sua curta vida.

O beijo tem um papel importante em *Romeu e Julieta*. O casal se beija quatro vezes, em momentos significativos. Quando se conhecem, na festa na casa dos Capuleto, marcam seu amor. Depois, beijam-se na cela do Frei Lourenço, quando se casam. Beijam-se também na primeira e última noite em que passam juntos, pouco antes de se despedirem. Finalmente, há o beijo da morte. Nos beijos, o casal revela uma harmonia. Já na morte, os jovens invertem perfeitamente suas posições: Julieta toma o veneno para escapar do casamento com Páris e morre pela lâmina. Romeu é banido por causa da lâmina, pois assim matou Teobaldo, mas morre com o veneno. O beijo os une e a morte os separa.

A busca da identidade

Não é por acaso que o jovem casal se enamora num *bal masqué*. Assim, perdem a identidade, porque, mascarados, deixam, ao menos na aparência, de ser quem são.

Na juventude, busca-se exatamente encontrar a identidade, afastando-se dos modelos, dos paradigmas, para encontrar um estilo próprio. Ao colocar uma máscara, pode-se deixar de ser quem é, para ser o que se quiser. Exatamente nesse momento de libertação, os dois jovens se encontram: quando se desprendem dos padrões que [as] suas famílias e a sociedade esperam deles, conseguem ser o que intimamente desejam. Uma descoberta.

Na cena do balcão, Julieta promete, caso Romeu abandone seu nome, entregar-se a ele por inteiro. Romeu, então, renega seu nome. Afirma que deseja receber um novo batismo, para, dali em diante, ser chamado apenas de "amor". Julieta e Romeu assumem novas identidades.

Examinando a peça, W. H. Auden registra: "Você descobre quem você é quando está apaixonado."[42]

Julieta é uma menina[43] no começo da peça, com 14 anos ainda incompletos. Shakespeare a faz bem jovem, ao contrário do poema de Brooke, sua inspiração, no qual a protagonista já contava com 16 anos. A peça trata da perda da [sua] inocência e do amadurecimento da menina-moça. O amor transforma Julieta numa pessoa, com pretensões e ideias próprias.

JULIETA NO BALCÃO, ARTE DE JOHN MASSEY WRIGHT, C. 1800 (WIKICOMMONS)

---

42 Auden, W. H. *Lectures on Shakespeare*. Nova Jersey: Princeton University Press, 2000, p. 47.

43 Sobre o amadurecimento de Julieta, vale ver Granville-Barker, Harley. *Prefaces to Shakespeare*, vol. II. Nova Jersey: Princeton University Press, 1947, p. 343 e seguintes.

A forma

Os jovens se preocupam excessivamente com a forma. A aparência possui demasiada importância. Frei Lourenço diagnostica: "O amor dos jovens não está nos corações, mas nos olhos."[44]

Já se disse que *Romeu e Julieta* poderia se chamar de a tragédia do nome. Haveria tragédia se fosse Romeu da Silva e Julieta dos Santos? Possivelmente não. Seja porque, assim, não haveria ódio entre as famílias dos namorados, seja porque talvez os jovens sequer se interessassem por um amor permitido.

Na icônica cena do balcão, o tema do nome — e da perda da identidade — é aprofundado:

> **JULIETA:** Ó Romeu, Romeu! Por que és Romeu? Renega teu pai e recusa teu nome; ou, se não quiseres, jura-me somente que me amas e não mais serei uma Capuleto.
> **ROMEU:** (*À parte.*) Continuarei a ouvi-la ou vou falar-te agora?
> **JULIETA:** Somente teu nome é meu inimigo. Tu és tu mesmo, sejas ou não um Montéquio. Que é um Montéquio? Não é mão, nem pé, nem braço, nem rosto, nem outra parte qualquer pertencente a um homem. Oh! sê outro nome! Que há em um nome? O que chamamos de rosa, com outro nome, exalaria o mesmo perfume tão agradável; e assim, Romeu, se não te chamasses Romeu, conservarias essa cara perfeição que possuis sem o título. Romeu, despoja-te de teu nome e, em troca de teu nome, que não faz parte de ti, toma-me toda inteira!
> **ROMEU:** Tomo-te a palavra. Chama-me somente "amor" e serei de novo batizado. Daqui para diante, jamais serei Romeu.
> **JULIETA:** Que homem és tu, assim oculto pela noite, que surpreendes de tal modo meus segredos?

---

44   "*young men's love then lies/ Not truly in their hearts, but in their eyes.*" (Ato II, Cena 3)

ROMEU: Com um nome, não sei como dizer-te quem sou eu! Meu nome, santa adorada, é odioso para mim mesmo, porque é teu inimigo; e se o tivesse escrito, teria despedaçado a palavra.[45]

"O que há num nome?" O nome pode conter tudo, assim como pode não significar nada. Os jovens, como dissemos, querem perder a identidade, para construir outra. Romeu deseja ser chamado apenas de "amor" e abandonar seu nome.

Eis uma das mais belas metáforas da paixão. O sentimento apresenta-se com tamanha força que o jovem deseja perder sua identidade — na medida em que ser um Montéquio ou um Capuleto se revela um óbice ao amor —, para ser outra coisa.

JULIETA: O sentimento, mais rico em matéria do que em palavra, se glorifica de tua substância e não de seu ornamento. Só os mendigos podem contar suas riquezas. Meu verdadeiro amor cresceu até o excesso, de tal modo que não mais posso somar a metade de meu tesouro.[46]

---

45 *"Juliet: O Romeo, Romeo! wherefore art thou Romeo? / Deny thy father and refuse thy name; / Or, if thou wilt not, be but sworn my love, / And I'll no longer be a Capulet. / Romeo: [Aside] Shall I hear/ more, or shall I speak at this? / Juliet: 'Tis but thy name that is my enemy; / Thou art thyself, though not a Montague. / What's Montague? it is nor hand, nor foot, / Nor arm, nor face, nor any other part / Belonging to a man. O, be some other name! / What's in a name? that which we call a rose / By any other name would smell as sweet; / So Romeo would, were he not Romeo call'd, / Retain that dear perfection which he owes / Without that title. Romeo, doff thy name, / And for that name which is no part of thee / Take all myself. Romeo: I take thee at thy word: / Call me but love, and I'll be new baptized; Henceforth I never will be Romeo. / Juliet: What man art thou that thus bescreen'd in night / So stumblest on my counsel? / Romeo: By a name / I know not how to tell thee who I am: / My name, dear saint, is hateful to myself, / Because it is an enemy to thee; / Had I it written, I would tear the word."* (Ato II, Cena 2)

46 *"Conceit, more rich in matter than in words, / Brags of his substance, not of ornament: / They are but beggars that can count their worth; / But my true love is grown to such excess / I cannot sum up sum of half my wealth."* (Ato II, Cena 5)

Quando Romeu informa ao Frei Lourenço que se apaixonou perdidamente por Julieta, este indaga o que houve com Rosalina, que era a destinatária do amor do jovem até há pouco. Romeu responde:

Esqueci esse nome e a amargura desse nome.[47]

MAIS UMA ADAPTAÇÃO DE *ROMEU E JULIETA* PARA O CINEMA, AGORA DIRIGIDA POR CARLO CARLEI (WIKICOMMONS)

Há outra passagem da peça na qual o "nome" ganha especial importância. Isso se dá quando se deve interpretar a sentença de morte proferida pelo príncipe de Verona a quem cometer violência. Isso porque, logo no começo da trama, quando há o primeiro conflito entre seguidores dos Capuleto e dos Montéquio, o príncipe de Verona, repudiando o incidente, determina que a próxima morte decorrente dessas disputas seria punida com morte. Entretanto, quando Romeu mata Teobaldo, o príncipe interpreta sua ordem, transformando a morte física em morte civil. Romeu "morreria" para Verona, pois seria exilado.

FREI LOURENÇO: [...] Trago-te notícias da sentença do príncipe!
ROMEU: Pode ser menos do que sentença de morte a sentença do príncipe?

---

47 *"I have forgot that name, and that name's woe."* (Ato II, Cena 3)

FREI LOURENÇO: Uma sentença mais branda saiu de seus lábios. Não a morte do corpo, mas o banimento do corpo.

ROMEU: Ah! Banimento! Tende compaixão! Dizei que condenou à morte, porque, na realidade, o exílio é mais aterrador, muito mais, do que a morte! Não digais "banimento"!

FREI LOURENÇO: Foste desterrado de Verona. Sê paciente, pois o mundo é vasto e espaçoso.

ROMEU: Não existe mundo fora dos muros de Verona, mas purgatório, tortura, o próprio inferno! Banido daqui é ser banido do mundo e o exílio do mundo é a morte! Logo, "banimento" é a morte sob um falso nome! Chamando a morte de "banimento", cortais minha cabeça com um machado de ouro e sorris do golpe que me assassina.

FREI LOURENÇO: Oh! pecado mortal! Oh! negra ingratidão! Segundo nossas leis, deverias morrer; mas o bondoso príncipe, interessando-se por ti e torcendo a lei, troca em desterro essa negra palavra "morte" e tu não agradeces o imenso favor.

ROMEU: É suplício e não favor! O céu está onde Julieta viver.[48]

Jovens descobrem a força ou a fraqueza dos nomes.

---

48 *"Friar Laurence: (...) I bring thee tidings of the prince's doom. / Romeo: What less than doomsday is the prince's doom? / Friar Laurence: A gentler judgment vanish'd from his lips, / Not body's death, but body's banishment. / Romeo: Ha, banishment! be merciful, say 'death'; / For exile hath more terror in his look, / Much more than death: do not say 'banishment'. / Friar Laurence: Hence from Verona art thou banished: / Be patient, for the world is broad and wide. / Romeo: There is no world without Verona walls, / But purgatory, torture, hell itself. / Hence-banished is banish'd from the world, / And world's exile is death: then banished, / Is death mis-term'd: calling death banishment, / Thou cutt'st my head off with a golden axe, / And smilest upon the stroke that murders me. / Friar Laurence: O deadly sin! O rude unthankfulness! / Thy fault our law calls death; but the kind prince, / Taking thy part, hath rush'd aside the law, / And turn'd that black word death to banishment: / This is dear mercy, and thou seest it not. / Romeo: 'Tis torture, and not mercy: heaven is here, / Where Juliet lives."*

Testando os limites e as transgressões

O amor de Romeu e Julieta ganha força porque é proibido. O proibido tem um gosto diferente, misterioso. O transgressor é magnético. As adversidades são um tempero irresistível. Na juventude, testamos os limites.

Nesse "encanto" pelo proibido, a peça fala também das drogas. Não apenas Frei Lourenço se revela um conhecedor do uso de substâncias naturais, mas uma das cenas mais conhecidas da peça se dá com a ida de Romeu, após receber a informação de que sua amada morrera, ao miserável boticário de Mântua para comprar veneno. Esse negócio era ilegal, e Romeu revela, nessa passagem, a arrogância do menino rico:

> BOTICÁRIO: Quem está chamando tão alto?
> ROMEU: Vem aqui, homem! Vejo que és pobre. Toma: aí estão quarenta ducados; dá-me uma dose de veneno, uma substância tão forte que, difundindo-se por todas as veias, caia morto quem, farto da vida, a beba e faça sair a alma do corpo tão violentamente quanto a pólvora inflamada rápida se precipita fora do bojo fatal de um canhão!
> BOTICÁRIO: Possuo essas drogas mortais, mas a lei de Mântua pune com a morte quem as fornecer.
> ROMEU: Estás tão desprovido de tudo e cheio de infortúnio e temes morrer? A fome está em tuas faces, a necessidade e a opressão assomam famintas em teus olhos, o desprezo e a pobreza estão pendidos de teus ombros, o mundo não é teu amigo, nem tampouco a lei do mundo! O mundo não possui lei para te fazer rico, logo, não sejas mais pobre, mas quebra-a e toma isto!

BOTICÁRIO: Minha pobreza consente, mas não minha vontade.
ROMEU: Pago tua pobreza e não tua vontade.[49]

Esse diálogo poderia ser transportado para os dias de hoje, quando garotos de famílias abastadas compram drogas ilícitas de bandidos e traficantes.

Nada do mundo juvenil parece escapar ao Bardo. Em *Romeu e Julieta*, ele fala até mesmo dos fungos espalhados pelos beijos adolescentes, imputando a uma fada, a rainha Mab, esse feito: deixar os lábios cheios de pústulas,[50] os populares "sapinhos".

Os jovens desafiam seus pais. Desobedecem às suas ordens. Escondem seus feitos e seus planos. Experimentam drogas proibidas. Querem uma vida não apenas diferente daquela pretendida pelas famílias, mas precisamente o contrário do que se espera deles. É o momento para ser rebelde.

Os exageros

Quando Frei Lourenço registra a inconstância dos sentimentos de Romeu, porque este deixou rapidamente de amar Rosalina, o jovem retruca:

---

[49] "*Apothecary: Who calls so loud? / Romeo: Come hither, man. I see that thou art poor: / Hold, there is forty ducats: let me have / A dram of poison, such soon-speeding gear / As will disperse itself through all the veins / That the life-weary taker may fall dead / And that the trunk may be discharged of breath / As violently as hasty powder fired / Doth hurry from the fatal cannon's womb. / Apothecary: Such mortal drugs I have; but Mantua's law / Is death to any he that utters them. / Romeo: Art thou so bare and full of wretchedness, / And fear'st to die? famine is in thy cheeks, / Need and oppression starveth in thine eyes, / Contempt and beggary hangs upon thy back; / The world is not thy friend nor the world's law; / The world affords no law to make thee rich; / Then be not poor, but break it, and take this. / Apothecary: My poverty, but not my will, consents. / Romeo: I pay thy poverty, and not thy will.*" (Ato V, Cena 2)

[50] Ato I, Cena 4.

ROMEU: Várias vezes me repreendestes por amar Rosalina.
FREI LOURENÇO: Por idolatrá-la, não por amá-la, meu filho.
ROMEU: E me aconselhastes a enterrar aquele amor.
FREI LOURENÇO: Mas, não em um túmulo onde se enterra um para desenterrar outro.[51]

"For doting, not for loving". *"Dote"* significa a exibição de um amor excessivo, um embevecimento desmedido e acrítico. Um sentimento que não permite uma reflexão ponderada. Um amor "mimado". Uma adoração. Romeu é criticado por amar assim. Um exagero comum aos jovens, que se lançam com violência e ímpeto aos romances, quase sempre de forma descomedida.

Frustração

Crescer é, em grande parte, aprender a superar frustrações. Na juventude, vivenciamos grandes expectativas e frustrações. No exílio em Mântua, logo após falar do amor que irá experimentar — "que doce há de ser o amor em si, se a sua sombra nos faz tão felizes"[52] —, Romeu recebe a notícia da morte de Julieta.

Julieta, da mesma forma, canta feliz seu amor por Romeu quando a Ama traz a notícia de que seu amado havia assassinado Teobaldo. Julieta, assustada com a notícia, lamenta: "Pode o céu ser tão invejoso?"[53]

Sonhos são interrompidos de forma abrupta. Planos e projetos são desmantelados. O casal de amantes não suporta abandonar seus projetos. Os jovens têm dificuldade em conviver com a frustração.

---

51 *"Romeo: Thou chid'st me oft for loving Rosaline. / Friar Laurence: For doting, not for loving, pupil mine. / Romeo: And bad'st me bury love. / Friar Laurence: Not in a grave, To lay one in, another out to have."* (Ato II, Cena 3)
52 *"Ah me! how sweet is love itself possess'd, / When but love's shadows are so rich in joy!"* (Ato V, Cena 1)
53 *"Can heaven be so envious?"* (Ato III, Cena 2)

A falta de diálogo com os pais e a solidão

Logo no começo da peça, o pai de Romeu reclama que seu "triste filho" se esconde da luz, trancando-se no quarto. O pai lamenta que o filho fique só, "tão secreto em si mesmo, tão fechado". A relação deles é distante.

Julieta, por sua vez, não consegue dizer aos pais o que se passa na vida dela. Não existe sintonia que permita esse diálogo. Seus pais impõem-lhe o casamento com o conde Páris, parente do príncipe de Verona, que consideram um bom partido. Ao esboçar uma reação, Julieta é pronta e severamente repreendida. O pai ameaça desampará-la e deixá-la sem comida. Não consegue minimamente ser ouvida.

Julieta, então, busca amparo na Ama. Esta conhece [o] seu verdadeiro amor e sabe do drama pelo qual passa a adolescente. Desorientada e nervosa, Julieta pede o conforto e o conselho de sua Ama:

> AMA: Por minha fé, eis aqui! Romeu foi banido e apostaria o mundo inteiro contra nada, como nunca se atreverá a voltar para reclamar-vos e, se vier, precisará ser escondido. Estando, pois, as coisas como estão, creio que o mais conveniente é que vos caseis com o conde. Oh! É um encantador gentil-homem! Romeu diante dele é um rústico! Uma águia, senhora, não tem olhos tão verdes, tão vivos, tão belos como os de Páris! Maldito seja meu coração, creio que sereis feliz neste segundo matrimônio, visto que é melhor do que o primeiro; e, mesmo que não fosse, vosso primeiro marido está morto, ou é o mesmo que se estivesse, pois não podeis tê-lo aqui vivo, não podendo dele servir-vos.
> JULIETA: Falas do fundo de teu coração?
> AMA: E do fundo de minha alma, também, ou, então, que ambos sejam amaldiçoados!
> JULIETA: Amém!
> AMA: Quê?

JULIETA: Sim, tu me consolaste admiravelmente. Entra e dize a minha mãe que, aflita por haver contrariado meu pai, vou confessar-me na cela de Frei Lourenço e receber sua absolvição.
AMA: Por minha fé, irei logo; estais agindo muito acertadamente. (*Sai*)
JULIETA: Velha maldita! Oh! maligníssimo demônio! É maior pecado incitar-me assim ao perjúrio, ou vituperar meu senhor com a mesma língua que tantos milhares de vezes o exaltou acima de qualquer comparação? Vai, conselheira, tu e meu coração daqui para diante estareis separados! ... Irei ver o frade para pedir-lhe um remédio e, se tudo me abandonar, eu mesma terei o poder de morrer. (*Sai*)[54]

A Ama não consegue compreender a situação de Julieta. Não tem empatia. Julieta percebe que a Ama segue a orientação de seus pais, patrões da aia. Suplica por ajuda, mas a Ama oferece o discurso conservador e insensível. Ao dizer "Amém" para a Ama, Julieta compreende que está só na sua escolha.[55] Trata-se do momento crucial na vida de muitas

---

54   "*Nurse: Faith, here it is. / Romeo is banish'd; and all the world to nothing, / That he dares ne'er come back to challenge you; / Or, if he do, it needs must be by stealth. / Then, since the case so stands as now it doth, / I think it best you married with the county. / O, he's a lovely gentleman! / Romeo's a dishclout to him: an eagle, madam, / Hath not so green, so quick, so fair an eye / As Paris hath. Beshrew my very heart, / I think you are happy in this second match, / For it excels your first: or if it did not, / Your first is dead; or 'twere as good he were, / As living here and you no use of him. / Juliet: Speakest thou from thy heart? / Nurse: And from my soul too; / Or else beshrew them both. / Juliet: Amen! / Nurse: What? / Juliet: Well, thou hast comforted me marvellous much. / Go in: and tell my lady I am gone, / Having displeased my father, to Laurence' cell, / To make confession and to be absolved. / Nurse: Marry, I will; and this is wisely done. [Exit] / Juliet: Ancient damnation! O most wicked fiend! / Is it more sin to wish me thus forsworn, / Or to dispraise my lord with that same tongue / Which she hath praised him with above compare / So many thousand times? Go, counsellor; / Thou and my bosom henceforth shall be twain. / I'll to the friar, to know his remedy: / If all else fail, myself have power to die. [Exit]*" (Ato III, Cena 5)

55   Ver Santos, Marlene Soares dos. "A solidão de Julieta". In: Medeiros, Fernanda; Leão, Liana de C. (orgs.). *O que você precisa saber sobre Shakespeare antes que o mundo acabe*. Rio de Janeiro: Nova Fronteira, 2021, p. 349 e seguintes.

pessoas: quando percebem que, nas suas opções, podem estar só. É o mundo contra elas.

Romeu experimenta situação semelhante com Frei Lourenço. Quando o religioso informa ao adolescente sobre a pena contra ele estabelecida, Romeu se desespera. Banimento é a morte para Romeu. "Não há vida fora dos muros de Verona", ele diz. O frade tenta consolá-lo:

> **FREI LOURENÇO**: Vou dar-lhe um escudo contra essa palavra.
> Na adversidade há filosofia
> Para consolar quem foi banido.
> **ROMEU**: Ainda "banido"! Quem quer ser filósofo?
> Filosofia recria Julieta?
> Muda a cidade? Altera a lei do príncipe?
> Não, não pode e não adianta. Basta!
> **FREI LOURENÇO**: Percebo agora que os loucos são surdos.
> **ROMEU**: E por que não, quando os sábios são cegos?
> **FREI LOURENÇO**: Discutamos o estado em que se encontra.
> **ROMEU**: Como pode falar do que não sentes?
> E fosse jovem, o amor de Julieta,
> Recém-casado, e algoz de Teobaldo,
> Apaixonado e, como eu, banido,
> Podia então falar, descabelar-se,
> E atirar-se ao chão, como eu agora,
> Medindo a cova que ainda não foi feita.[56]

---

56 *"Friar Laurence: I'll give thee armour to keep off that word: / Adversity's sweet milk, philosophy, / To comfort thee, though thou art banished. Romeo: Yet 'banished'? Hang up philosophy! / Unless philosophy can make a Juliet, / Displant a town, reverse a prince's doom, / It helps not, it prevails not: talk no more. Friar Laurence: O, then I see that madmen have no ears. Romeo: How should they, when that wise men have no eyes? Friar Laurence: Let me dispute with thee of thy estate. Romeo: Thou canst not speak of that thou dost not feel: / Wert thou as young as I, Juliet thy love, / An hour but married, Tybalt murdered, / Doting like me and like me banished, / Then mightst thou speak, then mightst thou tear thy hair, / And fall upon the ground, as I do now, / Taking the measure of an unmade grave."* (Ato III, Cena 3)

Do que serve a razão — ou a filosofia — nessas horas? Para o jovem, isso nada vale.

DIRETOR FRANCO ZEFFIRELLI E OLIVIA-HUSSEY
NO FILME *ROMEU E JULIETA* (WIKICOMMONS)

O livre-arbítrio

Em 2012, lançou-se o best-seller mundial *A culpa é das estrelas — The Fault in Our Stars —*, romance de John Green. O livro, em 2014, tornou-se um filme, que também alcançou enorme sucesso. Conta-se a história de um casal de adolescentes, cujo amor — perdoe-se o *spoiler* — é vencido pela doença. Uma tragédia. O título, como confessou o autor, foi retirado de *Júlio César*, de Shakespeare, na passagem em que Cássio diz a Brutus, "A culpa, caro Brutus, não é das nossas estrelas, mas de nós mesmos".[57] O tema, bem vistas as coisas, se relaciona com conhecer o papel do Homem. Afinal, o nosso destino está nas estrelas ou somos nós que o ditamos?

Na tragédia clássica grega, o drama residia nessa impossibilidade de o Homem evitar seu destino. Apesar do enorme esforço de Édipo, ele não consegue, na tragédia de Sófocles, feita no século V a.C., escapar de seu fado: ele acaba por matar o pai e desposar a mãe, tal como fora vaticinado.

Essa visão fatalista, ainda em voga na Idade Média, foi objeto de profunda apreciação por Shakespeare. Ele por certo leu o dramaturgo romano Sêneca, que, por sua vez, pagava tributo aos gregos clássicos, como Ésquilo e Sófocles.

Shakespeare defendia novos conceitos. Ele buscou, ao longo de sua carreira, afastar-se da chamada "tragédia do destino", aproximando-se da "tragédia de caráter". Nesta, a culpa não se encontrava nas estrelas, pois o Homem era o senhor de seu destino. Portanto, as chamadas "tragédias de caráter" realçavam o papel de predominância do ser humano, deixando claro que o Homem não era um mero joguete das estrelas.

Assim, essa posição central do Homem fazia parte, na época, de uma conquista. Shakespeare contribuiu para o amadurecimento dessa ideia. Segundo alguns, *Romeu e Julieta* seria, no cânone das tragédias shakespearianas, uma exceção. Ao invés de dramas nos quais o temperamento do protagonista tenha sido determinante para selar seu destino — tal como ocorre em *Hamlet*, *Otelo*, *Rei Lear* e *Macbeth*, para citar os mais conhecidos exemplos —, em *Romeu e Julieta* os jovens tiveram sua morte traçada por ordem do destino. Era a sina deles.

Como *Romeu e Julieta* é uma das primeiras peças do Bardo, muitos, portanto, defendem que nela o dramaturgo ainda não havia desenvolvido plenamente seu estilo. Nessa peça há, excepcionalmente, um "coro",

---

[57] *"The fault, dear Brutus, is not in our star, but in ourselves, that we are underlings."* ("Os homens algumas vezes são os mestres de seus próprios destinos. A culpa, querido Brutus, não é do destino, mas sim de nós mesmos", *Júlio César*, Ato I, Cena 2.)

que inicia os dois primeiros atos, tal como ocorria nas peças gregas, numa clara referência ao modelo clássico.[58] Contudo, vale dizer que, a partir do terceiro ato, o coro desaparece. O que o Bardo quis dizer ao "esquecer" o coro?

Como Shakespeare era dono de uma inteligência superior, acredito que, até nisso, ele pretendia dar um recado. Não há dúvidas de que, em *Romeu e Julieta*, brinca-se com esse tema do destino cego *versus* a possibilidade de guiarmos nossas vidas. Logo no prólogo, registra-se que o casal nasce com "má estrela".

Assim que mata Teobaldo e percebe que sofrerá uma pena, Romeu exclama:

"Sou o bobo do destino!"[59]

Depois, ao saber da morte da amada, ele reage exaltado:

"Verdade? Então eu desafio as estrelas!"[60]

Romeu grita sua insatisfação para com o destino que lhe teria sido concedido pelas estrelas. Como registra Harold Goddard, clássico crítico shakespeariano, ao tratar dessa diferença entre as tragédias de acidente e as tragédias de caráter, não se encontra na obra do Bardo sinal palpável de que ele acreditasse no destino como algo imutável.[61]

Bem vistas as coisas, há uma série de possíveis responsáveis pelo desfecho trágico da peça: (1) Mercúcio, pois aceita as provocações de Teobaldo e entra em luta com ele; (2) Teobaldo, que avança contra

---

58   Ver Wilson, Harold S. *On the Design of Shakespearian Tragedy*. Toronto: University of Toronto Press, 1968, p. 5.
59   *"O, I am fortune's fool!"* (Ato III, Cena 1)
60   *"Is it even so? Then I defy you, stars!"* (Ato V, Cena 1)
61   Goddard, Harold C. *The Meaning of Shakespeare*, vol. 1. Chicago: University of Chicago Press, 1960, p. 117.

Romeu e acaba morto, acarretando a pena de exílio; (3) Frei João, que deixou de entregar a carta a Romeu, na qual ficaria esclarecido que Julieta não estava morta; (4) a peste, que impede Frei João de ingressar em Mântua e entregar a carta; (5) a intolerância dos pais do jovem casal; (6) a Ama, que poderia ter esclarecido tudo; (7) Frei Lourenço, autor do plano que não funciona, e que chega a se reconhecer como o culpado pela desgraça; (8) o amor juvenil, exagerado e aflito; e, finalmente, (9) as estrelas.

Shakespeare tratou também de outros temas em *Romeu e Julieta*. Ele, ao contrário do original de Brooke, faz do franciscano Frei Lourenço — um católico — uma pessoa bondosa. Tornar um católico o confidente dos jovens numa Inglaterra protestante tinha certo grau de subversão. Embora a ação transcorresse em Verona, o contexto da encenação era Londres.

A personagem Mercúcio é outra criação shakespeariana. A obra ainda examina a posição do príncipe de Verona, que impõe as regras, cuja desobediência acaba por ser desastrosa. O príncipe tem três importantes intervenções na peça. De início, logo após o primeiro distúrbio social criado pelos partidários dos Montéquio e dos Capuleto, para estabelecer a pena de morte se houver mais violência entre eles. Depois, quando Mercúcio e Teobaldo morrem, o príncipe surge para aplicar a sanção a Romeu. Finalmente, diante da morte do jovem casal e do lamento das famílias, para registrar os danos ao descumprimento das regras:

> **PRÍNCIPE:** [...] Onde estão esses inimigos? Capuleto! Montéquio! Vede o flagelo que caiu sobre vosso ódio e como os céus acharam meio de, pelo amor, destruir vossas alegrias! E eu, por haver tolerado vossas discórdias, perdi, também, dois parentes! Todos fomos punidos![62]

---

[62] "Where be these enemies? Capulet! Montague! / See, what a scourge is laid upon your hate, / That heaven finds means to kill your joys with love. / And I for winking at your discords too, / Have lost a brace of kinsmen: all are punish'd." (Ato V, Cena 3)

Nesse momento, Shakespeare talvez tenha oferecido uma pista para identificar o maior responsável pela tragédia: os adultos. Foram eles, com suas picuinhas, preconceitos e sua incapacidade de amar, que causaram a morte de seus filhos. Os jovens, ao contrário, estavam plenos de amor, livres para abandonar as velhas rixas e seguir rumo a um futuro melhor. Os adultos estavam cegos, enquanto os jovens enxergavam.

***

Romeu e Julieta fala do mundo dos jovens e seus extremos: amor e ódio — ou Vênus e Marte. Dever e prazer. Vida e morte. Realidade e aparência. Destino e livre-arbítrio. Expectativas e frustrações. Todos os temas juvenis cabem nela.

... e o príncipe termina dizendo:

> Uma paz triste esta manhã traz consigo;
> O sol, de luto, nem quer levantar.
> Alguns terão perdão, outros castigo;
> De tudo isso há muito o que falar.
> Mais triste história nunca aconteceu
> Que esta, de Julieta e seu Romeu. (*Fim*)[63]

Shakespeare mata os amantes, mas mantém vivo o amor. Eis outra poderosa mensagem expressa em *Romeu e Julieta*.[64]

Nisso também há uma referência à juventude, que se vai das nossas vidas, mas, ao mesmo tempo, não nos abandona.

---

63 "*Prince: A glooming peace this morning with it brings; / The sun, for sorrow, will not show his head: / Go hence, to have more talk of these sad things; / Some shall be pardon'd, and some punished: / For never was a story of more woe / Than this of Juliet and her Romeo. (End)*" (Ato V, Cena 3)

64 Sobre a "sobrevida" de Julieta, ver Duncan, Sophie. *Juliet: The Life and Afterlife of Shakespeare's First Tragic Heroine*. Nova York: Seal Press, 2023.

Como bem acentua Bloom, "*Romeu e Julieta* é incomparável, seja na própria obra shakespeariana, seja em toda a literatura mundial, como visão de um amor recíproco e incondicional que perece por seu próprio idealismo, por sua própria intensidade."[65]

Como se vê, pode-se colher um mundo de lições nessa linda peça, não sem motivos a preferida de uma legião de pessoas. Shakespeare é um passeio pelos mais diferentes caminhos. Ele pergunta:

"O que você quer saber?"

LEONARDO DICAPRIO E CLAIRE DANES FORAM ROMEU E JULIETA (ALAMY)

---

[65] Bloom, Harold. *Shakespeare: a invenção do humano*. Rio de Janeiro: Objetiva, 1988 — na belíssima tradução de José Roberto O'Shea —, p. 126.

O MERCADOR DE VENEZA E AS APARÊNCIAS

Possivelmente, ao lado de *Romeu e Julieta* e de *Hamlet*, *O mercador de Veneza* tornou-se uma das peças mais populares de William Shakespeare. De todo o cânone shakespeariano, *O mercador de Veneza* é a peça com maior apelo jurídico — o que faz dela a preferida entre os estudantes e profissionais do Direito. Embora haja muitos julgamentos nas obras de Shakespeare — mais de dois terços de suas peças relatam alguma forma de julgamento —, em *O mercador de Veneza* o ápice da emoção ocorre numa corte de justiça e boa parte da discussão gravita ao redor de temas jurídicos.

A peça *O mercador de Veneza* foi escrita provavelmente em 1596, logo após Shakespeare ter elaborado obras plenas de lirismo como *Ricardo II* (integralmente em versos pentâmetros), *Romeu e Julieta* e *Sonho de uma noite de verão*.

Na definição da época, *O mercador de Veneza* era uma comédia. Isso porque se entendiam como tragédias as histórias que acabavam com a morte do protagonista. Por exclusão, considerava-se o restante como comédia, mesmo quando o final não fosse de plena felicidade.

Adiante em sua carreira, Shakespeare se especializou em terminar peças de modo ambíguo, embora sem a morte do protagonista.

Os estudiosos, na falta de melhor definição, passaram a chamar essas obras — como *Medida por medida*, *Troilo e Créssida* e *Tudo está bem quando acaba bem* — de "peças-problema". Em *O mercador de Veneza*, Shakespeare ensaia esse modelo.

O MERCADOR DE VENEZA NO NEW AMSTERDAM THEATRE, EM 1916 (WIKICOMMONS)

Shakespeare, como era costume no seu tempo, valia-se de enredos já conhecidos, para, a partir deles, elaborar suas peças. Hoje, quando se explica que Shakespeare, na construção de suas peças, partia de uma ideia ou de obra existente, muitos ficam decepcionados. Imaginam que isso diminui o autor, faltando-lhe criatividade, ou mesmo que fosse um aproveitador, apropriando-se de inspiração alheia. Enganam-se os que pensam assim. Para começar, não havia, então, a ideia de propriedade intelectual como conhecemos hoje. Era natural que os artistas se valessem das histórias uns dos outros. Mas, principalmente, a genialidade de Shakespeare resta nítida nessa transformação do original, de onde ele começou, para a obra que ele, ao fim, apresenta. Além disso, na Renascença, por definição, o valor estético não residia na criação *ex nihilo*, nas no bem-sucedido "renascer" de uma obra anterior.

Em *O mercador de Veneza*, Shakespeare misturou três histórias já conhecidas: a da escolha do marido pelo teste da urna, a da garantia de uma dívida com uma libra de carne do corpo do próprio devedor e a do anel que o marido prometeu jamais tirar do dedo.

A partir desses três enredos, Shakespeare, com talento inigualável, produz uma peça que fala, magistralmente, sobre aparência, empatia, preconceito, rebeldia juvenil e justiça.

Eis a história: o formoso Bassânio, jovem perdulário, cidadão de Veneza, confessadamente despendeu seu patrimônio com frivolidades. Ele precisa de dinheiro para fazer corte a uma rica órfã, Pórcia, que vive em Belmonte, [uma] cidade vizinha de Veneza. Bassânio se socorre de seu amigo Antônio, um mercador de Veneza, a quem pede um empréstimo de três mil ducados. O mercador, contudo, não dispõe de liquidez naquele momento, pois seus navios estão dispersos pelo mundo; isto é, seu patrimônio encontra-se investido. Antônio, porém, quer ajudar Bassânio e, para tanto, procura obter o dinheiro com Shylock, judeu que vive no gueto de Veneza. Antônio despreza Shylock. Humilha publicamente o judeu, cuspindo-lhe e chamando-o de cão. Ao propor o negócio, Antônio adverte a Shylock que deve emprestar o dinheiro como se fosse para um inimigo. Shylock empresta o valor, sequer cobra juros. Entretanto, contrata que, em garantia da devolução da soma, isto é, se Antônio deixasse de pagar a dívida, Shylock poderia retirar uma libra da carne do corpo do próprio devedor.

RETRATO DO ATOR INGLÊS HERBERT BEERBOHM TREE INTERPRETANDO SHYLOCK

Permitam-me uma pausa. O começo da história parece ter uma inconsistência. Por que motivo Antônio, um mercador, homem de negócios experimentado, iria fazer um empréstimo, sem qualquer garantia, a Bassânio, um rapaz que se reconhece como estroina, gastador e perdulário? Pior, por que motivo esse mercador, privado momentaneamente de dinheiro, vai pedir a soma a uma pessoa que ele despreza, e ainda oferece seu próprio corpo como garantia? Esse comportamento não se coaduna com o de um comerciante minimamente cuidadoso. Para muitos, essa negligência na condução de seus negócios se explica por uma paixão cega que Antônio nutre por Bassânio. Em muitas passagens da obra, Antônio deixa claro, na sua linguagem corporal, o afeto extremo pelo belo jovem. Só um sentimento profundo, que prive o mercador da razão, pode justificar essa irresponsabilidade com os negócios. Uma interpretação aceita é a de que Antônio nutra um sentimento homossexual por Bassânio, tema tratado de forma sutil, até mesmo pelo preconceito que havia na época da elaboração da peça.

O mercador de Veneza começa com Antônio:

> Garanto que não sei por que estou triste;
> A tristeza me cansa, como a vós;
> Mas como a apanhei ou contraí,
> Do que é feita, ou do que terá nascido,
> Ainda não sei.
> A tristeza me fez um tolo tal
> Que é difícil até saber quem sou.[66]

Um atarantado Antônio reclama da vida para seu amigo Salarino. Faz questão de dizer que sua angústia não provém dos negócios. Quando Salarino pergunta se Antônio está apaixonado, querendo compreender a origem de sua aflição, Antônio desconversa e, imediatamente em seguida, Bassânio entra em cena. Parece ser a deixa de Shakespeare para demonstrar no que reside a tensão de Antônio: um amor proscrito por lei.[67]

Quando Shakespeare escreveu essa obra, no final do século XVI, havia pouquíssimos judeus na Inglaterra. Eles foram expulsos em 1290, pelo rei Eduardo I. Foram apenas oficialmente readmitidos por Cromwell, durante a Commonwealth, no período em que a Inglaterra foi governada pelos puritanos, na geração seguinte à de Shakespeare, ou seja, em meados do século XVII.

Na Inglaterra de então, a minoria étnica dos judeus era obrigada a usar a gabardina vermelha — uma espécie de manta sobre a roupa. No passado, os poucos judeus que viviam na Inglaterra tinham de usar um chapéu amarelo. Ou seja, eram pessoas marcadas, os diferentes, forçados a revelar sua etnia na indumentária. Por força de uma lei do parlamento inglês de 1571, todos os homens acima de seis anos que não

---

[66] "*In sooth, I know not why I am so sad: / It wearies me; you say it wearies you; / But how I caught it, found it, or came by it, / What stuff 'tis made of, whereof it is born, / I am to learn; / And such a want-wit sadness makes of me, / That I have much ado to know myself.*" (Ato I, Cena 1)

[67] O Buggery Act, lei inglesa de 1533, punia o crime de sodomia com a morte.

fossem nobres eram obrigados a vestir um chapéu de lã aos domingos. Com isso, a roupa distinguia as classes sociais.

Os judeus, na Inglaterra de Shakespeare, tinham reputação de apego ao dinheiro. A fama tinha explicação: não se permitia ao judeu adquirir terras. Dessa forma, restava-lhe a propriedade da moeda. Além disso, ao cristão era vedado, por motivos religiosos em primeiro lugar, cobrar juros nos seus empréstimos. Os judeus, diferentemente, não tinham essa vedação quando emprestavam dinheiro aos cristãos. Diante disso, o empréstimo de dinheiro por judeus, com a cobrança de juros, era um negócio estabelecido — e de onde tiraram a fama.

MAIS UM SHYLOCK, INTERPRETADO POR EDMUND KEAN (WIKICOMMONS)

Interessante, também, observar que, na tradição das representações de teatro medievais, o malvado na trama vinha sempre, de alguma forma, diferenciado fisicamente. O espectador identificava, de pronto, onde estava o mal. Quando o mal não era representado pelo próprio diabo, os vilões provinham de algum grupo minoritário: o estrangeiro, o negro, o judeu, o deformado, a pessoa com nanismo e assim por diante. O primeiro arquivilão de Shakespeare foi Aarão, um negro, em *Tito Andrônico*. Depois, o imoral Ricardo III, deformado fisicamente, na peça com seu nome. Em *O mercador de Veneza*, surge um judeu.

Voltando à trama de *O mercador de Veneza*, Bassânio, com o dinheiro que obtém emprestado de Antônio, organiza sua ida a Belmonte. Lá, encontra Pórcia, a jovem e rica herdeira. Esta, por sua vez, se encanta com os dotes naturais de Bassânio. Entretanto, por força do testamento do pai de Pórcia, não caberia a ela escolher seu marido, mas sim submeter seus pretendentes a um teste, criado pelo falecido pai. De acordo com o testamento, os pretendentes de Pórcia seriam colocados numa sala onde encontrariam três urnas: uma de ouro, outra de prata e uma terceira de chumbo. Teriam, então, de escolher uma dessas urnas. Em apenas uma delas haveria um retrato de Pórcia. Aquele que optasse pela urna certa se casaria com a afortunada herdeira. Os demais, ao apontarem a caixa errada, teriam de deixar Belmonte imediatamente e nada revelar acerca daquele peculiar concurso.

Quando vê Bassânio, Pórcia decide ajudá-lo. Primeiro, tenta adiar o teste dele, o que não era permitido. Depois, quando Bassânio foi submetido à escolha entre as três urnas, Pórcia, sub-repticiamente, faz com que o cantor, que acompanhava o evento, cantasse uma música cuja rima indicasse a opção pelo chumbo ("lead" em inglês), que a herdeira já sabia ser a caixa correta. Enquanto Bassânio examinava as possibilidades, o cantor entoava uma canção com a seguinte letra: "Como nasce o amor no mundo? / Vem do coração bem fundo / Ou é da mente oriundo?"[68]

---

68 No original: *"Tell me where is fancy bred. / Or in the heart or in the head? / How begot, how nourished?"* (Ato III, Cena 1)

Era a dica fundamental. Bassânio escolhe a urna de chumbo, onde encontra o retrato de Pórcia. Pronto, o casamento fica acertado.

Permitam-me, mais uma vez, suspender a linha narrada na peça para comentar que Bassânio era uma personagem, como Romeu, de *Romeu e Julieta*, e Bertrand, de *Tudo está bem quando acaba bem*, dos belos e tolos. Bem vistas as coisas, Shakespeare se valeu desse tipo dos "bonitões" sem maiores profundidades intelectuais para enaltecer seus pares — Julieta e Helena, respectivamente —, que eram, tal como Pórcia, extremamente argutas, sempre à frente dos homens. Alguém já disse: "Deixem os homens bonitos para as mulheres sem imaginação." Shakespeare certamente concordava com isso.

Interessante, também, notar que Pórcia, embora esperta, era uma jovem mimada e profundamente preconceituosa. No começo da peça, ao ver seus pretendentes, rapidamente os descreve apenas pela sua origem (inglesa, francesa, alemã...). Pórcia rejeita o príncipe de Marrocos, um dos que se arriscam no concurso das urnas, apenas pela cor de sua pele. Quando a herdeira toma conhecimento de que o marroquino chegou para se submeter ao teste, ela diz à amiga Nerissa: "[...] mas se ele tiver natureza de santo, com aspecto de diabo, eu prefiro o convento ao casamento."

HELGA ADAMSEN COMO PÓRCIA (WIKICOMMONS)

Pórcia apaixona-se por Bassânio exclusivamente por seu aspecto físico. É provável que o falecido pai identificasse esses prejulgamentos da filha. Tanto assim que coloca o retrato dela na urna de chumbo, acompanhado dos dizeres: "a quem o aspecto não atentou, escolheu bem". Ocorre que Pórcia não se conforma com o testamento paterno e faz exatamente o oposto.

Retornando ao enredo, Pórcia se casa com Bassânio. Nos seus votos, ela entrega ao marido, com quem acabara de desposar, todos os seus bens. Faz de um anel o símbolo daquela união: "Somos seus, meu senhor, com este anel: / Se o senhor o perder, der ou tirar, / Nisso eu verei o fim do seu amor, / Cabendo-me o direito do protesto."[69]

Para infortúnio dos recém-casados, chega a Belmonte a notícia de que os barcos de Antônio se perderam. Antônio não terá como honrar a dívida com Shylock. O judeu, por sua vez, cobra a libra de carne. Pórcia, ao se inteirar do ocorrido, logo oferece dinheiro para Bassânio, que corre para Veneza, a fim de liberar seu amigo.

No mesmo momento em que seu devedor deixa de ter fundos para quitar a dívida, Shylock tem outro dissabor. Sua filha, Jéssica, foge com o cristão Lorenzo, levando parte da fortuna do pai, inclusive um anel que fora de sua falecida mãe. Shylock, profundamente amargurado, vai ao doge, a maior autoridade de Veneza, e cobra a libra de carne de Antônio. Bassânio, ao chegar a Veneza, se oferece para pagar a dívida, e até o dobro dela, mas Shylock recusa. Irredutível, ele só aceita receber a libra de carne, tal como contratado.

Evidentemente, Shylock adota uma postura abusiva de seu direito. Quando surge alguém com disposição para pagar a dívida, e até seu valor aumentado, não há motivo razoável que justifique a insistência em receber unicamente a libra de carne, salvo a emulação ou um motivo vil. Segundo um velho brocardo jurídico, *summum jus, summa injuria*, ou

---

69 "This house, these servants and this same myself / Are yours, my lord: I give them with this ring; / Which when you part from, lose, or give away, / Let it presage the ruin of your love / And be my vantage to exclaim on you." (Ato III, Cena I)

seja, "o máximo do Direito, a máxima injustiça". Isso porque, como ensina a experiência, a aplicação cega do Direito pode acarretar situações de profunda iniquidade. Shakespeare queria suscitar essa questão: até que ponto o cumprimento literal dos contratos ou da norma jurídica deveria ser observado? Devem-se respeitar os contratos mesmo quando eles podem acarretar situações de profunda injustiça?

Em sua defesa, Shylock suscita a necessidade de se respeitarem as leis não apenas para proteger aquele que pleiteia seu direito, mas como demonstração de que o Estado protege a segurança jurídica. O próprio Antônio reconhece que, se o tribunal de Veneza deixar de respeitar as disposições do contrato, perderá sua posição de lugar seguro para o comércio: "O duque não tem como ir contra a lei; / Pois muitos forasteiros, com interesses / Cá em Veneza — se ele assim agisse —, / Iriam criticar nossa justiça, / Já que o comércio e o lucro da cidade / Vêm de muitas nações."[70]

Além disso, sobre a moralidade do acerto com Antônio, Shylock pondera que os senhores de Veneza são proprietários de escravos, o que, da mesma forma, poderia ser moralmente questionado. Argumenta o judeu:

> Vós tendes entre vós muitos escravos,
> Que usais como se fossem cães ou mulas;
> Que usais para as tarefas mais abjetas,
> Porque os comprastes — devo eu vos dizer:
> "Libertai-os, casai-os com os vossos?
> Por que mourejam eles? Que seus leitos
> Sejam também macios, seus jantares
> Cozidos como os vossos"? Vós direis:
> "Os escravos são nossos." Também eu
> Digo que a carne que estou exigindo
> Comprei-a caro, é minha e eu a quero:

---

[70] *"The duke cannot deny the course of law: / For the commodity that strangers have / With us in Venice, if it be denied, / Will much impeach the justice of his state; / Since that the trade and profit of the city / Consisteth of all nations."* (Ato III, Cena 3)

Se ma negais, adeus às vossas leis!
Veneza não garante os seus decretos!
Quero a sentença — vamos! Ela é minha?[71]

Nesse particular, Shakespeare mandava um recado para os senhores de escravos da sua época, pois a discussão acerca da moralidade dessa abominável forma de exploração humana já suscitava debate. O tráfico de escravos, contudo, apenas foi abolido no Reino Unido em 1807. A força do argumento gravita ao redor do poder que se dá à lei e aos contratos. O judeu contratou a multa — o mercador Antônio concordou com os termos dela quando celebrou o acordo. Portanto, o Estado deve proteger o negócio sob pena de se fragilizar, de gerar incertezas, sendo irrelevante quaisquer outras considerações, inclusive de ordem moral. De outro lado, qualquer lei ou acordo deveria ser tutelado? E a escravidão? E os contratos que retiravam literalmente a vida das partes?

No curso do julgamento, quando Shylock apresenta ao doge, soberano de Veneza, seu caso de forma linear — um contrato que se deseja cumprir, não havendo qualquer dúvida acerca de seu conteúdo ou de sua interpretação —, surge o jovem Baltasar, especialista em leis, que se apresenta para auxiliar a solução do conflito. Na verdade, Baltasar é Pórcia travestida. Esta não suporta aguardar os acontecimentos de Belmonte. Sem nada contar ao seu marido, Pórcia, acompanhada da ajudante Nerissa, segue para Veneza, veste-se como jurista e mete-se no tribunal.

---

71 "*You have among you many a purchased slave, / Which, like your asses and your dogs and mules, / You use in abject and in slavish parts, / Because you bought them: shall I say to you, / Let them be free, marry them to your heirs? / Why sweat they under burthens? Let their beds / Be made as soft as yours and let their palates / Be season'd with such viands? You will answer / 'The slaves are ours:' so do I answer you: / The pound of flesh, which I demand of him, / Is dearly bought; 'tis mine and I will have it. / If you deny me, fie upon your law! / There is no force in the decrees of Venice. / I stand for judgment: answer; shall I have it?*" (Ato IV, Cena 1)

No início de sua participação no julgamento, Baltasar ("*aka*" Pórcia) começa por dar a impressão de que se inclinaria em favor do judeu. Shylock, num primeiro momento, enaltece o jovem jurista, comparando-o a Daniel — profeta bíblico que, por conta do caso do julgamento de Susana, era tido como exemplo de julgador honrado.

Pórcia profere um belíssimo elogio à misericórdia. Busca, com isso, adoçar Shylock e seu desejo cego por receber a libra de carne, em vez da soma devida. O judeu, contudo, não se sensibiliza.

O discurso de Pórcia suscita um questionamento: a misericórdia é um dever legal? Pórcia, no julgamento, diz a Shylock: "Judeu tem de perdoar." Shylock rapidamente redargui: "Eu tenho? Então dizei-me o que me força."[72] Shakespeare quer deixar claro que nem sempre o mais justo corresponde à resposta da lei. Existe uma diferença entre o legal e o moral. Há ainda um desdobramento digno de reflexão: mesmo quem não é "bom e correto" pode ter direitos. E, diante disso, merece proteção. Como Shylock se revela intransigente, Pórcia/Baltasar aponta que o contrato fala apenas de uma libra de carne, mas não faz qualquer menção a sangue. Assim, Shylock estaria autorizado a ficar com a libra, mas não poderia derramar uma só gota de sangue, pois isso não consta do que foi contratado. Na medida em que não seria possível retirar a carne sem o sangue, o acordo se revela inexequível. Eis o que Pórcia explica: "A multa não lhe dá direito a sangue; / 'Uma libra de carne' é a expressão: / Cobre a multa, arrebanhe a sua carne, / Mas se, ao cortar, pingar uma só gota / Desse sangue cristão, seu patrimônio / Pelas leis de Veneza é confiscado, / Revertendo ao Estado."[73]

Diante dessa ponderação, Shylock, que já tinha recusado a oferta em dinheiro, acaba aceitando receber a devolução da quantia emprestada.

---

72 "*Portia: Then must the Jew be merciful. / Shylock: On what compulsion must I? Tell me that.*" (Ato IV, Cena 1)

73 "*This bond doth give thee here no jot of blood; / The words expressly are 'a pound of flesh:' / Take then thy bond, take thou thy pound of flesh; / But, in the cutting it, if thou dost shed / One drop of Christian blood, thy lands and goods / Are, by the laws of Venice, confiscate / Unto the state of Venice.*" (Ato IV, Cena 1)

Porém é tarde, explica Pórcia/Baltasar. Isso porque, ao reclamar o cumprimento daquele contrato, Shylock tinha atentado contra a vida de um veneziano, o que, por si só, era considerado crime. Segundo as leis de Veneza, esclarece o jovem Baltasar, se um estrangeiro atentasse contra a vida de um veneziano, deveria perder a metade de seus bens para o Estado e a outra metade para a vítima. Além disso, a sua própria vida apenas seria mantida se obtivesse o perdão do doge de Veneza. Portanto, o judeu deveria deixar metade de seus bens para Veneza e a outra parte para Antônio. Este, contudo, permite que Shylock mantenha a sua metade, desde que se converta ao cristianismo e deixe a herança para a filha. O doge, por sua vez, perdoa o judeu. Dessa forma, Shylock perde tudo. Não apenas seu investimento, mas também seus bens e até mesmo a identidade, pois é forçado a abandonar sua religião.

Não é difícil perceber a crítica de Shakespeare aos tribunais. O julgamento de Shylock não passa de uma farsa. No momento histórico em que Shakespeare apresentava suas peças, apenas os homens estavam autorizados a subir ao palco. Todos os papéis femininos eram desempenhados por homens, que, quando representavam essas personagens femininas, se maquiavam, usavam peruca e afinavam a voz. A primeira Pórcia foi desempenhada por um rapaz, da companhia teatral de Shakespeare. Quando ele aparecia para a plateia como Baltasar, tratava-se de um homem fantasiado de mulher, fantasiado, mais uma vez, de homem. Uma dupla farsa. O avesso do avesso. Shakespeare dizia muito com isso. Afinal, era uma justiça torta, travestida, disfarçada. Além disso, na peça, Baltasar claramente tinha um interesse. Pórcia, sem que Shylock soubesse disso, possuía todos os motivos para proteger Antônio, amigo de seu marido. Eis outra crítica ao judiciário, cujos juízes guardavam interesses ocultos de ajudar uma das partes. O judiciário não passava de uma encenação, num processo que dissimulava a parcialidade.

No julgamento, Shylock não foi auxiliado por um advogado. E como isso lhe fez falta! Seu patrono, caso tivesse um, facilmente teria alegado que, ao se contratar uma libra de carne, estava implícito o derramamento de sangue. A interpretação restritiva levantada por Pórcia/Baltasar poderia ser rebatida com bons fundamentos lógicos e legais. Contudo, ninguém ajudou o judeu.

Ao sair do julgamento, Antônio e Bassânio, extremamente agradecidos ao jovem jurista que salvou a vida do mercador, convidam Baltasar para jantar, mas este recusa. Oferecem dinheiro ao jurista, que igualmente descarta a oferta. Baltasar, contudo, manifesta interesse pelo anel de Bassânio, aquele mesmo anel que Pórcia lhe entregara como símbolo da união e este prometera jamais retirar do dedo. Constrangido com a situação, Bassânio acaba por entregar o anel ao jovem jurista, ignorando que, na verdade, dava o objeto à sua própria mulher.

SHYLOCK APÓS O JULGAMENTO (WIKICOMMONS)

Quando Bassânio retorna a Belmonte, ele imagina, como um tolo, que sua mulher ficara o tempo todo lá, à sua espera. Pórcia, ao receber o marido, finge indignação pelo fato de Bassânio não ter mais o anel. Tudo, claro, uma encenação. Depois de deixar o marido atordoado e sem resposta, Pórcia aparece com o anel. O intrigado Bassânio pergunta como ela havia recuperado o objeto. Pórcia, irônica, diz que recebera o anel de um jovem jurista que passara na véspera em Belmonte. Logo em seguida, a verdade é revelada. A astúcia de Pórcia salvou o dia.

Um final feliz para todos, exceto para Shylock — e também pouco feliz para o solitário Antônio.

Muito se discute se *O mercador de Veneza* é uma peça antissemítica. Harold Bloom, um dos maiores especialistas no cânone shakespeariano do final do século XX, assegurava que sim.[74] Essa opinião está longe de ser unânime. W. H. Auden, com razão, registrou ser difícil, depois do holocausto, analisar objetivamente esse tema. Talvez a melhor forma de apreciar a questão seja reconhecendo que Shakespeare entrega a resposta a quem quer que examine a peça. Dito de outra forma, a resposta não se encontra na obra, mas no seu receptor — em nós!

Em Londres, na época em que a peça foi elaborada, vivia-se uma onda antissemítica.[75] Pouco antes, deu-se o rumoroso julgamento de um médico de origem judaica, Rodrigo Lopes, português, acusado de tentar envenenar a rainha Elizabeth I. Lopes, filho de um judeu convertido, fora promovido a um dos principais médicos da soberana, o que lhe dava acesso ao poder. Contudo, não conseguiu escapar das intrigas da corte. A acusação, segundo muitos, era inverídica. O julgamento do judeu fora uma farsa. Sem verdadeira oportunidade de se defender, atolado sob argumentos preconceituosos, o médico fora condenado à forca. Seu corpo esquartejado foi exposto em diferentes lugares da capital inglesa. Uma campanha contra os judeus varreu a Inglaterra. Os teatros, locais de encontro dos bretões de todas as classes, não deixaram de registrar o fenômeno. O mais popular dos dramaturgos do começo da última década do século XVI, Christopher Marlowe — a grande sensação dos teatros antes da chegada de Shakespeare — apresentou, provavelmente em 1590, *O judeu de Malta*. Nessa peça, o judeu, chamado Barrabás, é um perfeito

---

74 Harold Bloom é categórico: "*O mercador de Veneza* é uma obra profundamente antissemita." (Bloom, H. *Shakespeare: a invenção do humano*. Rio de Janeiro: Objetiva, 1998, p. 222.)

75 Ver Fielder, Leslie A. *The Stranger in Shakespeare*. Londres: Lowe, 1972, p. 86.

vilão, malvado e sem escrúpulo. Ele é bem diferente de Shylock, que, embora tenha sido intransigente em cobrar a libra de carne, revela as dores do desprezo e da humilhação social, além da tristeza com a fuga da filha e a saudade da falecida mulher. Em outras palavras, Shylock é humano.

Veja-se, ainda, que a principal fonte de Shakespeare para criar *O mercador de Veneza* foi uma obra chamada *Il Pecorone* — "O Estúpido" —, atribuída a Giovanni Fiorentino, a despeito de não se conhecer qualquer outra obra desse autor. Em 1558, a história foi publicada em italiano — embora escrita em 1379 pelo seu suposto autor. Shakespeare leu (ou alguém leu para ele) o original, pois *Il Pecorone* não foi traduzido para o inglês naquela época. Dessa obra, Shakespeare retirou a principal linha do enredo adotada em *O mercador de Veneza*, com exceção do julgamento pela urna, colhido da *Gesta Romanorum*, coletânea de contos datada do final do século XIII. No original, o judeu sequer tem nome. Ele é tratado somente como "o judeu". Em *Il Pecorone*, o judeu não passa de um estereótipo do avarento, extremamente apegado ao vil metal. A diferença para a personagem criada por Shakespeare é extraordinária. Shakespeare dá vida a Shylock, a começar por dar-lhe um nome e uma família.

Outro fato nega o antissemitismo em *O mercador de Veneza*: a peça sofreu censura na Alemanha durante o governo nazista. Como se sabe, os alemães sempre tiveram enorme devoção pelo Bardo de Stratford. As peças dele são, há séculos, apresentadas com frequência na terra de Goethe. Isso não deixou de ocorrer durante o nefasto período no qual os nazistas estiveram no poder. No caso de *O mercador de Veneza*, contudo, durante o regime nazista, duas de suas partes foram suprimidas: as referências de que a filha de Shylock, Jéssica, se casa com um cristão, pois não se admitia um enlace com judeus, e a passagem na qual Shylock fala de sua natureza para Salarino, amigo de Antônio:

> Ele [Shylock fala de Antônio] me desgraçou, prejudicou-me em meio milhão; riu-se das minhas perdas, caçoou dos meus lucros, escarneceu minha estirpe, atrapalhou meus negócios, esfriou

minhas amizades, afogueou meus inimigos; e por que razão? Eu sou judeu. Um judeu não tem olhos? Um judeu não tem mãos, órgãos, dimensões, sentidos, afeições, paixões? Não é alimentado pela mesma comida, ferido pelas mesmas armas, sujeito às mesmas doenças, curado pelos mesmos meios, esquentado e regelado pelo mesmo verão e inverno, tal como um cristão? Quando vós nos feris, não sangramos nós? Quando nos divertis, não nos rimos nós? Quando nos envenenais, não morremos nós? E se nos enganais, não haveremos nós de nos vingar? Se somos como vós em todo o resto, nisto também seremos semelhantes. Se um judeu enganar um cristão, qual é a humildade que encontra? A vingança. Se um cristão enganar um judeu, qual deve ser seu sentimento, segundo o exemplo cristão? A vingança, pois. A vileza que me ensinais eu executo, e, por mais difícil que seja, superarei meus mestres.[76]

Shakespeare faz questão de externar a humanidade de Shylock. Escapa dos estereótipos. *O mercador de Veneza* tem, ainda, uma característica particularmente especial dentro do cânone shakespeariano: ela examina de forma sensível a situação das minorias. Há o judeu (Shylock), o homossexual (Antônio), a mulher (Pórcia) e o negro (príncipe de Marrocos). Todas essas pessoas eram discriminadas na sociedade inglesa do final do século XVI.

---

76 "He hath disgraced me, and / hindered me half a million; laughed at my losses, / mocked at my gains, scorned my nation, thwarted my / bargains, cooled my friends, heated mine / enemies; and what's his reason? I am a Jew. Hath / not a Jew eyes? Hath not a Jew hands, organs, / dimensions, senses, affections, passions? Fed with / the same food, hurt with the same weapons, subject / to the same diseases, healed by the same means, / warmed and cooled by the same winter and summer, as / a Christian is? If you prick us, do we not bleed? / If you tickle us, do we not laugh? If you poison / us, do we not die? And if you wrong us, shall we not / revenge? If we are like you in the rest, we will / resemble you in that. If a Jew wrong a Christian, / what is his humility? Revenge. If a Christian / wrong a Jew, what should his sufferance be by / Christian example? Why, revenge. The villany you / teach me, I will execute, and it shall go hard but I / will better the instruction." (Ato III, Cena 1)

Uma apreciação da peça por esse ângulo desperta empatia. Shylock, devido à sua religião, não é submetido a um julgamento imparcial e perde tudo. Antônio, pela sua escolha sexual, não pode expressar seus sentimentos; enquanto há um "final feliz" para as demais personagens, o mercador fica só. Pórcia, porque é mulher, apenas consegue se colocar socialmente quando se veste de homem — um proto *cross-dressing*. O príncipe de Marrocos, pela sua cor, é tratado com distância por Pórcia e não tem as mesmas oportunidades que Bassânio no mesmo concurso das urnas. Shakespeare nos projeta nesses lugares vulneráveis. Assim, atentamos para as minorias.

Como o Bardo sempre surpreende, pode-se até imaginar que ele decidiu homenagear Antônio e sua opção sexual dando-lhe o título da peça — *O mercador de Veneza* é ele —, embora a participação do comerciante no enredo seja secundária. Com Antônio, Shakespeare antecipa sua galeria dos melancólicos cerebrinos, a exemplo de Jacques, de *Como gostais*, e Hamlet. Antônio, logo no início da peça, se define:

> O mundo é mundo para mim, Graziano:
> Um palco, com um papel para cada um;
> E o meu é triste.[77]

Nessa peça, o dinheiro circula. As principais personagens sofrem alterações em sua vida financeira. Shylock, usurário, vive dos juros de capital cobrados em suas transações, empresta dinheiro. Ao fim, perde não apenas o capital emprestado, mas metade de seus bens e ainda fica obrigado a transferir a outra metade à filha. Jéssica, filha de Shylock, obtém patrimônio, primeiro, pelo furto que faz dos bens do pai. Depois, recebe, por sentença judicial, a garantia da herança. Pórcia recebe uma herança. Antônio vive de seus negócios. Pega dinheiro de Shylock e o empresta a Bassânio. Este, que começa a peça devendo, obtém patrimô-

---

77 "*I hold the world but as the world, Gratiano; / A stage where every man must play a part, / And mine a sad one.*" (Ato I, Cena 1)

nio pelo casamento. Até Veneza obtém um proveito econômico, pois fica com a metade dos bens do judeu.

Na peça, a pessoa "boa" é aquela que tem patrimônio. Pórcia chega a ser comparada a uma "promissória para dar e receber". No seu momento de dor, Shylock grita de raiva: "A minha filha! Os meus ducados! Filha!". Amor, amizade e dinheiro são colocados no mesmo patamar. Isso é feito com o preciso propósito de nos fazer refletir sobre essa valoração: o que deve preponderar numa vida saudável?

Há, ademais, outra característica em *O mercador de Veneza*: as confrontações. Judeu e cristão. Homem e mulher. Os "iguais" e os "diferentes". Amor e negócios. Dinheiro e corpo. Veneza e Belmonte. O conteúdo e as aparências. Com isso, Shakespeare, com sua conhecida generosidade, quer fazer o leitor ou espectador pensar, refletir, divagar.

Em relação às aparências, vale a pergunta: quem é o vilão da peça? Uma resposta imediata aponta para Shylock, o diferente. Ele aparece em apenas cinco das vinte cenas da peça, mas domina a história. Ele sugere o contrato macabro e exige seu cumprimento, que traria a morte de Antônio. Durante muitos séculos, a entrada dessa personagem em cena suscitava vaias da plateia.

Pórcia, por outro lado, foi considerada a heroína. Exemplo de advogada astuta, que sabe manejar a lei e a oratória. Por essa razão, a primeira faculdade de Direito nos Estados Unidos que admitiu o ingresso de mulheres foi batizada de Portia Law School. Pórcia era modelar.

Ocorre que Shakespeare jamais é óbvio.

Vê-se que a trama dessa peça costura três enredos: a escolha da urna, a garantia da libra de carne e a promessa do anel. Os três remetem a conceitos legais. A identificação do marido de Pórcia pela escolha do anel foi instituída por testamento, um documento jurídico. A garantia da libra de carne pelo pagamento de uma dívida também deriva de um contrato, outro documento jurídico. Por fim, o acordo de jamais tirar o anel, da mesma forma, decorre de um contrato celebrado entre o casal.

Nos três negócios jurídicos, Pórcia, sempre ela, concebe uma forma de burlá-los, para que o resultado seja aquele que a interessa. No episódio da urna, Pórcia faz com que os músicos, pela rima de uma canção, indiquem o resultado ao pretendente por ela escolhido. No julgamento de Antônio, ela consegue reverter a situação — Shylock, de autor e credor, passa a ser réu —, com um argumento sofístico, não revela que, na verdade, embora indicada para auxiliar na solução do caso, tem interesse no desfecho favorável a uma das partes. Por fim, em relação ao anel, Pórcia cria, ela própria, a situação vexatória para Bassânio, que, profundamente constrangido, entrega o anel que prometeu jamais tirar do dedo. E por que Pórcia retira o anel de Bassânio? Talvez para mostrar como ela é bem mais esperta do que ele. Ou, talvez, para estabelecer um pacto consigo mesma de "sologamia", pois recebe o próprio anel e quer, assim, demonstrar sua independência. Em suma, em todos os casos, Pórcia consegue atingir seus objetivos, sempre por meio da solércia, do "jeitinho".

Mais ainda: Pórcia, no julgamento, revela requintes de crueldade. Quando é inteirada do caso, garante, de pronto, que conhece bem os detalhes da causa. Porém, logo em seguida, para dissimular sua parcialidade, pergunta quem é o mercador e quem é o judeu. Ora, essa resposta estava evidente pela própria roupa que o judeu deveria vestir.

Pórcia fala lindamente de misericórdia, mas, na prática, não demonstra nenhuma misericórdia ao aplicar a lei ao judeu. O discurso pode ser de ouro, mas a prática é de chumbo.

Uma outra forma de ver a trama faz de Shylock vítima de um julgamento parcial, abusado pelo preconceito e sofredor de humilhação social. Shylock perde seus bens e fica obrigado a abandonar sua identidade e religião. Pórcia, por sua vez, é a astuta, que se vale de estratagemas para atingir seus objetivos. Seria Pórcia a vilã da história?

Não é difícil perceber que *O mercador de Veneza* não serve como o título ideal dessa peça. Afinal, Antônio, o mercador, tem [um] papel secundário na trama. Não faz sentido que o coadjuvante dê o nome à peça. É possível que Shakespeare tenha pensado em intitular sua peça *O judeu de Veneza*, mas descartou a ideia porque, assim, ficaria muito parecido com *O judeu de Malta*, de seu concorrente Kit Marlowe, escrita alguns anos antes. Melhor título poderia ser *A ardilosa de Belmonte*, a ressaltar as manobras de Pórcia, ou, caso se desejasse dar a ela crédito pelos seus artifícios, *A boa esposa de Belmonte*. Mas, quem sabe, até nisso o Bardo de Stratford queira nos dar uma lição: a de não nos impressionarmos com o rótulo.

Acredito que, se perguntássemos ao próprio Shakespeare se Pórcia era a heroína dessa peça, ele, com um enigmático sorriso no rosto, responderia simplesmente: "Por que se preocupar em encontrar o vilão ou o herói?" Ponto para o Bardo.

ATORES UNIVERSITÁRIOS EM INTERPRETAÇÃO DE *O MERCADOR DE VENEZA* (WIKICOMMONS)

A força da aparência é um dos temas marcantes em *O mercador de Veneza*. Shakespeare, antes, havia explorado o mesmo em *Romeu e Julieta* e *Sonho de uma noite de verão*. Na escolha das urnas, há, ao lado da urna de ouro, os seguintes dizeres: "Para ganhar o que os homens desejam." Ao abrir a urna, encontra-se a cara da morte. Trata-se de um alerta ao apego às aparências. Ao lado da urna de prata fica o dizer: "Para receber aquilo que merece." Dentro da urna, havia a imagem de um tolo sorridente. Denuncia-se, aqui, a preocupação excessiva com bens materiais. Por derradeiro, encontrava-se escrito na urna de chumbo: "Escolhe a mim quem dá e arrisca tudo." O chumbo é o comum, o ordinário e o não estético. Nele é que se encontra o retrato de Pórcia.

Bassânio, num momento crítico no qual fará a escolha das urnas, o que decidirá seu destino com Pórcia, reflete:

> O aspecto pode ser contrário à essência —
> O mundo muito engana na aparência —
> Na lei, que causa chega tão corrupta,
> Que a palavra sonora e adocicada
> Não lhe atenue o erro? E, na igreja,
> Que pecado não tem quem, muito austero,
> O abençoe, citando as Escrituras,
> Ocultando o que é sórdido com o belo?
> Não há vício tão claro que não traga
> Vislumbre de virtude em seu aspecto.[78]

O recado do falecido pai com essa forma de escolha é simples: prega-se o desapego. Fica claro, contudo, que Pórcia não aprendeu essa lição.

O discurso de Pórcia, no tribunal, acerca de clemência e misericórdia é comumente citado por advogados. Vale mesmo repeti-lo:

> A graça do perdão não é forçada;
> Desce dos céus como uma chuva fina
> Sobre o solo: abençoada duplamente,
> Abençoa a quem dá e a quem recebe;
> É mais forte que a força: ela guarnece
> O monarca melhor que uma coroa;
> O cetro mostra a força temporal,
> Atributo de orgulho e majestade,
> Onde assenta o temor devido aos reis;

---

78 *"So may the outward shows be least themselves: / The world is still deceived with ornament. / In law, what plea so tainted and corrupt, / But, being seasoned with a gracious voice, / Obscures the show of evil? In religion, / What damned error, but some sober brow / Will bless it and approve it with a text, / Hiding the grossness with fair ornament? / There is no vice so simple but assumes / Some mark of virtue on his outward parts."* (Ato III, Cena 1)

Mas o perdão supera essa imponência:
É um atributo que pertence a Deus,
E o terreno poder se faz divino
Quando, à piedade, curva-se a justiça.
Assim, judeu, se clamas por justiça,
Pondera: na justiça não se alcança
Salvação; e se oramos por justiça,
Essa mesma oração ensina os gestos
E os atos do perdão.[79]

Trata-se de uma belíssima lição, indicando os limites da saudável aplicação das leis. Ao mesmo tempo, para quem compreende que esse belo discurso sai de uma juíza parcial, trata-se de um alerta para que se busque sempre a compreensão ampla dos acontecimentos, evitando-se a rápida sedução pela palavra.

O mercador de Veneza nada tem de superficial. Sua leitura suscita as melhores reflexões. Shakespeare queria nos fazer pensar, tirar nossos pensamentos da zona de conforto: onde está a justiça? Onde está o preconceito? O ouro vale sempre mais do que o chumbo? Essa obra merecia subtítulo igual ao da urna de chumbo: "Escolhe a mim quem dá e arrisca tudo."

Em 2016, a juíza da Suprema Corte norte-americana Ruth Bader Ginsburg presidiu um julgamento simulado do caso levado ao tribunal em *O mercador de Veneza*. A juíza viajou até a belíssima cidade italiana, na beira do Adriático, para o evento, no qual ela e outros quatro juí-

---

[79] *"The quality of mercy is not strain'd, / It droppeth as the gentle rain from heaven / Upon the place beneath: it is twice blest; / It blesseth him that gives and him that takes: / 'Tis mightiest in the mightiest: it becomes / The throned monarch better than his crown; / His sceptre shows the force of temporal power, / The attribute to awe and majesty, / Wherein doth sit the dread and fear of kings; / But mercy is above this sceptred sway; / It is enthroned in the hearts of kings, / It is an attribute to God himself; / And earthly power doth then show likest God's / When mercy seasons justice. Therefore, Jew, / Though justice be thy plea, consider this, / That, in the course of justice, none of us / Should see salvation: we do pray for mercy;"* (Ato IV, Cena I)

zes chegaram a uma conclusão radicalmente distinta daquela tomada pelo Doge na peça. Na decisão liderada pela juíza Ginsburg, Pórcia, repreendida por atuar sem autorização, é condenada a ir estudar na faculdade de Direito, Antônio recebe de volta seu dinheiro, restitui-se a Shylock a sua propriedade e revoga-se a ordem que o obriga a abdicar de sua religião. Ironicamente, a famosa juíza da Suprema Corte registrou que, passados quatro séculos, Shylock havia perdido o prazo para reclamar seus juros.

AS PEÇAS HISTÓRICAS: O ESPELHO DO HOMEM PÚBLICO

A arte educa. Não apenas a discernir o belo, mas a indicar o bom. Nessa função civilizatória, a dramaturgia tem papel destacado. Os atenienses, no século V a.C., compareciam ao teatro para cumprir uma função cívica. Ésquilo e Sófocles, por meio de suas peças, dramatizavam e explicavam ao público os grandes temas que afligiam a sociedade. A partir das apresentações, as pessoas formavam opiniões e discutiam. O termo "idiota", para os gregos de então, designava aquele que se afastava das questões de interesse coletivo. O homem deveria interagir com seus semelhantes, adotar posições. Na trilogia *Oresteia*, por exemplo, Ésquilo examina uma questão fundamental: de que forma as pessoas devem ser julgadas? Quem as julgaria? Haveria chance de defesa para crimes hediondos, como matar a própria mãe? Sófocles, em *Antígona*, apresenta o tema da insubordinação civil: como o homem deve reagir a uma ordem injusta? O teatro tinha, portanto, uma função fundamental: educar. Não se tratava de um doutrinamento, mas de insuflar um senso crítico que permitia ao cidadão reconhecer sua função social, seu papel na sociedade. A dramaturgia era, portanto, um dos pilares da democracia.[80]

Na história da civilização, depois desse momento mágico da antiguidade clássica grega, a despeito do teatro em Roma, a dramaturgia apenas veio a ganhar força semelhante na Inglaterra elisabetana, na segunda metade do século XVI.

O teatro público fora proibido durante o reino de Eduardo VI, que comandou a Inglaterra entre 1547 e 1553. Contudo, em 1559, a própria Elizabeth I redigiu um documento permitindo a apresentação pública, inclusive de artistas itinerantes, desde que as peças fossem previamente aceitas pelas autoridades locais. As matérias de religião e governo, entretanto, apenas seriam apresentadas, segundo a determinação da rainha, para plateias qualificadas, como nas universidades de Oxford ou Cambridge e nos "Inns of Court".[81] Rapidamente, o teatro floresceu.

O teatro foi extraordinariamente popular na Inglaterra de então, recém-terminada a Idade Média. Em 1576, foi erigida em Londres a primeira edificação especialmente construída para servir como uma casa de espetáculos. O nome dado ao estabelecimento foi "The Theatre", exatamente para invocar os gregos e romanos clássicos, a fonte da sabedoria no ideal renascentista. Até mesmo a forma da construção copiava os teatros antigos. A partir de então, outros estabelecimentos semelhantes foram abertos na capital inglesa. The Globe, teatro construído pela companhia teatral de Shakespeare, data de 1599. Ir ao teatro era, presumivelmente, o mais popular dos passatempos.

---

[80] Ver Castro Neves, José Roberto de. *A invenção do Direito*. 3ª ed. Rio de Janeiro: Nova Fronteira, 2021.

[81] Comumente, as companhias teatrais exibiam-se nas guildas de advocacia de Londres, chamadas "Inns of Court", locais onde residiam os estudantes de Direito. Há registros de que *A comédia de erros*, *Noite de Reis* e *Troilo e Créssida* tiveram suas estreias apresentadas nessas Inns. Em tais ocasiões, a plateia era praticamente apenas constituída de advogados, professores e estudantes de Direito. Ver Bate, Jonathan. *Soul of the Age*. Nova York: Random House, 2009, p. 13.

No Globe, teatro que pertencia à Companhia Teatral de Shakespeare a partir de 1599, cabiam cerca de três mil pessoas. Admitindo-se que havia outros estabelecimentos, logo se conclui que uma parcela significativa da população comparecia aos teatros. Era gente de todos os estratos sociais. O objetivo, além de entreter, era educar.

Na época, estava em voga um gênero de literatura conhecido como *Myrroure for Magistrates*, que poderia ser traduzido como "o espelho do magistrado". Na verdade, magistrado é aquele com a função de governar, de conduzir a sociedade, de julgar. Melhor, portanto, que a tradução fosse: "o espelho do homem público".[82] O propósito desse gênero consistia em demonstrar qual seria o comportamento adequado de um administrador público — e, em última análise, do monarca.

Os *Mirrors for Magistrates* eram poemas, de diversos autores (e apenas se conhece parte deles), que relatavam a vida dos reis e de notáveis ingleses. A sua circulação foi proibida no reino de Maria I, mas aceita logo no início do governo de Elizabeth I. O primeiro poema desse gênero de que se tem notícia data de 1548.[83] Essas referências à história da Inglaterra estavam em harmonia com o estímulo ao patriotismo.[84]

Os *Mirrors for Magistrates* ofereciam conselhos de ordem política e moral. Neles, fantasmas de reis mortos contavam suas desventuras.[85] Eram escritos que passaram a circular por volta de 1559, em forma de poema e editados por um certo William Baldwin. Em regra, eram mo-

---

82   Sobre a repercussão do *Mirror for Magistrates* na Inglaterra elisabetana, ver Longstaffe, Stephen. "The Commons Will Revolt: Woodstock After the Peasant's Revolt". In: Cavanagh, Dermot; Hampton-Reeves, Stuart; Longstaffe, Stephen (orgs.). *Shakespeare's Histories and Counter-Histories*. Manchester: Manchester University Press, 2006, p. 135 e seguintes.

83   Tillyard, E. M. W. *Shakespeare's History Plays*. Nova York: Macmillan, 1946, p. 42.

84   Henrique VII encorajou que se escrevessem crônicas dos momentos históricos da Inglaterra (Chambers, E. K. *Shakespeare: A Survey*. Nova York: Hill & Wang, 1960, p. 2).

85   Kerrigan, William. *Shakespeare's Promises*. Baltimore: The John Hopkins University Press, 1999, p. 50.

nólogos, que se colocavam na boca de antigos reis e pessoas notáveis colhidas da história. Narravam a história da Inglaterra.[86]

O príncipe, célebre conjunto de textos do florentino Nicolau Maquiavel, datados de 1512 e 1513, oferecia lições ao governante.[87] Maquiavel, como renascentista, preconizava uma análise da *verità effettuale*, isto é, da efetiva verdade das coisas.[88] Colocava a importância da "fortuna" num plano secundário. O destino de um governante, acima de tudo, se relaciona aos seus atos, que deveriam ser vistos de forma objetiva. Apenas com uma análise crítica da realidade, pregava o florentino, poderia ser garantida a ordem, evitando-se o caos.

Ao que tudo indica, há uma dose de cinismo nas preleções de Maquiavel aos governantes. Há quem defenda, como Rousseau, que "Maquiavel, fingindo dar lições aos príncipes, deu grandes lições ao povo".[89] Francis Bacon, contemporâneo de Shakespeare, não entendia Maquiavel como um promotor do mal, porém apenas como alguém que o descrevia. Entretanto, muitos o viam como um pensador frio e insensível, a serviço dos governantes, ensinando-os a se manter no poder.

Shakespeare leu Maquiavel, uma literatura bastante difundida na época. O Bardo o qualificou como "The Murderous". Shakespeare cita o florentino três vezes em seu cânone. Como nada em Shakespeare é por acaso, duas das três vezes em que se fala em Maquiavel, seu nome sai da boca de uma das personagens mais "maquiavélicas": Ricardo III.[90]

---

86 Em *Ricardo II*, por exemplo, Shakespeare recorre diretamente ao poema narrado nessa série, como registram Richard Danson Brown e David Johnson em *A Shakespeare Reader, Sources and Criticism* (Milton Keynes: Macmillan, 2000, p. 7).

87 Maquiavel. *O príncipe*. 14ª ed. Rio de Janeiro: Bertrand, 1990.

88 Ver Cintra, Rodrigo Suzuki. *Shakespeare e Maquiavel*. São Paulo: Alameda, 2015, p. 64 e seguintes.

89 Rousseau, Jean-Jacques. *Do contrato social*, livro 3, cap. IV. Porto Alegre: LP&M, 2007.

90 As vezes em que Ricardo III fala de Maquiavel são as seguintes: "*Alençon! That notorious Machiavel! / It dies, and if it had a thousand lives.*" (Henrique VI, Parte I) e "*I can add colours to the chameleon, / Change shapes with Proteus for advantages, / And set the murderous Machiavel to school.*" (Henrique VI, Parte III). Há, ainda, uma referência em *As alegres comadres de Windsor*: "*Am I politic? Am I subtle? Am I a Machiavel?*"

Na esteira de Maquiavel, a dramaturgia elisabetana tinha por tema comum o comportamento do homem público e a importância da história. O assunto era levado ao público para discussão, atingindo desde o rei ao mais humilde membro daquela sociedade. O objetivo também era educar. Aliás, em 1566, Jean Bodin publicara o seu *Methodus ad facilem historiarum cognitionem* — Método para fácil compreensão da história —, no qual apontava a estrita relação entre [a] história e [a] política.

Vimos que quando Shakespeare chega a Londres, Christopher Marlowe dominava a dramaturgia. Suas peças eram extremamente populares. Marlowe, quebrou um paradigma, ao romper violentamente com os enredos medievais: suas peças não tinham um compromisso com a moralidade. As personagens apresentavam desvios éticos e o bem não era necessariamente o vencedor — como fica claro na sua versão de *Fausto*, em que o protagonista, ao fim da peça, vai para o inferno — e o Diabo triunfa. Tal abertura forneceu aos dramaturgos um campo vasto e novo para explorar os mais diversos temas.

Infelizmente, Marlowe morre prematuramente em 1593, numa rinha de taverna (embora alguns defendam que sua morte se deu por conta do envolvimento em conspirações e espionagens). Na época, a carreira de Shakespeare ainda engatinhava. Marlowe lança *Eduardo II* no começo daquela década de 1590, na mesma época em que Shakespeare apresentou ao público as três partes de *Henrique VI* e *Ricardo III*.

O *Eduardo II* de Marlowe narra a história de um rei frívolo. A peça inicia com um anúncio: "*Music and poetry is his delight*".[91] Ou seja, o soberano não está atento às questões do Estado. O rei tem um preferido, Gaveston. Há, inclusive, clara indicação de interesse homossexual do monarca em relação a Gaveston. Este, o dileto, não tem origem nobre, porém recebe vantagens do rei: títulos e acesso ao tesouro. Claro que isso gera a indignação dos nobres. Uma série de intrigas palacianas, das quais participa a própria rainha, leva ao assassinato de Gaveston. Eduardo II, irado, determina a execução dos nobres envolvidos no

---

91 *Eduardo II*, Ato I, Cena 1.

homicídio. Desolado, o rei encontra amparo num novo protegido, Spenser. O erro se repete. A rainha, Isabela de França, se desgarra do rei e busca, com seu amante Mortimer, tomar o poder. Inicia-se uma rebelião. Apresenta-se Eduardo III, filho de Eduardo II com a rainha Isabela, como uma solução para a desordem. Spenser, o novo favorito, é morto. Mata-se também Edmundo, o irmão de Eduardo II, acusado de conspirar. Enfraquecido, Eduardo II não tem alternativa senão abdicar o poder em nome do filho. De toda forma, o antigo rei é aprisionado e levado para o Castelo de Berkeley. Lá, o rei deposto conhece o cruel Lightborn, indicado por Mortimer, o amante da rainha, para matá-lo. Embora Eduardo II ainda tente aliciar seu algoz, Lightborn o mata e, logo em seguida, é morto. Eduardo III, o novo rei, acaba por descobrir a trama de Mortimer, amante de sua mãe, para assassinar seu pai. Na última cena da peça, Eduardo III, o novo rei, condena Mortimer à morte e sentencia a prisão para a própria rainha, sua mãe.

Essa profusão de homicídios era uma constante nas peças de Kit Marlowe (e pode ser vista nas primeiras obras de Shakespeare, como *Ricardo III* e *Tito Andrônico*).

Por detrás de todo esse sangue, há o tema do desgoverno, da falta de discernimento do homem público. A desgraça se abateu sobre o reino de Eduardo II porque o soberano deixou de atentar à meritocracia, porque se cercou de apaniguados, porque não governou com prudência e deixou de se concentrar nos problemas do Estado. A alienação do governante é tema recorrente em Shakespeare. Até no fim de sua carreira, o Bardo registra, em *A tempestade*, que o soberano que deixa de atentar ao seu trabalho acaba por perder o reino. Próspero, logo no início da peça, conta para a filha, Miranda, que foi deposto por se preocupar mais com seus interesses pessoais do que com os do seu ducado.

Por registros históricos, sabe-se que Eduardo II foi, de fato, deposto em 1327. Ele mantinha uma íntima relação com seu favorito Piers Gaveston. Diante da arrogância do protegido, os nobres ingleses se rebelaram. É nesse período que a Inglaterra sofre em 1314 a contundente derrota na famosa batalha de Bannockburn, para os escoceses, liderados por Robert the Bruce. O rei Eduardo II perde a Escócia, indispõe-se com a rainha e é forçado a abdicar em nome de seu filho, Eduardo III. A sua história continha muitos exemplos que apontavam um mau reinado. Em outras palavras: servia para ensinar, por contraste, como deveria proceder o bom governante e o que deveria evitar.

Shakespeare escreveu dez peças históricas, tratando da história de reis da Inglaterra. Os ingleses da época se entusiasmavam com as histórias da Guerra das Rosas, período no qual duas das mais nobres casas inglesas, a dos York e a dos Lancaster, lutaram pelo poder.

Essas obras se encontram aglutinadas em duas tetralogias e duas peças isoladas — nas peças "isoladas", *Vida e morte do rei João* se aproxima das demais, tanto no tema quanto na época em que foi elaborada, ao passo que *Henrique VII*, composta no fim de carreira de Shakespeare, se distancia das demais, até porque nela se reconhece a mão de John Fletcher, outro dramaturgo, mais jovem.

A primeira tetralogia, do ponto de vista do momento em que foi produzida, é composta pelas três partes de *Henrique VI*, que culminam em *Ricardo III*, a quarta peça. Foram escritas entre 1591 e 1593. São peças de uma primeira fase do dramaturgo.

A segunda tetralogia abrange *Ricardo II*, de 1595, as duas partes de *Henrique IV* e, finalmente, *Henrique V*, de 1598. Essa tetralogia narra um momento histórico anterior àqueles relatados na primeira tetralogia. De fato, com a morte de Henrique V, que encerra a segunda tetralogia, ascende ao trono seu filho Henrique VI, monarca cuja história inaugura a primeira tetralogia.

Do ponto de vista cronológico, há uma sequência de reinados que parte de Ricardo II e vai até Ricardo III, passando por Henrique IV, Henrique V e Henrique VI. As duas tetralogias em conjunto se iniciam com o destronamento de Ricardo II e vão até o fim da Guerra das Rosas, com a queda de Ricardo III e o início da dinastia Tudor.

Vida e morte do rei João foi escrita durante a metade da segunda tetralogia. Embora cuide de um momento histórico muito anterior, guarda relação temática com *Ricardo II*, peça histórica feita por Shakespeare no ano anterior — as obras datam de 1595 e 1596. *Henrique VIII*, portanto, fica isolada, a ponto de muitos especialistas, quando tratam das peças históricas, deixarem-na fora de sua análise.[92] Isso também se dá porque, sabidamente, *Henrique VIII* não foi uma peça escrita por Shakespeare isoladamente.[93]

ROBERT MANTELL COMO O REI JOÃO NO INÍCIO DO SÉCULO XX (WIKICOMMONS)

92 Confira-se, por exemplo, Tillyard, E. M. W. *Shakespeare's History Plays*. Nova York: Macmillan, 1946; Dorius, R. J. *Shakespeare's Histories*. Boston: Heath and Co., 1965; Campbell, Lily B. *Shakespeare's Histories*. Londres: Methuen, 1964; Norwich, John Julius. *Shakespeare's Kings*. Nova York: Scribner, 1999; Pierce, Robert B. *Shakespeare's History Plays*. Ohio: Ohio State University Press, 1971.

93 *Henrique VIII* sofreu uma maldição: em sua estreia, em 29 de junho de 1613, o teatro The Globe pegou fogo e ficou destruído.

Segundo R. J. Dorius, as peças históricas de Shakespeare "são o mais sólido e penetrante estudo dos usos e abusos do poder na dramaturgia".[94]

Por meio dessas peças, o povo se familiarizava com a história da Inglaterra, notadamente a da época da Guerra das Rosas, e a formar um senso crítico sobre a postura dos governantes. As grandes fontes para o dramaturgo foram as *Crônicas da Inglaterra*, de Raphael Holinshed, publicadas entre 1577 e 1587,[95] o trabalho do advogado Edward Hall, publicado em 1548, *The Union of the two noble and illustrious families York and Lancaster*, além do grupo de poemas, de vários autores, os *Mirror for Magistrates*, antes referidos. Havia, pois, uma demanda para levar esses temas aos teatros e popularizar, ainda mais, a vida dos reis ingleses. Também se esperava, com a divulgação das histórias contidas nas peças, incutir o patriotismo no povo inglês (embora, segundo o grande crítico shakespeariano Samuel Johnson, "o patriotismo é o último refúgio do canalha").

A primeira tetralogia cuida da história da Inglaterra no período da Guerra das Rosas, entre 1455 e 1487, no qual se digladiaram a casa de Lancaster e a casa de York. Henrique VI era filho do icônico Henrique V, que levou os ingleses à vitória contra os franceses em 1415, na batalha de Azincourt. Naquela ocasião, os ingleses, em franca minoria, bateram os franceses no solo destes. Henrique V morreu precocemente, deixando como herdeiro dos tronos da Inglaterra e da França o filho de nove meses.

Henrique VI, da casa de Lancaster, foi um rei fraco. Seu reinado teve algumas peculiaridades: foi nele que a Inglaterra perdeu a Guerra dos 100 anos para a França; o rei Henrique VI foi deposto em 1461 por um York, que se tornou Eduardo IV; o rei deposto ficou aprisionado na Torre de Londres, mas foi reinvestido no trono em 1470. Seu segundo reinado, contudo, é bem mais curto. Outra vez, agora em 1471, os

---

94 Dorius, R. J. *Shakespeare's Histories*. Boston: Heath and Co., 1965, p. iv.
95 Holinshed, Raphael. *Holinshed's Chronicle, as Used in Shakespeare's Plays*. Londres: J. M. Dent, 1947.

Lancaster são apeados do poder. Eduardo IV, desta feita, manda matar o antigo rei. Logo se vê que a vida desse monarca garante um excelente enredo. Segundo Barbara Heliodora, "com esse dado histórico em mãos, Shakespeare desenvolve uma temática que costura uma série de ações que deixam claro para a plateia que, quando quem usa a coroa não sabe governar, o país sofre".[96]

Há, entretanto, viva discussão acerca da autoria de Shakespeare nessas três partes de *Henrique VI*. Para muitos, Shakespeare foi apenas um dos diversos autores dessas obras. Na época, era comum que as peças fossem compostas por muitos colaboradores.[97]

Henrique VI era um notório incompetente. Havia, ainda, rumor de sua impotência e da ilegitimidade de seu filho. Todas essas incertezas acerca da sucessão e da ausência de um bom governo resultaram num reinado desastroso, com a perda de territórios na França e o início da Guerra das Rosas — uma disputa intestina.

As três partes de Henrique VI cuidam da ausência de ordem, da falta de um governo seguro, numa imagem viva da fraqueza do poder. Curiosamente, Shakespeare fez primeiro as duas últimas partes e apenas depois a primeira. A primeira parte de *Henrique VI* se inicia com o lamento da morte de Henrique V, o rei competente e guerreiro, morto prematuramente. Num mundo de intrigas, Henrique VI perde o território inglês na França.

---

[96] Heliodora, Barbara. *Shakespeare: o que as peças contam*. Rio de Janeiro: Edições de Janeiro, 2014, p. 76.

[97] "É opinião unânime dos críticos de que as três partes de *Henrique VI* são um produto do trabalho de vários autores." (Mendes, Oscar (org.). *William Shakespeare – Obra Completa*. Rio de Janeiro: Nova Aguilar, 1995, p. 371). Com mais ênfase, diz-se que Shakespeare trabalhou pouco na Primeira Parte (ver Spenser, Theodore. *Shakespeare and the Nature of Man*. Nova York: Macmillan, 1955, p. 70).

CENA DE *HENRIQUE VI* (WIKICOMMONS)

Na segunda parte, acirra-se o conflito entre as casas de York e Lancaster. Além disso, o rei passa a ser dominado pela rainha. Com essa oscilação no poder, crescem as revoltas populares, que têm Jack Cade como líder. Como mostrado na peça, o tal Jack Cade é um fantoche do duque de York, pai do futuro Ricardo III. Jack Cade realmente existiu. Foi um pequeno proprietário de terra em Kent e, na época de Henrique VI, organizou uma revolta contra o governo.[98]

É nessa peça que se profere a conhecida frase, dita por Dick, o açougueiro, um dos revoltosos: "A primeira coisa a fazer é matar todos os advogados."[99] Essa pode ser considerada uma frase elogiosa aos advogados. Afinal, o desejo dos revolucionários era o de romper com o *"establishment"*. Assim, a melhor forma de acabar com a ordem estabelecida seria matar os advogados, exatamente aqueles que conheciam as leis e, logo, poderiam manter a ordem. Outros, contudo, defendem que o desejo de

---

98   Kenneth Mcleish e Stephen Unwin, em *A Pocket Guide to Shakespeare Plays* (Londres: Faber and Faber, 1998, p. 73).

99   *"The first thing we do, let's kill all the lawyers."* (*Henrique IV,* Parte II, Ato IV, Cena 2)

matar os advogados decorria de algo mais trivial: naquela época, cabia aos advogados promover a cobrança de dívidas. Quando o açougueiro propôs a morte aos advogados, ele desejava, na verdade, matar aqueles que lhe exigiam o pagamento de dívidas.

Noutra passagem, Cade e seus parceiros começam a imaginar como será o governo deles:

> **CADE**: Eis aí, senhores. Agora, uns vão derrubar o Savoy; outros, as escolas de Direito. Arrasai tudo.
> **DICK**: Tenho uma proposta para Vossa Senhoria.
> **CADE**: Ela te será concedida por esta palavra, embora seja uma senhoria.
> **DICK**: Trata-se somente de que as leis da Inglaterra emanem de vossa boca.
> **JOÃO HOLLAND**: (*À parte*) Pela missa! Serão então leis doentias, porque recebeu um golpe de lança na boca e ainda não está curada.
> **SMITH**: (*À parte*) Sim, João, serão leis hediondas, pois tem o hálito cheirando a queijo assado que comeu.
> **CADE**: Já pensei nisso e assim será. Ide, queimai todos os arquivos do reino; minha boca será o Parlamento da Inglaterra.
> **JOÃO HOLLAND**: (*À parte*) Então, teremos leis que morderão fortemente, a não ser que lhe saltem os dentes.[100]

---

100 "*Jack Cade: So, sirs: now go some and pull down the Savoy; / others to the inns of court; down with them all. / Dick the Butcher: I have a suit unto your lordship. / Jack Cade: Be it a lordship, thou shalt have it for that word. / Dick the Butcher: Only that the laws of England may come out of your mouth. / John Holland [Aside]: Mass, 'twill be sore law, then; for he was / thrust in the mouth with a spear, and 'tis not whole / yet. / Smith the Weaver [Aside]: Nay, John, it will be stinking law for his / breath stinks with eating toasted cheese./ Jack Cade: I have thought upon it, it shall be so. Away, burn / all the records of the realm: my mouth shall be / the parliament of England./ John Holland [Aside]: Then we are like to have biting statutes, / unless his teeth be pulled out./ Jack Cade: And henceforward all things shall be in common.*" (Ato IV, Cena 7)

A pretensão dos rebeldes é promover a absoluta revolução. Novas leis. Nova ordem. Porém, uma ordem associada à tirania, pois a "a minha boca será o Parlamento da Inglaterra". Interessante notar que, nessa peça, pela primeira vez, Shakespeare oferece espaço para os diálogos de plebeus, dá voz à gente mais humilde.

Por fim, na terceira parte de *Henrique VI*, o monarca perde seu reino. Ele faz uma opção política equivocada, ao se casar com Margaret de Anjou — que chega sem qualquer dote. Henrique VI é derrotado em batalha, vai encarcerado para a Torre de Londres e acaba morto. Essa sucessão de desmandos culmina com a ascensão ao trono de um rei vil, Ricardo III.

LAURENCE OLIVIER EM PRODUÇÃO DE *RICARDO III* (ALAMY)

"A partir desse processo", anota Barbara Heliodora, "só a força, não o direito e a justiça, dominará a tudo, guiada apenas pelo apetite, o que nos leva, naturalmente, ao mundo de Richard III."[101]

---

101 Heliodora, Barbara. *A expressão dramática do homem político em Shakespeare*. Rio de Janeiro: Paz e Terra, 1978, p. 206.

As três partes de *Henrique VI* têm seu desfecho em *Ricardo III*, encerrando a tetralogia. A rigor, há [uma] plena continuação, pois não existe [uma] quebra entre as peças.

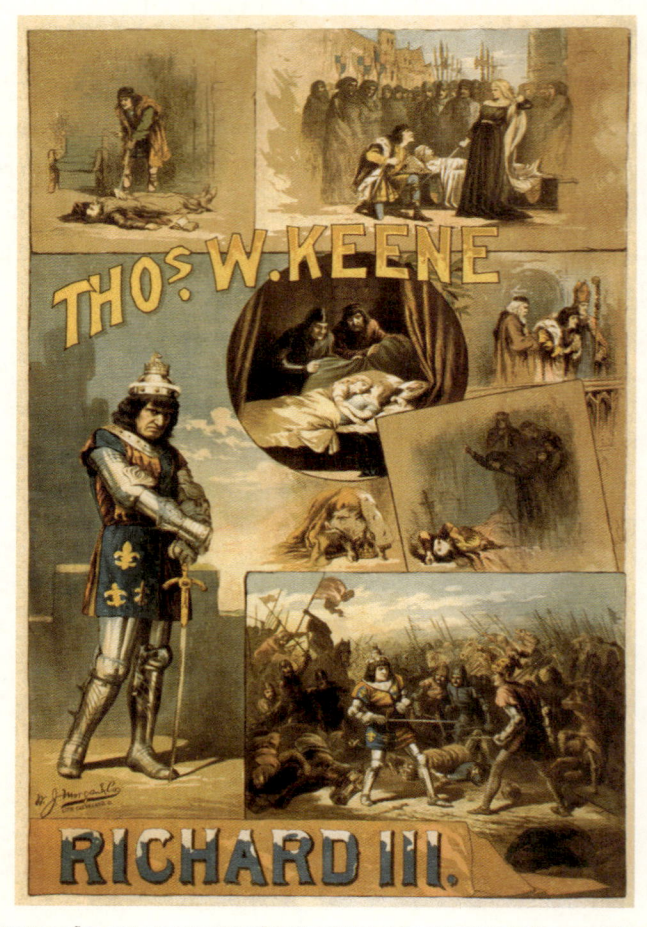

PÔSTER DE DIVULGAÇÃO PARA UMA ENCENAÇÃO DE *RICARDO III*, EM FINS DO SÉCULO XIX (WIKICOMMONS)

O começo de *Ricardo III* é icônico. Shakespeare inicia o drama com a palavra "*Now*" — agora! "Agora" é o próprio teatro. Um monólogo de *Ricardo III*, sozinho no palco e encarando a plateia: "Agora é o inverno do nosso descontentamento..." [102]

---

102 "*Now is the winter of our discontent.*" (Ato I, Cena I)

Ricardo III é um psicopata.[103] Já no início marcante dessa peça, o rei Ricardo apresenta seu caráter ao espectador:

> **RICARDO** (*Duque de Gloucester*) [Ricardo III]: [...] já que não posso ser amante que goze estes dias de práticas suaves, estou decidido a ser ruim, vilão, e odiar os prazeres vazios destes dias. Armei conjuras, tramas perigosas, por entre sonhos, acusações e ébrias profecias, para lançar o meu irmão Clarence e o Rei um contra o outro, num ódio mortífero, e se o rei Eduardo for tão verdadeiro e justo quanto eu sou sutil, falso e traiçoeiro, será Clarence hoje mesmo encarcerado devido a uma profecia que diz será um 'gê' o assassino dos herdeiros de Eduardo. Mergulhai, pensamentos, fundo, fundo na minha alma.[104]

Um governante amoral, que faz de tudo, sem esteios, pelo poder. Ele corrompe, seduz, manipula, mente sem remorsos. Como aponta Stephen Greenblatt, Ricardo III não é apenas indiferente à lei: ele a odeia. Tanto porque ele vê a lei como algo que se coloca em seu caminho quanto pelo fato de não se adequar ao conceito de bem comum.[105] Ricardo é um egoísta. Evidentemente, seu governo se caracteriza pela

---

[103] É ele quem diz: "Ora, eu posso sorrir e assassinar enquanto sorrio /E gritar 'Contente!' aos que oprimem meu coração, E molhar minhas faces com lágrimas artificiais, / E compor minha face para todas as ocasiões." Esse assustador monólogo é colocado na boca de Ricardo III em *Henrique VI*, Parte III, quando Ricardo — e sua casa dos York — finalmente triunfa, com sua coroação. O texto original é: "*Why, I can smile, and murder whiles I smile, / And cry 'Content!' to that which grieves my heart, / And wet my cheeks with artificial tears, / And frame my face to all occasions.*" (*Henrique VI*, Parte III, Ato III, Cena 2)

[104] "*[...] I am determined to prove a villain / And hate the idle pleasures of these days. / Plots have I laid, inductions dangerous, / By drunken prophecies, libels and dreams, / To set my brother Clarence and the king / In deadly hate the one against the other: / And if King Edward be as true and just / As I am subtle, false and treacherous, / This day should Clarence closely be mew'd up, / About a prophecy, which says that 'G' / Of Edward's heirs the murderer shall be. / Dive, thought, down to my soul.*" (Ato I, Cena 1)

[105] Greenblatt, Stephen. *Tyrant: Shakespeare on Politics*. Nova York: W. W. Norton & Company, 2017, p. 53.

instabilidade. Não pode haver ordem constante sem verdade. Além disso, como assinala Barbara Heliodora, nos "monólogos que Shakespeare dá a Richard, estará sempre ausente qualquer preocupação de Estado, qualquer empenho no bem-estar da comunidade, qualquer disposição para aceitação das responsabilidades e deveres".[106]

Em contrapartida, Ricardo III é dotado de sedutor e fino senso de humor, o que o humaniza. Contudo, sem honestidade e [um] senso moral, o governante falha e, com ele, carrega o destino da nação.

JAMES HEWLETT COMO RICARDO III CERCA DE 1821 (WIKICOMMONS)

---

106 Heliodora, Barbara. *A expressão dramática do homem político em Shakespeare*. Rio de Janeiro: Paz e Terra, 1978, p. 233.

Ao encerrar *Ricardo III*, Richmond, o futuro Henrique VII, o primeiro dos Tudor, que derrota o antigo rei em batalha, registra que apenas a paz e a ordem trazem a prosperidade para a Inglaterra.[107] Com a morte de Ricardo III, termina a Guerra das Rosas.

IAN MCKELLEN COMO RICARDO III (ALAMY)

A segunda tetralogia das peças históricas elaborada por Shakespeare é composta por *Ricardo II*, de 1595, as duas partes de *Henrique IV*, feitas entre 1596 e 1597, e *Henrique V*, de 1598 (ou talvez 1599).

Essa segunda tetralogia cuida, a rigor, de acontecimentos anteriores àqueles tratados na primeira. Ela cobre um período que se inicia no reinado de *Ricardo II*, que assumiu o trono em 1377 e foi deposto em 1399, e vai até a vitória de Henrique V em Azincourt, em 1415. Essa tetralogia

---

107   Eis o desfecho da peça, no original: *"Abate the edge of traitors, gracious Lord, / That would reduce these bloody days again, / And make poor England weep in streams of blood! / Let them not live to taste this land's increase / That would with treason wound this fair land's peace! / Now civil wounds are stopp'd, peace lives again: / That she may long live here, God say amen!."* (Ato V, Cena 5)

revela-se mais bem elaborada do que a primeira,[108] até mesmo porque o dramaturgo já se encontrava mais maduro.

A Guerra das Rosas se relaciona, em última análise, ao dissenso entre os quatro filhos varões de Eduardo III, que reinou entre 1327 e 1377. Como o filho mais velho de Eduardo III, Eduardo, o Black Prince, morre antes do pai, sucede ao trono o neto do rei, Ricardo II, em 1377. Ricardo II, com apenas oito anos, tem quatro atuantes tios, todos filhos do rei Eduardo III: os duques de Clarence (Lionel), Lancaster (João de Gante), York (Edmund) e Gloucester (Thomas).

ENTRADA DE RICARDO E BOLINGBROKE EM LONDRES, TAL QUAL NO ATO V, CENA II, DE *RICARDO II* (WIKICOMMONS)

O duque de Lancaster, João de Gante, foi pai de Henrique IV, que vem a usurpar o trono do primo Ricardo II, em 1399. Henrique IV é sucedido

---

108 *Ricardo II*, por exemplo, como anteriormente destacado, é toda feita em verso, sem uma linha sequer de prosa. Ou seja, é poesia metrificada do início ao fim. O mesmo ocorre com *Vida e morte do rei João*.

pelo filho Henrique V (1413 a 1422) e pelo neto Henrique VI (1422 a 1461). Neste último reinado, há o confronto com a casa dos York, outro ramo descendente de Eduardo III, com os reinados de Eduardo IV (1461 a 1483), Eduardo V (1483) e o de Ricardo III (1483 a 1485), este último irmão do primeiro dos York.

A disputa entre as casas dinásticas acaba com a chegada dos Tudor ao poder, pela ascensão de Henrique VII (1485 a 1509), herdeiro por parte de mãe dos Lancaster. E ele se casa com Elizabeth, filha do York Eduardo IV.

Segundo G. K. Chesterton, a vida e a morte de Ricardo II foram possivelmente a tragédia da história da Inglaterra e certamente a tragédia da monarquia inglesa.[109]

Em *Eduardo II*, de Marlowe, de 1592, foca o rei inconstante, que acaba deposto, para que seu próprio filho lhe suceda. Em *Ricardo II*, de Shakespeare, o rei incompetente é deposto, para que outra dinastia assuma o poder. Assim, a quebra da ordem, em *Ricardo II*, revela-se substancialmente mais radical. A personagem do rei Ricardo II torna-se um símbolo. Ele próprio rei desde os nove anos de idade, se vitimiza. Não consegue ver quais responsabilidades um rei deve assumir e prende-se a um conceito de direito divino. Os tempos mudam.

Ricardo II não era um rei competente. Ao contrário. Era esbanjador, e seu reino atravessava um sério problema de contenção de despesas. Ricardo II agia como um déspota: "Não nascemos para pedir, mas para ordenar."[110] Vivia cercado de apaniguados. Não era popular. Contudo, tratava-se do rei legítimo. Ele, Ricardo II, acreditava piamente nesse seu direito divino à coroa: "Nem toda a água do mar revolto/ Pode tirar o óleo santificado da fronte de um rei ungido."[111]

---

[109] Chesterton, G. K. *The Soul of Wit: G. K. Chesterton on William Shakespeare*. Nova York: Dover Publications, 2012, p. 19.

[110] "We were not born to sue, but to command." (Ato I, Cena 1)

[111] "*Not all the water in the rough rude sea / Can wash the balm off from an anointed king;*" (Ato III, Cena 2)

De outro lado, havia o primo de Ricardo II, o Henrique de Lancaster, conhecido como Bolingbroke, mais apto para a missão de governar. Popular, Bolingbroke era considerado mais competente do que seu primo. Assim, põe-se em discussão o seguinte dilema: o que é mais importante, um rei legítimo, porém incompetente, ou um rei competente, porém ilegítimo?

Logo no início da peça, coloca-se diante do rei uma discussão entre dois nobres: Mowbray e Bolingbroke. O primeiro é acusado de participar do assassinato do duque de Gloucester, tio do rei. Ricardo II acaba por punir os dois nobres. O primeiro é banido para sempre, enquanto Bolingbroke, primo do soberano, é condenando a um exílio de seis anos. O rei faz isso de forma abusiva. Possivelmente, até, queria afastar seu rival e faz uso indevido do poder para atingir seu propósito.

Adiante, como precisava de fundos para enfrentar seus inimigos, o rei vai ao moribundo tio, João de Gante, duque de Lancaster e pai de Bolingbroke. O velho duque, que queria dar conselhos ao sobrinho, consegue ver a decadência do rei Ricardo II: "sois vós que estais morrendo, embora seja eu o doente",[112] diz o velho ao monarca.

Ricardo II apenas aguarda a morte do tio. Após o falecimento de João de Gante, Ricardo II pretende apoderar-se dos bens do parente nobre, embora Bolingbroke, seu primo e filho primogênito do duque, fosse o legítimo herdeiro.

Esse ato de confisco, consistente em se apoderar dos bens de Bolingbroke, é evidentemente contrário à lei. Ocorre que Ricardo II está no trono precisamente em função da regra da sucessão por hereditariedade. Logo, ao violar o direito de sucessão de Bolingbroke, apoderando-se de seus bens, Ricardo II acaba por romper com a mesma — e única — regra que o protege.

Ao demonstrar seu desprezo pelas regras, como faz com as leis de sucessão, Ricardo II enfraquece todo o ordenamento jurídico que o sus-

---

112 *"Thou diest, though I the sicker be."* (Ato II, Cena 1)

tenta. Bolingbroke, ao tomar ciência do ato arbitrário do primo, abandona o exílio e marcha contra o rei Ricardo II.

Acuado, Ricardo II, embora crente no seu direito divino de reinar, se vê forçado a entregar a coroa a Bolingbroke, o futuro Henrique IV. A cena da deposição é marcada por ambiguidades. Como assinala o clássico crítico shakespeariano Samuel Johnson ao examinar essa passagem, "Shakespeare revela enorme aptidão para se desviar do patético para o ridículo".[113] Há um processo, que busca garantir a legitimidade da deposição. Esse procedimento se inicia com um pedido do próprio Bolingbroke:

> Trazei aqui Ricardo para que possa abdicar em presença de todo o mundo; procedendo assim, não daremos lugar à suspeita.[114]

Por todas as razões, o novo monarca não deseja ter a pecha de usurpador. Quando chega Ricardo II, inicia-se o seguinte diálogo:

> **BOLINGBROKE**: Consentis em renunciar à coroa?
> **REI RICARDO**: Sim... e não; não... e sim, pois não devo ser mais nada; entretanto, não, não, porque renuncio em ti a ser o que sou. Considera agora como me destruí a mim mesmo: retiro de minha cabeça este peso acabrunhador, de minha mão este incômodo cetro, de meu coração este orgulho real: lavo, com minhas próprias lágrimas, o óleo que me consagrou; entrego minha coroa com minhas próprias mãos; abjuro meu poder sagrado com minha própria língua; anulo, com minha própria voz, todos os juramentos de fidelidade; abdico toda a pompa e toda

---

113 Johnson, Samuel. *Johnson on Shakespeare*. Oxford: Oxford University Press, 1925, p. 111.

114 "*Henry IV: Fetch hither Richard, that in common view / He may surrender; so we shall proceed / Without suspicion.*" (Ato IV, Cena 1)

a majestade; abandono meus domínios, minhas rendas, meus bens; nego meus atos, meus decretos, meus estatutos. Deus perdoe todas as violações de votos feitos diante de mim! Deus conserve inteiros os juramentos que te forem prestados! Que a mim, que nada tenho, não me aflija com coisa alguma e que a ti, que tudo adquiriste, ele em tudo te exalte. Possas tu viver longo tempo sobre o trono de Ricardo e possa Ricardo logo encontrar na terra um leito tranquilo. Deus guarde o rei Henrique, diz o deposto Ricardo, e lhe dê muitos anos cheios de prosperidade. Que falta ainda?
NORTHUMBERLAND: Nada mais, só que ainda deveis ler estas acusações e estes crimes odiosos cometidos por vossa pessoa, por vossos favoritos contra o Estado e interesses do reino, para que, por vossa confissão, as consciências possam julgar que fostes justamente destronado.[115]

Durante o reinado de Elizabeth I, a cena da deposição de Ricardo II foi censurada. A primeira publicação dela, ocorrida em 1597, não continha essa forte passagem, apenas reintroduzida em 1608, já sob o reinado de Jaime I.

---

115 *"Henry IV: Are you contented to resign the crown? / King Richard II: Ay, no; no, ay; for I must nothing be; / Therefore no no, for I resign to thee. / Now mark me, how I will undo myself; / I give this heavy weight from off my head / And this unwieldy sceptre from my hand, / The pride of kingly sway from out my heart; / With mine own tears I wash away my balm, / With mine own hands I give away my crown, / With mine own tongue deny my sacred state, / With mine own breath release all duty's rites: / All pomp and majesty I do forswear; / My manors, rents, revenues I forego; / My acts, decrees, and statutes I deny: / God pardon all oaths that are broke to me! / God keep all vows unbroke that swear to thee! / Make me, that nothing have, with nothing grieved, / And thou with all pleased, that hast all achieved! / Long mayst thou live in Richard's seat to sit, / And soon lie Richard in an earthly pit! / God save King Harry, unking'd Richard says, / And send him many years of sunshine days! / What more remains? / Earl of Northumberland: No more, but that you read / These accusations and these grievous crimes / Committed by your person and your followers / Against the state and profit of this land; / That, by confessing them, the souls of men / May deem that you are worthily deposed."* (Ato IV, Cena I)

Como referido, na época, antes de serem exibidas ao público, as encenações eram submetidas ao "Master of the Revels", o Mestre das Diversões, para eventual censura. O mesmo acontecia com as brochuras das peças. Entre 1579 e 1610, a mesma pessoa, Edmund Tilney, ocupou esse cargo.[116] Esse ser humano teve o prazer de ser um dos primeiros a saborear as obras de dramaturgia de Shakespeare e, ao mesmo tempo, teve a responsabilidade de podar aquelas obras de arte.

Contudo, em fevereiro de 1601, *Ricardo II*, mesmo censurada, foi exibida na íntegra, inclusive com a cena do destronamento. Um nobre, Gilly Meyrick, contratou a companhia teatral de Shakespeare, pagando um valor mais alto do que o praticado, para que fosse encenado o texto integral. Essa apresentação fazia parte de um plano para destronar a rainha Elizabeth I, liderado por Robert Devereux, o segundo conde de Essex, que, até pouco tempo antes, fora um dos favoritos da rainha. Como eles se desentenderam, o conde aglutinou outros nobres insatisfeitos com Elizabeth I e, como [uma] manifestação política, em fevereiro de 1601, esse grupo contratou a trupe de Shakespeare, para que executasse a peça.

A apresentação alcançou grande repercussão. A mensagem era clara: o monarca pode ser deposto, caso não se revele digno de ocupar o trono. Evidentemente, a rainha não gostou da ousadia. O conde de Essex foi preso e condenado à morte. Gilly Meyrick recebeu idêntica pena. O fato de se ter contratado a apresentação integral da peça foi usado no julgamento dos conspiradores como elemento de prova da pretensão de destronar a rainha.[117] Boa parte dos membros da companhia teatral de Shakespeare foi interrogada e — ainda bem! — liberada.

Na realidade, a comparação entre Ricardo II e Elizabeth I, a rainha que governava quando a peça foi escrita, poderia dar-se por diferentes fundamentos. Por conta de algumas guerras, notadamente a campanha na Irlanda e na Holanda, Elizabeth I havia gasto bem mais

---

116 Berthold, Margot. *História mundial do teatro*. São Paulo: Perspectiva, 2011, p. 317.
117 Campbell, Lily B. *Shakespeare's Histories*. Londres: Methuen, 1964, p. 190.

do que deveria. Isso a obrigou, inclusive, a vender terras da coroa. Algo semelhante fizera Ricardo II, que vendeu a terceiros o direito de coletar alguns tributos.[118]

Além disso, Elizabeth I, para beneficiar alguns favoritos, fizera doações e distribuíra cargos sem atentar à meritocracia. Ou seja, havia uma proteção de apaniguados. Ademais, recaía sobre ela a acusação de ter ordenado a execução de Maria Stuart, para muitos a verdadeira herdeira do trono inglês. Existe, ademais, a lenda de que a própria rainha Elizabeth I reconheceu sua identificação com o Ricardo II da peça shakespeariana.

Mas o ingresso do novo rei não ocorre sem grandes questionamentos. Já se registrou o cuidado com que o novo rei Henrique IV se cerca para não receber o estigma de usurpador. Ele pede, até mesmo, que Ricardo II confesse seus pecados, justificando sua deposição. Além disso, solicita que o próprio rei manifeste seu desejo de entregar a coroa.

Como Shakespeare jamais se rendeu a estereótipos, Ricardo II não era simplesmente um rei mimado, mas também alguém que sempre demonstrou enorme humanidade e um amor incondicional pela Inglaterra. Havia, nesse aspecto, um antagonismo com seu primo Bolingbroke, o usurpador e futuro Henrique IV, dono de uma personalidade mais fria, apesar de sua retidão. Não sem razão, Shakespeare priva a personagem de Henrique IV de um expressivo monólogo. De toda forma, por mais simpatia e compaixão que desperte Ricardo II, não há dúvida de que sua incompetência selou seu destino. A ausência de capacidade gerou um vácuo.

Ainda em *Ricardo II*, encontramos a bela passagem do diálogo entre o Jardineiro (com maiúscula, pois é uma personagem assim identificada) e outro servidor, na qual se fazem críticas ao governo: "A igualdade deve reinar por toda parte em nosso governo."[119] Há uma bela metáfora

---

118 Frye, Northop. *Northop Frye on Shakespeare*. New Haven: Yale University Press, 1986, p. 57.

119 "*All must be even in our government.*" (Ato III, Cena 4)

que compara o governo a um jardim, no qual as lindas flores são sufocadas pelas ervas daninhas.

Acima de tudo, *Ricardo II* é uma peça iconoclástica. O que difere o rei de um homem comum é a coroa. Os reis podem ser julgados. Isso tem enorme força, mormente na Inglaterra de então, na qual as figuras de governo e religião se confundiam. De fato, em função do rompimento com a Igreja católica, consumado por Henrique VIII, pai de Elizabeth I, o monarca passou a acumular essa dupla função, pois era ao mesmo tempo o líder da Igreja anglicana. Assim, questionar o rei significava questionar todo o sistema.

Deve-se igualmente ter presente que, no caso de *Ricardo II*, havia um tema mais delicado do que aquele tratado em *Eduardo II*, de Marlowe. Embora em *Eduardo II* haja a deposição de um rei, a coroa é dada ao filho do monarca destituído. Não há a alteração da dinastia. No caso de *Ricardo II*, há uma consequência mais profunda. O rei incompetente é sacado do poder e outro grupo dinástico passa a reinar. Reluz o elemento subversivo na obra.

Ricardo II já foi lida como metáfora da separação entre o masculino e o feminino.[120] O masculino seria o lado público, enquanto o feminino, o privado. Bolingbroke representaria as virtudes do homem, ao passo que Ricardo II, possivelmente o mais emotivo dos reis shakespearianos, a mulher. Para Chambers, a diferença está entre o homem que faz e aquele que sonha.[121]

Emma Smith, ao analisar a peça, vê clara a oposição entre os dois protagonistas: Richard *vs.* Bolingbroke.[122] Poesia *vs.* realismo. Metáfora e literalidade. O rei feudal e o político pragmático. As justas da cavalaria e, de outro lado, o assassinato político. O mundo medieval e o moderno.

---

120 Howard, Jean E.; Rackin, Phyllis. *Richard II*. In: Howard, Jean E.; Rackin, Phyllis. *Engendering a Nation: A Feminist Account on Shakespeare's English Histories*. Londres: Routledge, 1997, p. 137.
121 Chambers, E. K. *Shakespeare: A Survey*. Nova York: Hill & Wang, 1960, p. 90.
122 Smith, Emma. *This is Shakespeare*. Nova York: Penguin, 2019, p. 60.

Esse confronto não é apenas entre duas pessoas, mas da ordem mundial. Acima de tudo, Ricardo II simboliza o rei medieval. Bolingbroke, por seu turno, se relaciona ao governante moderno, que deve legitimar sua posição.

Logo depois de escrever *Ricardo II*, a primeira peça da segunda tetralogia, Shakespeare, em 1596, oferece *Vida e morte do rei João*. Por detrás dessa peça, havia um tema político. O rei João, referido nessa obra de Shakespeare, era o conhecido João Sem-Terra, irmão de Ricardo Coração de Leão, que reinou na Inglaterra entre 1199 e 1216. Além de ter perdido grande parte da possessão inglesa na França (a parte que pertencera à sua mãe, Eleonora da Aquitânia, o que acabou por lhe gerar a alcunha "sem-terra"), o ponto alto do reinado de João foi a assinatura da Magna Carta, em 1215. Contudo, Shakespeare nada fala da Magna Carta na peça. Nem uma linha.

A peça trata de um rei incompetente, inescrupuloso e destemperado. O rei inglês luta na França, em grande parte para garantir [o] seu trono, pois os franceses defendem que o verdadeiro titular da coroa inglesa seria Artur, sobrinho de João, ainda um menino, filho legítimo e primogênito de seu irmão mais velho, o antigo rei Ricardo Coração de Leão.

A ação se inicia com a visita do embaixador francês ao rei João, na qual transmite a ordem do rei francês ao soberano inglês: este deve entregar seus títulos ao jovem Artur, o monarca por direito. A soberania está em xeque. O rei, então, indaga ao embaixador:

> **REI JOÃO:** Que acontecerá se não estivermos de acordo?
> **CHATILLON** [o embaixador francês]: A imperiosa intervenção de uma guerra furiosa e sanguinária para restabelecer pela força tais direitos tão violentamente usurpados.

REI JOÃO: Aqui, respondemos guerra por guerra, sangue por sangue, intervenção por intervenção; dai esta resposta à França.[123]

O embaixador se retira. Pronto. Começa a guerra.

Contudo, logo na sequência da saída de cena do embaixador francês, ainda na primeira cena do primeiro ato, traz-se uma questão a julgamento do rei João. Dois irmãos — quiçá meios-irmãos — brigam pela herança. O mais velho, chamado Bastardo, reclama o fato de que o suposto pai dos dois contendores, Sir Robert Faulconbridge, o deserdou em testamento, alegando que ele não seria seu filho, mas filho do falecido rei Ricardo Coração de Leão. Entretanto, essa manifestação do pai violaria a lei, que dava a ele, filho mais velho, o direito de sucessão. O filho mais novo de Sir Robert Faulconbridge argumentava que o pai havia manifestado claramente sua vontade e esta deveria ser respeitada. "O testamento de meu pai não terá, então, força para deserdar o filho que não lhe pertence?"[124]

Afinal, o que prevalece: a lei (segundo a qual o filho mais velho deve receber a herança) ou a vontade (pois o falecido havia deixado sua herança para seu segundo filho)?

O rei João decide em favor do Bastardo, entendendo que a lei não pode ser derrogada pela vontade. Esse tema será revisto adiante na trama. De toda sorte, a mãe do rei João, Eleonora — a famosa personagem histórica Eleonora da Aquitânia —, presente ao julgamento, acredita que o Bastardo, na verdade, é seu neto, filho ilegítimo de Ricardo Coração de Leão. Assim, o Bastardo Faulconbridge acaba considerado um parente do rei João. Ele perde o direito a reclamar as terras de Sir Robert Faulconbridge, mas, em compensação, passa a pertencer à família real.

---

123 "*King John: What follows if we disallow of this? / Chatillon: The proud control of fierce and bloody war, / To enforce these rights so forcibly withheld. / King John: Here have we war for war and blood for blood, / Controlment for controlment: so answer France.*" (Ato I, Cena 1)

124 "*Shall then my father's will be of no force / To dispossess that child which is not his?*" (Ato I, Cena 1)

Há, no curso da peça, uma tentativa de acordo com o rei francês, que se daria por meio do casamento dos herdeiros da França e da Inglaterra. Porém, com o assassinato do monarca gaulês, a guerra é reiniciada. O drama é marcado por uma série de intrigas e traições, próprias da falta de liderança. Artur, candidato ao trono, morre pulando de uma torre, ao tentar escapar do cárcere. O rei João, por sua vez, perde a vida envenenado por um monge. Uma retaliação, pois o rei havia determinado que se invadissem os mosteiros.

Ao fim da peça, todos os nobres se reúnem em torno do príncipe, futuro Henrique III, filho do rei João, a quem juram lealdade. Na ocasião, o bastardo Filipe Faulconbridge, possivelmente o papel mais rico da peça, registra que a Inglaterra jamais será invadida, salvo se vítima de conflitos internos. Diz o Bastardo, encerrando o espetáculo:

> Jamais a Inglaterra caiu, jamais cairá aos pés soberbos
> de um conquistador, sem que ela mesma primeiro se fira.
> [...] Nenhuma desgraça poderá acontecer-nos, enquanto a
> Inglaterra permanecer fiel a si mesma. (*Saem*)[125]

Não é difícil imaginar a plateia em alvoroço patriótico ao ouvir esse entusiasmado desfecho. Ele clama pela união de esforços e o amor pelo país. Claramente, havia um propósito de propaganda do Estado, assim como esse mesmo espírito impregnou *Henrique V*, obra de 1599, com a qual Shakespeare encerra a segunda tetralogia das suas peças históricas.

Ao trazer a discussão acerca da sucessão do rei e de sua legitimidade para o trono, *Vida e morte do rei João* aproxima-se de *Ricardo II*, a peça histórica composta por Shakespeare no ano anterior.

---

125 "*This England never did, nor never shall, / Lie at the proud foot of a conqueror, / But when it first did help to wound itself.* [...] *Nought shall make us rue, / If England to itself do rest but true.*" (Ato V, Cena 7)

PHILIP LEACH INTERPRETA O REI JOÃO DIANTE DA TUMBA DO MONARCA (WIKICOMMONS)

Para se livrar de Artur, João manda matá-lo. A passagem é dramática porque o bom Artur, ainda um menino, revela-se extremamente afetuoso (e irremediavelmente ingênuo) com seu algoz.

> Estás doente, Humberto? Estás hoje muito pálido. Na verdade, quisera que estivesse um pouco doente, a fim de que pudesse passar toda a noite perto de você e velasse contigo. Asseguro-lhe que o amo mais do que você a mim.[126]

Verifica-se uma analogia com a situação de Elizabeth I, rainha que governava quando Shakespeare escreveu essa peça. Elizabeth I não era, por direito, a sucessora do trono inglês. A rigor, sua prima — filha da irmã mais velha de seu pai, Henrique VIII — Maria Stuart — também chamada

---

126 "Are you sick, Hubert? You look pale today. / In sooth, I would you were a little sick / That I might sit all night and watch with you. / I warrant I love you more than you do me." (Ato IV, Cena 1)

Maria Scot ou Maria Rainha dos Escoceses — era a legítima postulante. Entretanto, Maria Stuart permaneceu presa por quase vinte anos, em vários locais, por Elizabeth e, depois, executada, por ordem da rainha, em 1587, oito ou nove anos antes da publicação de *Vida e morte do rei João*.

A história registra que a defesa da causa de Artur, na época do rei João, recebeu o apoio do rei francês Filipe. Da mesma forma, mais de trezentos anos depois, o pleito de Maria Stuart, contra Elizabeth I, foi apoiado por Filipe II da Espanha. Ambas as situações levaram a Inglaterra à guerra. Tanto contra os franceses, como se relata na peça, como contra os espanhóis, como ocorreu nos tempos de Shakespeare. De fato, um ano após a morte da católica Maria Stuart, os espanhóis lançaram a sua Invencível Armada contra os ingleses em 1588, mas foram derrotados.

Havia outra importante semelhança. O rei João também enfrentou o papa, sendo um bom exemplo de um soberano "protoprotestante". Elizabeth I foi excomungada. Visíveis, portanto, os paralelos entre os reinados de João e de Elizabeth.

O drama deixa claro como, no âmbito da política, tudo é flexível. Tratos são feitos e desfeitos com naturalidade. Alianças não valem nada. Num momento, França e Inglaterra procuram associar-se à cidade de Angers, porém, logo em seguida, visam destruí-la. Vale destacar a passagem da peça em que os dois reis, da França e da Inglaterra, disputam a cidade de Angers. Nos portões da cidade, o cidadão, sem dizer qual dos dois monarcas será o preferido, diz que a fidelidade será prestada "àquele que provar ser o rei".[127]

Essa disputa por Angers, a rigor, era uma referência ao que acontecera há pouco em Calais. Em 1559, ingleses e franceses acordaram, no tratado de Cateau-Cambrésis, que o porto de Calais, no continente europeu, ficaria com a França por oito anos, para, em seguida, ser revertido aos ingleses, mediante pagamento de uma indenização. Esse acordo era trilateral, pois também figurava como signatário, além de Elizabeth I,

---

127 "[...] *but he that proves the king, / To him will we prove loyal.*" (Ato II, Cena 1)

rainha da Inglaterra, e Henrique II, rei da França, Filipe II, da Espanha. Ocorre que, depois, Filipe II casou-se com a filha do rei da França, também chamada Isabel, o que acabou por gerar um desequilíbrio nas relações entre as três nações. O resultado foi que a Inglaterra perdeu Calais, seu porto no continente europeu, para sempre. A política mostrava seu lado nefasto. Não vale o que se combina.

É interessante que Shakespeare, nessa passagem da disputa por Angers em *Vida e morte do rei João*, entregue ao povo o direito de determinar quem seria seu senhor. Evidentemente, os cidadãos não querem sangue, mas paz. Assim, o Primeiro Cidadão (a personagem chama-se exatamente "Primeiro Cidadão") sugere que se promova um casamento de uma sobrinha do rei inglês com o delfim da França. Portanto, pela união das casas, seria estabelecido o acordo.

Ambos os reis consideram essa proposta. O rei da França, seduzido pela ideia, abandona, ao menos momentaneamente, o intento de proteger o pleito de Artur em relação ao trono inglês. Como mudam de posição os monarcas, de acordo com seus interesses!

Eis como o Bastardo Faulconbridge critica a conduta do soberano francês:

> Ó interesse, és a distorção do mundo,
> Do mundo que, de si, foi bem pesado
> E feito pra rolar em terra plana;
> Até que o ganho, que essa tara vil,
> Esse dono da estrada, o grande lucro,
> O fez perder o senso da isenção,
> Da direção, do curso, do objetivo:
> Pois essa mesma tara de ganância,
> Palavra cafetina que corrompe,
> Lançada ao caprichoso rei francês,
> Fê-lo negar o auxílio prometido
> A uma guerra honrosa e acertada,
> Por uma paz selada em sordidez.

> Por que insulto eu todo esse lucro?
> Só porque ele não me quis, ainda,
> E não por poder eu fechar a mão
> Se os seus anjos buscarem minha palma;
> Só porque minha mão, sem ser tentada,
> Como o mendigo insulta quem é rico.
> Pois enquanto mendigo eu bradarei
> Que o maior dos pecados é a riqueza;
> E, quando rico, eu digo, virtuoso,
> Que não há vício igual à mendicância.
> Se um rei quebra a palavra para lucrar,
> O ganho é o deus a quem hei de adorar.[128]

O acordo, entretanto, acaba não prosperando, como, de costume, não florescem as composições sem alma.

Pode haver um bom motivo para que a Magna Carta sequer seja mencionada na peça. A Magna Carta, datada de 1215, é certamente um marco, pois registra um momento histórico de limitação do poder do soberano e oferece uma série de garantias individuais, como o direito de ir e vir, a proibição de impor certos atos ao súdito, entre outras, como as seguintes:

---

[128] *"Commodity, the bias of the world, / The world, who of itself is peised well, / Made to run even upon even ground, / Till this advantage, this vile-drawing bias, / This sway of motion, this Commodity, / Makes it take head from all indifferency, / From all direction, purpose, course, intent: / And this same bias, this Commodity, / This bawd, this broker, this all-changing word, / Clapp'd on the outward eye of fickle France, / Hath drawn him from his own determined aid, / From a resolved and honourable war, / To a most base and vile-concluded peace. / And why rail I on this Commodity? / But for because he hath not woo'd me yet: / Not that I have the power to clutch my hand, / When his fair angels would salute my palm; / But for my hand, as unattempted yet, / Like a poor beggar, raileth on the rich. / Well, whiles I am a beggar, I will rail / And say there is no sin but to be rich; / And being rich, my virtue then shall be / To say there is no vice but beggary / Since kings break faith upon commodity, / Gain, be my lord, for I will worship thee."* (Ato II, Cena 1)

Não nomearemos juízes, oficiais de justiça, xerifes ou bailios, que desconheçam a lei do reino e não se disponham a observá-la.
[...]
Nenhum homem livre será detido ou sujeito à prisão, ou privado dos seus bens, ou colocado fora da lei, ou exilado, ou de qualquer modo molestado, e nós não procederemos nem mandaremos proceder contra ele senão mediante um julgamento regular pelos seus pares ou de harmonia com a lei do país.

A Magna Carta obrigava o rei a cumprir as regras nela estabelecidas, sob pena de se justificar uma revolta dos barões que, em última análise, poderiam destituir o soberano.[129] Exatamente nesse ponto residia o tema mais sensível à monarquia. Afinal, legitimava-se a rebeldia, no caso de o rei não cumprir seus deveres.

---

129 Eis uma das disposições contidas na Magna Carta: "Considerando que foi para honra de Deus e bem do reino e para melhor aplanar o dissídio surgido entre nós e os nossos barões que outorgamos todas as coisas acabadas de referir; e querendo torná-las sólidas e duradouras, concedemos e aceitamos, para sua garantia, que os barões elejam livremente um conselho de 25 barões do reino, incumbidos de defender e observar e mandar observar a paz e as liberdades por nós reconhecidas e confirmadas pela presente Carta; e se nós, a nossa justiça, os nossos bailios ou algum dos nossos oficiais, em qualquer circunstância, deixarmos de respeitar essas liberdades em relação a qualquer pessoa ou violarmos alguma destas cláusulas de paz e segurança, e da ofensa for dada notícia a quatro barões escolhidos entre os 25 para de tais fatos conhecerem, estes apelarão para nós ou, se estivermos ausentes do reino, para a nossa justiça, apontando as razões de queixa, e à petição será dada satisfação sem demora; e se por nós ou pela nossa justiça, no caso de estarmos fora do reino, a petição não for satisfeita dentro de quarenta dias, a contar do tempo em que foi exposta a ofensa, os mesmos quatro barões apresentarão o pleito aos restantes barões; e os 25 barões, juntamente com a comunidade de todo o reino (*comuna totiu terrae*), poderão embargar-nos e incomodar-nos, apoderando-se de nossos castelos, terras e propriedades e utilizando quaisquer outros meios ao seu alcance, até ser atendida a sua pretensão, mas sem ofenderem a nossa pessoa e as pessoas da nossa rainha e dos nossos filhos, e, logo que tenha havido reparação, eles obedecer-nos-ão como antes. E qualquer pessoa neste reino poderá jurar obedecer às ordens dos 25 barões e juntar-se a eles para nos atacar; e nós damos pública e plena liberdade a quem quer que seja para assim agir, e não impediremos ninguém de fazer idêntico juramento."

Pode-se especular o porquê da ausência de qualquer menção à Magna Carta na obra. Talvez Shakespeare não quisesse provocar tanto a rainha, pois o tema da peça — tanto em *Vida e morte do rei João* quanto em *Ricardo II*, que pode ser resumido como "melhor um rei competente ainda que ilegítimo" — já era bastante atrevido.

De forma semelhante, em *Ricardo II* não se menciona a Revolta dos Camponeses, de 1381, outro evento social de enorme relevância ocorrido naquele reinado.

Há, consoante se registrou, um *leitmotiv* comum a *Ricardo II* e *Vida e morte do rei João*. Entre essas duas peças, Shakespeare possivelmente escreveu *Romeu e Julieta* e *Sonho de uma noite de verão*. Em ambas se discute o tema do confronto entre a legitimidade do rei e sua competência. O que deve preponderar: o governante legítimo ou o competente?

No caso de *Vida e morte do rei João*, a escolha é difícil, na medida em que os dois nobres que disputam a coroa têm sérios problemas. João, apesar de inescrupuloso, já é um homem-feito, ao passo que Artur, que seria o legítimo sucessor, é apenas um menino, dependente da mãe — e, logo, ainda não preparado e apto para governar.

Há uma passagem na qual o próprio rei João, ao julgar uma discussão de sucessão, entende que a lei deva preponderar à vontade. Entretanto, essa mesma decisão era contraditória com a situação do próprio rei João, que teria sido alçado ao comando por conta da vontade de seu irmão, Ricardo Coração de Leão, mas que, pela lei, não deveria ocupar o trono. A lei de sucessão indicava [o] seu sobrinho Artur. Assim, o fundamento que legitimava o rei João a estar no poder — a vontade do rei — fora desconsiderado pelo próprio rei. Ficava assim exposta a fragilidade daquele reinado.

O ponto, também encontrado em *Ricardo II*, é evidente: o soberano deve ser o primeiro a cumprir a lei, sob pena de fazer ruir seu governo.

Para alguns, Shakespeare escreveu *Vida e morte do rei João* preocupado em terminá-la logo, sem o mesmo capricho de outras peças.[130] Por

---

130 Lloyd Evans, Gareth. *The Upstart Crow*. Londres: J. M. Dent, 1982, p. 97.

outro lado, tanto *Ricardo II* como *Vida e morte do rei João* são peças integralmente feitas em verso, o que as torna ainda mais belas.

A tetralogia iniciada com *Ricardo II* segue com as duas partes de *Henrique IV*, peças de 1596 e 1597 (talvez a última de 1598). Estas foram, na vida de Shakespeare, suas obras mais populares e as que mais vezes foram apresentadas. A razão dessa preferência popular se deve, em grande parte, à figura de Sir John Falstaff, o adorável bonachão.

Henrique IV, como se viu em *Ricardo II*, é um usurpador. Ele se havia rebelado contra o rei. Na época, desafiar o rei era o mesmo que atacar um deus, na medida em que o rei acumulava todos os poderes e era a expressão da vontade divina. Evidentemente, segundo os conceitos morais, Henrique IV teria de sofrer algumas consequências. Aliás, a peça começa com o rei registrando que se encontra "pálido e abalado pelas preocupações".[131]

O rei Henrique IV se depara com dois problemas: a busca por legitimar sua posição, pois, afinal, usurpou o reino do primo Ricardo II, e a conduta irresponsável de seu filho, Hal, que passa a juventude ao lado de beberrões e desordeiros — o mais famoso deles é o gordo, libertino e gaiato Falstaff. Para Henrique IV, o comportamento de seu herdeiro faz parte da vingança divina pela sua usurpação.

JOHN JACK COMO FALSTAFF, EM FINS DO SÉCULO XIX (WIKICOMMONS)

---

131 "*So shaken as we are, so wan with care.*" (Ato I, Cena 1)

A rigor, o rei, que dá título às peças, aparece menos na obra do que o futuro Henrique V e o divertido Falstaff. Na primeira parte de Henrique IV, o príncipe Hal, futuro Henrique V, é colocado entre a esbórnia e a vida de cavalheiro. Ao final, o príncipe escolhe os valores do cavalheirismo. Na segunda parte, uma nova opção se põe ao jovem nobre: a desordem ou a justiça. O governante sempre se vê diante de alternativas e as escolhas têm enorme repercussão.

Nesse sentido, há uma passagem especialmente interessante, quase no final de *Henrique IV*, Parte II. Ela se dá quando o recém-empossado Henrique V recebe em audiência o lorde juiz-mor, servidor fidelíssimo do falecido rei Henrique IV. No passado, o mesmo juiz havia mandado o então príncipe Henrique, agora rei, para a prisão, por maus comportamentos. O juiz, então, tinha motivos para crer que o novo rei se vingaria da humilhação sofrida. Contudo, Henrique V, ao encontrar o juiz, age de forma distinta:

> REI: Todos vós me olhais estranhamente... Principalmente vós. [*fala dirigindo-se ao juiz*] Penso eu que, sem dúvida, acreditais que não vos aprecio.
> JUIZ: Estou convencido de que, se me for feita justiça, Vossa Majestade não tem qualquer justa causa para odiar-me.
> REI: Não! Como um príncipe portador de tão grandes esperanças, teria podido esquecer as enormes indignidades que me fizestes sofrer? Como! Repreender, censurar e mandar bruscamente para a prisão o herdeiro presuntivo da Inglaterra! Isso foi simples? Pode ser lavado no Lete e esquecido?
> JUIZ: Eu representava então a pessoa de vosso pai, era a imagem do poder dele e, enquanto me ocupava em fazer justiça, enquanto estava ocupado a serviço da sociedade, Vossa Alteza houve por bem esquecer minha dignidade, a majestade da lei, o império da justiça, a imagem do rei que eu representava e me atacou quando eu exercia as próprias funções de juiz. Fiz, então, pleno uso de minha autoridade e ordenei a vossa detenção

como ofensor de vosso pai. Se desse ato fui culpado, resignai-vos, agora que trazeis o diadema, a ver um filho reduzir a nada vossos decretos, arrancar a justiça de vosso augusto tribunal, suspender o curso da lei e embotar a espada protetora da paz e da segurança de vossa pessoa; um filho que, pior ainda, despreze vossa imagem real e achincalhe vossos atos num segundo príncipe como fostes. Interrogai vossos régios pensamentos, supondo que esse caso seja o vosso; sede agora pai e suponde que tendes um filho; escutai o ultraje feito à vossa própria dignidade; vede vossas leis mais temíveis, tratadas com esse descaso; contemplai-vos, desdenhado por um filho e imaginai-me, então. Ostentando vossa personalidade e investido de vosso poder, deixando passar em silêncio os atos de vosso filho. Depois desse frio exame, julgai-me e, como sois rei, declarai, em razão deste título, se o que fiz não convinha a meu posto, à minha pessoa e à soberania de meu príncipe.[132]

---

[132] *"Henry V: You all look strangely on me; and you most. / You are, I think, assur'd I love you not. / Lord Chief Justice: I am assur'd, if I be measur'd rightly, / Your Majesty hath no just cause to hate me. / Henry V: No? / How might a prince of my great hopes forget / So great indignities you laid upon me? / What, rate, rebuke, and roughly send to prison, / Th' immediate heir of England! Was this easy? / May this be wash'd in Lethe and forgotten? / Lord Chief Justice: I then did use the person of your father; / The image of his power lay then in me; / And in th' administration of his law, / Whiles I was busy for the commonwealth, / Your Highness pleased to forget my place, / The majesty and power of law and justice, / The image of the King whom I presented, / And struck me in my very seat of judgment; / Whereon, as an offender to your father, / I gave bold way to my authority / And did commit you. If the deed were ill, / Be you contented, wearing now the garland, / To have a son set your decrees at nought, / To pluck down justice from your awful bench, / To trip the course of law, and blunt the sword / That guards the peace and safety of your person; / Nay, more, to spurn at your most royal image, / And mock your workings in a second body. / Question your royal thoughts, make the case yours; / Be now the father, and propose a son; / Hear your own dignity so much profan'd, / See your most dreadful laws so loosely slighted, / Behold yourself so by a son disdain'd; / And then imagine me taking your part / And, in your power, soft silencing your son. / After this cold considerance, sentence me; / And, as you are a king, speak in your state / What I have done that misbecame my place, / My person, or my liege's sovereignty."* (Ato V, Cena 2)

O magistrado defende que o soberano deve agir da mesma forma em relação a todos os seus súditos, ainda que se trate de seus filhos. A lei deve ser igual para todos.

Henrique V se sensibiliza com as razões apresentadas pelo juiz:

> **REI**: Tendes razão, juiz, e pesais muito bem as coisas. Assim continuais sempre mantendo a balança e a espada. Desejo que, sempre cumulado de novas honrarias, vivais bastante para ver um filho meu vos ofender e vos obedecer como eu fiz. Possa eu assim viver para repetir as palavras de meu pai: "Sou feliz tendo um homem tão enérgico para exercer a justiça sobre meu próprio filho e não menos feliz tendo um filho que abandona assim sua gentileza nas mãos da justiça." Vós me prendestes e, por esse motivo, coloco em vossa mão a espada imaculada que estais habituado a usar, recomendando-vos que a useis com a mesma justiça, intrépida e imparcial, de que fizestes prova em relação a mim. Aqui está minha mão; serei como o pai de minha juventude; minha voz proferirá o que soprardes ao meu ouvido e saberei submeter humildemente minhas resoluções à vossa direção sábia e experiente.[133]

No final da peça, Falstaff, ciente de que seu antigo companheiro de farras se tornara rei, corre para pedir proteção. Quando tem notícia de

---

[133] "Henry V: You are right, Justice, and you weigh this well; / Therefore still bear the balance and the sword; / And I do wish your honours may increase / Till you do live to see a son of mine / Offend you, and obey you, as I did. / So shall I live to speak my father's words: / 'Happy am I that have a man so bold / That dares do justice on my proper son; / And not less happy, having such a son / That would deliver up his greatness so / Into the hands of justice.' You did commit me; / For which I do commit into your hand / Th' unstained sword that you have us'd to bear; / With this remembrance — that you use the same / With the like bold, just, and impartial spirit / As you have done 'gainst me. There is my hand. / You shall be as a father to my youth; / My voice shall sound as you do prompt mine ear; / And I will stoop and humble my intents / To your well-practis'd wise directions." (Ato V, Cena 2)

que o rei Henrique IV morreu e seria sucedido por Henrique V, Falstaff fica felicíssimo e brada aos companheiros de baderna:

> As botas, as botas, mestre Shallow; tenho certeza de que o moço rei está doente por ver-me. Tomemos os cavalos sejam lá de quem forem; as leis da Inglaterra agora se encontram à minha disposição. Felizes dos que se mostraram meus amigos, e ai do milorde Juiz![134]

Falstaff corre ao encontro do agora rei, na expectativa de que receberá todas as "vantagens" da amizade. Todavia, Henrique V, ao encontrar Falstaff, mostra que não haverá privilégios:

> **FALSTAFF**: Deus te guarde, meu amável rapaz!
> **REI**: Meu lorde juiz-mor, falai a esse insolente.
> **JUIZ**: Estais em vosso juízo? Sabeis com quem estais falando?
> **FALSTAFF**: Meu Rei! Meu Júpiter! Falo contigo, meu coração!
> **REI**: Não te conheço, ancião. Vai fazer tuas orações. Como assentam mal os cabelos brancos num louco e num bufão! Durante muito tempo, sonhei com um homem dessa espécie, assim inchado de orgia, assim velho, assim libertino; porém, agora despertei e desprezo meu sonho. Trata agora menos de teu corpo e mais de tua honra; renuncia à glutonaria; fica sabendo que o túmulo se abre para ti três vezes mais largo do que para os outros homens; não me respondas com uma graça de bufão; não presumas que seja a pessoa que era, pois Deus sabe e o mundo verá que [eu] repeli minha antiga personalidade e, assim, repelirei todos aqueles que foram meus companheiros. Quando ouvires dizer que voltei a ser o que era, vem procurar-me

---

134 *"Boot, boot, Master Shallow. I know the young king is sick for me. Let us take any man's horses. The laws of England are at my commandment. Blessed are they that have been my friends, and woe to my Lord Chief Justice!"* (*Henrique IV*, Parte II, Ato V, Cena 3)

e voltarás a ser o que foste: o tutor e o abastecedor de meus desregramentos. Até então, eu te desterro, sob pena de morte, como bani o resto de meus corruptores, e proíbo-te de residir a menos de dez milhas de nossa pessoa.[135]

Eis, mais uma vez, a lição que se encerra em *Henrique IV,* Parte II. O soberano não tem protegidos, não tutela amigos e não socorre apaniguados. A lei é igual para todos. Falstaff procura o rei, com a esperança de tirar proveito de sua proximidade, mas o soberano logo o repele.

De outro lado, em *Henrique IV,* Parte II, Shakespeare oferece uma vívida crítica ao Judiciário, na figura de dois juízes, chamados Silence e Shallow, isto é, Silêncio e Raso. São dois magistrados absolutamente ineptos, como seus nomes indicam.

Depois de *Ricardo II* e das duas partes de *Henrique IV*, a segunda tetralogia shakespeariana termina com *Henrique V*.

Henrique V é um soberano modelar. Talvez seja o único herói na extensa galeria de personagens de Shakespeare. Nesse ponto, ele difere dos demais reis do cânone shakespeariano. Nessa peça, exaltam-se a coragem e o valor do povo inglês.[136]

---

[135] "*I know thee not, old man. Fall to thy prayers. / How ill white hairs become a fool and jester! / I have long dreamt of such a kind of man, / So surfeit-swell'd, so old, and so profane; / But being awak'd, I do despise my dream. / Make less thy body hence, and more thy grace; / Leave gormandizing; know the grave doth gape/ For thee thrice wider than for other men — / Reply not to me with a fool-born jest; / Presume not that I am the thing I was, / For God doth know, so shall the world perceive, / That I have turn'd away my former self; / So will I those that kept me company. / When thou dost hear I am as I have been, / Approach me, and thou shalt be as thou wast, / The tutor and the feeder of my riots. / Till then I banish thee, on pain of death, / As I have done the rest of my misleaders, / Not to come near our person by ten mile.*" (Ato V, Cena 5)

[136] Há quem veja certa intenção satírica na forma como Shakespeare representa o monarca. Ver Palmer, John. *Political and Comic Characters of Shakespeare*. Londres: Macmillan and Co., 1952, VII.

ORSON WELLES COMO FALSTAFF (ALAMY)

 A obra foi representada pela primeira vez em 1599, exatamente quando a Inglaterra precisava de voluntários para, sob sua bandeira, guerrear na Irlanda. O discurso que Henrique V faz aos seus soldados, prestes a lutar por seu país, é primoroso. Não é de se admirar que esse tom evocasse um enorme orgulho nos ingleses. A peça tinha claro propósito de propaganda política.

HENRIQUE V DE KENNETH BRANAGH (ALAMY)

Numa riquíssima passagem, o rei, momentos antes da batalha, caminha, disfarçado debaixo de uma capa, pelo acampamento inglês. Henrique V conversa com seus soldados, sem que estes saibam que falam com o soberano. Debate-se a importância daquela guerra e da responsabilidade do monarca sobre seus soldados. William, um tropeiro, diz:

> Mas se a causa não for boa, o próprio rei terá contas sérias a prestar, quando todas aquelas pernas, braços, cabeças, decepados em batalha, se reunirem no último dia [...] se esses homens não morrerem bem, a questão será negra para o rei que os con-

duziu a isso, já que desobedecê-lo seria contra todas as obrigações de um súdito. [137]

Henrique V, em resposta, apresenta uma longa reflexão ao grupo de soldados, que culmina com a seguinte consideração:

> Os serviços de cada súdito pertencem ao rei, mas a alma de cada súdito é seu bem exclusivo.[138]

O rei, disfarçado, explica aos homens no acampamento:

> Porque, embora esteja falando convosco, acho que o rei é um homem como eu. A violeta tem para ele o mesmo perfume que para mim; os elementos se manifestam para ele como para mim; todos os sentidos dele estão sujeitos às condições humanas. Despojai-o de suas pompas, não passará de um homem despido; e embora as emoções que sente sejam de maior importância do que as nossas, quando descem, descem igualmente tão baixas. Consequentemente, quando vê, como nós, um motivo de inquietude, suas inquietações, não duvideis, têm a mesma amargura que as nossas. Logo, é razoável que ninguém lhe

---

[137] "But if the cause be not good, the king himself hath / a heavy reckoning to make, when all those legs and arms and heads, chopped off in battle, shall join / together at the latter day and cry all 'We died at / such a place;' some swearing, some crying for a / surgeon, some upon their wives left poor behind / them, some upon the debts they owe, some upon their / children rawly left. I am afeard there are few die / well that die in a battle; for how can they / charitably dispose of anything, when blood is their / argument? Now, if these men do not die well, it / will be a black matter for the king that led them to / it; whom to disobey were against all proportion of / subjection." (Ato IV, Cena 1)

[138] "Every / subject's duty is the king's; but every subject's / soul is his own." (Henrique V, Ato IV, Cena 1)

desperte as inquietações, pois se ele deixar que elas se tornem visíveis, haverá perigo de causar desânimo no exército.[139]

Em *Henrique V* encontra-se a bela metáfora da colmeia, realçando a importância da ordem e da hierarquia:

> Por essa causa
> deu o céu ao governo diferentes
> funções que, em movimento ininterrupto,
> a uma finalidade, apenas, visam:
> a obediência. Isso fazem as abelhas,
> criaturas que, por lei de natureza,
> o modo nos ensinam de pôr ordem
> num reino populoso. Elas possuem
> um rei e oficiais de toda sorte:
> uns, como magistrados, incumbidos
> são de aplicar em casa os corretivos;
> outros, quais mercadores, negociam
> no exterior; terceiros, os soldados,
> armados de ferrões, pilham nos prados
> estivais os botões aveludados.[140]

---

[139] "*No. Nor it is not meet he should, for, though I speak it to you, I think the King is but a man as I am. The violet smells to him as it doth to me. The element shows to him as it doth to me. All his senses have but human conditions. His ceremonies laid by, in his nakedness he appears but a man, and though his affections are higher mounted than ours, yet when they stoop, they stoop with the like wing. Therefore, when he sees reason of fears as we do, his fears, out of doubt, be of the same relish as ours are. Yet, in reason, no man should possess him with any appearance of fear, lest he, by showing it, should dishearten his army.*" (Ato IV, Cena 1)

[140] "*Therefore doth heaven divide / The state of man in divers functions, / Setting endeavour in continual motion; / To which is fixed, as an aim or butt, / Obedience: for so work the honey-bees, / Creatures that by a rule in nature teach / The act of order to a peopled kingdom. / They have a king and officers of sorts; / Where some, like magistrates, correct at home, / Others, like merchants, venture trade abroad, / Others, like soldiers, armed in their stings, / Make boot upon the summer's velvet buds,*" (Ato I, Cena 2)

As circunstâncias de que Elizabeth I ascendeu ao trono com discutível legitimidade e o fato de que não tinha herdeiros diretos, pois não se casou nem teve filhos, geravam instabilidade política, algo que Shakespeare contemplou em suas peças. A discussão acerca da sucessão de reis foi objeto de diversas obras. "Os dramas históricos de Shakespeare são terríveis porque descrevem uma fase da história inglesa na qual a sequência divina da sucessão real tinha sido violentamente desordenada."[141] Aliás, não apenas nas chamadas "peças históricas"; esse tema também foi central em outras obras, como *Hamlet*, *Macbeth* e *Rei Lear*.

Elizabeth I não descendia de uma nobre "puro-sangue". Sua mãe, Ana Bolena, era filha de um grande proprietário de terra, que fora inclusive prefeito de Londres. Henrique fez do pai dela visconde. Ana Bolena era dama de companhia da rainha Catarina, primeira mulher de Henrique VIII.

Poderia Elizabeth I ser rainha diante de sua origem? De outra ponta, com a morte de Elizabeth I, quem, por lei, deveria sucedê-la, já que ela não tinha filhos nem sobrinhos?

Na verdade, o tema de sucessão revelava-se ainda mais complexo, pois envolvia a própria dinastia Tudor, à qual pertencia Elizabeth. Isso porque, como se narra na primeira tetralogia, duas das mais nobres casas inglesas, os York e os Lancaster, lutam pelo poder, na conhecida Guerra das Rosas.

Os Tudor descendiam de um filho bastardo de John de Gante, um personagem histórico, da casa Lancaster, referido com destaque em *Ricardo II*, pois era o pai de Bolingbroke, o futuro Henrique IV. Esse filho bastardo se chamava John Beaufort, portanto, "John" também, como o pai. Ocorre que, muitos anos depois do nascimento desse filho bastardo, John de Gante se casa com a mãe de John Beaufort e a Igreja aceita a prole como legítima. Ou seja, quando John Beaufort nasceu, seus pais não eram casados, mas depois regularizaram a situação, casando-se. Dessa forma, os Beaufort eram parentes de Henrique IV.

---

141 Zschirnt, Christiane. *Livros*. São Paulo: Globo, 2006, p. 103.

A neta de John Beaufort, Margarida, casou-se com Edmund Tudor. Este, por sua vez, era filho de Catarina de Valois, a viúva de Henrique V, no seu segundo casamento, com um conde chamado Owen Tudor. Esse Edmund Tudor, portanto, era meio-irmão de Henrique VI, pois descendiam da mesma mãe. O destino dos Beaufort e dos Tudor, estava relacionado aos Lancaster. O filho dessas duas casas, Beaufort e Tudor, derrotou Ricardo III em 1485, na Batalha de Bosworth, e acabou tornando-se rei, Henrique VII, casando-se com a última herdeira da casa de York, Elizabeth (outra Elizabeth). Pelo casamento, uniam-se os Lancaster aos York, encerrando a disputa interna.

De toda forma, isso não apagava a origem dos Tudor, o que os obrigava a legitimar sua posição, inclusive espalhando notícias no sentido de que a ascensão de sua casa ao poder derivava de um ato divino.

Ainda dentro dessa tentativa de nobilizar e legitimar sua posição, dizia-se que os Tudor descendiam de Cadwallader, um rei galês do século VII a.C., o último a reivindicar a soberania total sobre a Grã-Bretanha, o que lhes ensejaria uma relação até mesmo com o mítico rei Artur. Propaganda política não é invenção e privilégio dos nossos tempos...

No que se refere especificamente ao momento em que Shakespeare escreveu suas peças históricas, a sucessão de Elizabeth I gerava enorme instabilidade. Não se sabia quem lhe sucederia no trono inglês, pois a rainha não se casou e não gerou filhos.

Em 1603 — quando Shakespeare já havia parado de fazer suas peças históricas —, faltando apenas três dias para a sua morte, Elizabeth indicou como seu sucessor Jaime VI da Escócia, filho de Maria Stuart, a conhecida Maria, Rainha dos Escoceses — nada importou que Elizabeth havia condenado Maria à morte. O novo soberano se tornou Jaime I da Inglaterra. Deu-se, inclusive, uma mudança de dinastia, com a ascensão dos Stuart, de origem escocesa, substituindo os Tudor.

Nas peças históricas de Shakespeare, os destronamentos, as traições, as decapitações e os golpes políticos eram apresentados com incrível transparência e naturalidade. Também se representavam os atos nobres. Os reis se humanizavam. As peças mostravam que o soberano jamais poderia exorbitar, agir sem cuidado *vis-à-vis* a justiça. Deveria haver nobreza em seus atos, sob pena do abalo da ordem.

Thomas Jefferson, arquiteto da democracia norte-americana, citava Shakespeare como exemplo da prática da virtude, que ensinava repugnância à conduta imoral.[142] Essa franqueza no tratamento dos temas políticos permitia e incentivava o espírito crítico. Uma grande demonstração disso ocorre com Carlos I, filho de Jaime I.

Carlos I nasce em 1600, quando Shakespeare vivia uma fase dourada. Carlos I sucede a seu pai em 1625, dois anos depois da publicação do mencionado *First Folio*, a primeira coletânea das peças de Shakespeare. Em 1629, Carlos I dissolve o Parlamento e tenta governar sozinho, como monarca absolutista. Nessa hora, imagina-se que os ingleses, nobres e plebeus, tenham evocado *Ricardo III* e *Júlio César*, com ódio à tirania.

A atitude despótica de Carlos I acabou levando a Inglaterra à guerra civil, iniciada em 1642, ano em que os teatros são fechados e as apresentações dos espetáculos proibidas. Derrotado, Carlos I teve de fugir para a Escócia, terra de seus antepassados. O rei deposto planejou invadir a Inglaterra, mas acabou preso. O rei Carlos I foi julgado e executado em 1649. O monarca argumentou que não poderia ser julgado por seus súditos, mas, ainda assim, uma corte formada por setenta juízes seguiu com o processo. Sua sentença de morte foi assinada por 58 dos setenta juízes.

Mais de cem anos antes da Revolução Francesa, os ingleses condenaram seu rei à morte. Reverberaram ecos de *Ricardo II*, peça que Shakespeare escrevera algumas décadas antes. A têmpera e a audácia do povo, que culminaram na condenação do rei, foram forjadas e amadurecidas com *Macbeth*, *Medida por medida*, *Coriolano* e *Henrique IV*.

Henrique V culmina com o discurso de são Crispim, feito à tropa, num charco, pouco antes da batalha de Azincourt contra os franceses, em 25 de outubro de 1415. Na iconografia, essa passagem também é conhecida como o discurso da carroça, pois nos filmes de Laurence Olivier,

---

142 Hunt, Lynn. *A invenção dos Direitos Humanos*. São Paulo: Companhia da Letras, 2009, p. 57.

de 1944, e de Kenneth Branagh, de 1989, o rei fala aos soldados em cima de uma carroça:

> Esta história será ensinada pelo bom homem ao filho e, desde este dia até ao fim do mundo, a festa de são Crispim e são Crispiniano nunca passará sem que esteja associada à nossa recordação, de nosso pequeno exército, de nosso feliz pequeno exército, de nosso bando de irmãos; porque aquele que hoje verter o sangue comigo será meu irmão; por muito vil que seja, esta jornada enobrecerá sua condição e os cavaleiros que agora permanecem na Inglaterra, deitados no leito, vão se sentir amaldiçoados pelo fato de não se encontrarem aqui e considerarão de baixo preço a própria nobreza, quando ouvirem falar um daqueles que combateram conosco no dia de são Crispim![143]

Ao fim de *Henrique V*, o rei faz a corte a Catarina de França. Os ingleses, depois de vencer pela força das armas, ainda mostram elegância em cortejar os povos subjugados.

Havia, na época de Shakespeare, uma noção, certamente derivada de uma propaganda do governo Tudor, de que essa casa teria sido elevada ao trono por um desígnio divino. Seria uma vontade de Deus que a Inglaterra tivesse sofrido tantos percalços, iniciados com a deposição de Ricardo II. Uma sequência de contratempos se sobrepõe na história inglesa até Ricardo III, com seu odioso reinado amoral, para, finalmente, encontrar a paz com os Tudor, no fim da Guerra das Rosas.

Para o "mito Tudor", toda essa série de acontecimentos fora um movimento divino, que, passando num ato de purgação, culminava com a

---

143 "This story shall the good man teach his son, / And Crispin Crispian shall ne'er go by, / From this day to the ending of the world, / But we in it shall be rememberèd / We few, we happy few, we band of brothers; / For he today that sheds his blood with me / Shall be my brother; be he ne'er so vile, / This day shall gentle his condition; / And gentlemen in England now abed / Shall think themselves accursed they were not here, / And hold their manhoods cheap whiles any speaks / That fought with us upon Saint Crispin's day." (Ato 4, Cena 3)

instauração da nova casa, que garantiria a prosperidade inglesa. Assim, os Tudor não eram rebeldes ou usurpadores, mas cumpriam uma missão divina.[144] Até o intelectual Thomas More, em sua *História do rei Ricardo III*, fomentou o "mito Tudor".

Parece ser o objetivo de Shakespeare demonstrar, em suas peças, que as consequências decorrem exclusivamente dos atos dos nobres, sem que haja qualquer intervenção divina ou mística. Como explica David L. Frey, tratando das peças de *Henrique VI*, "Shakespeare as apresenta de modo a questionar, da forma mais ampla possível, a noção de que a mão de Deus pudesse se imiscuir na situação política da Inglaterra".[145]

Após encerrar as tetralogias, Shakespeare mantém o cacoete de tratar de temas políticos, o que faz notadamente nas peças romanas, isto é, *Júlio Cesar*, de 1599, *Antônio e Cleópatra*, de 1606, e *Coriolano*, de 1608. Também em duas daquelas alcunhadas de "peças problema", *Troilo e Créssida* e *Medida por medida*, Shakespeare cuida precisamente do homem público e de suas responsabilidades.

Como anota Liana Leão, "desde sempre, na obra de Shakespeare, um mau governante leva ao esgarçamento social. O mal presente na esfera do Estado em suas várias manifestações — a incompetência, a ambição desmedida e a tirania — se propaga pela sociedade e pela família, corrompendo as relações".[146]

Ao deixar o tema das peças históricas, Shakespeare ganha mais liberdade na escolha dos enredos.

Possivelmente logo após encerrar *Henrique V*, Shakespeare passou a trabalhar em *Júlio Cesar*. Para o crítico Harold C. Goddard, *Júlio César* marca o momento em que, em sua carreira, Shakespeare cruza o

---

144 Boquet, Guy. *Teatro e sociedade: Shakespeare*. São Paulo: Perspectiva, 1969, p. 20 e 21.
145 Frey, David L. *The First Tetralogy: Shakespeare's Scrutinity of the Tudor Myth*. The Hague: Mouton, 1976, p. 10.
146 Leão, Liana. "Os vilões em Shakespeare: as várias faces do mal". In: Castro Neves, José Roberto de; Alqueres, José Luiz (compil.). *O mundo é um palco*. Rio de Janeiro: Edições de Janeiro, 2016, p. 116.

Rubicão.¹⁴⁷ De fato, a partir de *Júlio César*, Shakespeare deixa as comédias mais inocentes e as peças históricas, para ingressar nas tragédias da humanidade.

Júlio César é uma aula de política. Segundo Hannah Arendt, "não resta nenhuma outra causa a não ser a mais antiga de todas, a única, de fato, que desde o início de nossa história determinou a própria existência da política: a causa da liberdade em oposição à tirania".¹⁴⁸ Em *Júlio César*, o Bardo se aprofunda nesse tema.

Nessa peça, o dramaturgo mostra como a massa popular pode ser manipulada pela força da palavra. Em suma, a peça se inicia com César, general romano adorado por seus soldados, voltando para Roma em triunfo. O povo o idolatra. Alguns nobres temem que a ambição de César o domine e faça dele um tirano. Esses nobres se organizam numa conspiração, para tirar César do caminho.

Interessante que Shakespeare crie um César fragilizado, com problemas de audição, padecendo de ataques epiléticos e que se comporta nas febres como uma "menina doente". Os césares também sofrem dos males humanos. Possivelmente, mestre Will, de forma indireta, falava da rainha Elizabeth, que, na época, contava com 67 anos e, obviamente, apresentava sinais da idade avançada para a Inglaterra de então.

Marco Antônio, também aristocrata, oferece a coroa de Roma a César, mas este a recusa. A rigor, a coroa lhe é oferecida três vezes, mas César a nega repetidamente.

Cássio, um dos líderes da conspiração contra César, tenta atrair Brutus, dono de notória retidão para o grupo. Além disso, Brutus é ligado a César. Cássio acredita que Brutus garantirá um resguardo moral à conjuração; por isso, insiste para que Brutus se una aos conspiradores.

Brutus não quer matar César. Ele o ama. Entretanto, é convencido de que César poderá transformar-se em tirano e, nessa condição, fará

---

147 Goddard, Harold C. *The Meaning of Shakespeare*, vol. 1. Chicago: Phoenix Books, 1992, p. 307.

148 Arendt, Hannah. *Sobre a revolução*. São Paulo: Companhia das Letras, 2011, p. 35.

mal ao Estado. Concorda, então, em participar da conspiração e matá-lo, a fim de evitar o dano que ele poderia causar a Roma.

Embora tenha recebido todos os sinais de que havia uma conspiração em curso, César é destemido e incauto. Recebe uma série de avisos para não comparecer ao Senado, mas, arrogante, desconsidera os sinais. Acaba assassinado. A população, o povo de Roma, fica estupefata. Morreu o grande líder.

Segue-se então a famosa cena, no funeral de César, na qual há o embate dos discursos. De um lado, Brutus, o inocente útil da conspiração, explica, racionalmente ao povo, por que foi necessário matar César. Ele foi morto para a garantia da liberdade, pois se transformaria em tirano. O povo se convence.

> **PRIMEIRO CIDADÃO:** Esse César foi um tirano!
> **TERCEIRO CIDADÃO:** Sim, não há dúvida. Foi uma bênção para nós que Roma se tivesse libertado dele.
> **SEGUNDO CIDADÃO:** Silêncio! Vamos ouvir o que Antônio tem para dizer.[149]

Em seguida, fala Marco Antônio. Enquanto Brutus apresenta um discurso racional, Marco Antônio segue uma linha emocional, demagógica, apelativa, cheia de retórica. Antes de falar, Marco Antônio é advertido de que não poderia criticar os conspiradores. Ele, então, diz o que não poderia dizer:

> **MARCO ANTÔNIO:** Amigos, romanos, compatriotas, prestai-me atenção! Estou aqui para sepultar César, não para glorificá-lo. O mal que fazem os homens perdura depois deles!

---

[149] "First Citizen: This Caesar was a tyrant. / Third Citizen: Nay, that's certain: / We are blest that Rome is rid of him. / Second Citizen: Peace! let us hear what Antony can say." (Ato III, Cena 2)

Frequentemente, o bem que fizeram é sepultado com os próprios ossos! Que assim seja com César! O nobre Bruto vos disse que César era ambicioso. Se assim foi, era uma grave falta e César a pagou gravemente. Aqui, com a permissão de Bruto e dos demais (pois Bruto é um homem honrado, como todos os demais são homens honrados), venho falar nos funerais de César. Era meu amigo, leal e justo comigo; mas Bruto diz que era ambicioso; e Bruto é um homem honrado. Trouxe muitos cativos para Roma, cujos resgates encheram os cofres do Estado. César, nesse particular, parecia ambicioso? Quando os pobres deixavam ouvir suas vozes lastimosas, César derramava lágrimas. A ambição deveria ter um coração mais duro! Entretanto, Bruto disse que ele era ambicioso e Bruto é um homem honrado. Todos vós o vistes nas Lupercais: três vezes eu lhe apresentei uma coroa real e, três vezes, ele a recusou. Isso era ambição? Entretanto, Bruto disse que ele era ambicioso, e, sem dúvida alguma, Bruto é um homem honrado. Não falo para desaprovar o que Bruto disse, mas aqui estou para falar sobre aquilo que conheço! Todos vós já o amastes, não sem motivo. Que razão, então, vos detém agora, para prenteá-lo? Oh! Inteligência, fugiste para os irracionais, pois os homens perderam o juízo!... Desculpai-me! Meu coração está ali com César, e preciso esperar até que ele para mim volte!¹⁵⁰

A massa fica com o discurso emocional. Logo após ter concordado com Brutus (o que já era uma reviravolta, pois havia pouco adorava César), o povo, outra vez, muda de lado, para condenar os conspiradores e jurar fidelidade ao falecido César.

Eclode a guerra civil que se encerra com a morte dos conspiradores. Bem vistas as coisas, trata-se da tragédia de Brutus, que sofreu um profundo conflito interno: de um lado estava seu líder e amigo César e, de outro, estavam seus ideais.

Entretanto, como Shakespeare deixou claro, mesmo aqueles bem-intencionados e plenos de propósitos verdadeiros não se encontram livres da manipulação.

Em *Antônio e Cleópatra*, peça possivelmente escrita em 1606 ou 1607, Shakespeare fala de como a emoção toma conta da vida. Pior ainda quando os reféns da paixão são homens públicos, pois a falta de racionalidade acaba por selar o destino do Estado. A paixão, o desvario, a luxúria, o desejo sexual se apoderam das personagens que dão título à

---

150 "Antony: *Friends, Romans, countrymen, lend me your ears; / I come to bury Caesar, not to praise him. / The evil that men do lives after them; / The good is oft interred with their bones; / So let it be with Caesar. The noble Brutus / Hath told you Caesar was ambitious: / If it were so, it was a grievous fault, / And grievously hath Caesar answer'd it. / Here, under leave of Brutus and the rest— / For Brutus is an honourable man; / So are they all, all honourable men— / Come I to speak in Caesar's funeral. / He was my friend, faithful and just to me: / But Brutus says he was ambitious; / And Brutus is an honourable man. / He hath brought many captives home to Rome / Whose ransoms did the general coffers fill: / Did this in Caesar seem ambitious? / When that the poor have cried, Caesar hath wept: / Ambition should be made of sterner stuff: / Yet Brutus says he was ambitious; / And Brutus is an honourable man. / You all did see that on the Lupercal / I thrice presented him a kingly crown, / Which he did thrice refuse: was this ambition? / Yet Brutus says he was ambitious; / And, sure, he is an honourable man. / I speak not to disprove what Brutus spoke, / But here I am to speak what I do know. / You all did love him once, not without cause: / What cause withholds you then, to mourn for him? / O judgment! thou art fled to brutish beasts, / And men have lost their reason. Bear with me; / My heart is in the coffin there with Caesar, And I must pause till it come back to me.*" (Ato III, Cena 2)

obra. Seus deveres como gestores da coisa pública ficam comprometidos. Sofrem-se as consequências.

Marco Antônio, o grande general romano, está em Alexandria. Encontra-se completamente apaixonado por Cleópatra — na verdade, consumido por esse amor. A notícia dessa paixão avassaladora chega a Roma e preocupa os outros dois membros do triunvirato: Otávio e Pompeu. Com a morte da mulher de Marco Antônio, este se vê obrigado a retornar à cidade eterna.

Lá, encontra muita desconfiança. Para selar a paz com seus compatriotas, Marco Antônio se compromete a casar-se com Otávia, irmã de Otávio. Ao saber da notícia do casamento de seu amante, Cleópatra se desespera. Contudo, Marco Antônio acaba voltando para o Egito, o que resulta na guerra entre os generais romanos. Despido da razão, Marco Antônio não segue as melhores estratégias militares e acaba por perder as batalhas. A escolha de lutar no mar, em vez de combater na terra, onde teria vantagem, demonstra como Marco Antônio agia irracionalmente.

Encurralado, Marco Antônio, acreditando que Cleópatra está morta, se mata. Cleópatra, ao constatar o suicídio, deixa-se, pouco tempo depois, picar por uma áspide ("Vem, picada mortal! Corta de uma só vez com teus dentes este nó complicado da vida!")[151] e morre.

O homem político não pode ser guiado pela paixão. Marco Antônio, pelo amor de uma mulher, perde o rumo e falha nos seus deveres com o Estado romano.

Coriolano, obra concluída logo após *Antônio e Cleópatra*,[152] é também uma peça essencialmente política. Nela se aborda a tensão entre a ambição e as necessidades políticas. Em síntese, a peça começa com uma rebelião do povo contra o Senado romano. O povo passa fome. Os senadores tentam explicar à população que a culpa não é deles, mas dos

---

151 *"Come, thou / mortal wretch, / With thy sharp teeth this knot intrinsicate / Of life at once untie."* (Ato V, Cena 2)

152 Entre elas, pode ter havido *Péricles*, mas essa Shakespeare fez em parceria com George Wilkins.

tempos difíceis. Márcio, um general probo, se encontra entre os que defendem o Senado. Em meio a seu discurso, Márcio é convocado para combater os volscos. Márcio sitia a cidade de Coríolos e, no comando, enfrenta e vence os volscos. Herói, recebe o título de "Coriolano". O Senado, agradecido, o nomeia cônsul.

No jogo político, entretanto, logo aparecem rivais e inimigos. Estes passam a defender, diante do povo, que Coriolano se transformaria em tirano. Coriolano não tem a frieza dos políticos. Ele se ira diante das injustas acusações. Descontrolado, despido de humildade e inflexível, Coriolano não se verga à hipocrisia, não faz concessões. Presa fácil de políticos demagógicos, acaba banido de Roma. Então, procura os antigos inimigos volscos, que, naquele momento, planejavam lutar contra Roma. Coriolano lidera os volscos e só não invade sua cidade natal porque atende a um pedido de sua mãe, mulher e filho. Contudo, ao voltar para os volscos, Coriolano acaba assassinado, como traidor. Ao fim, entretanto, os assassinos de Coriolano se arrependem e reconhecem nele a nobreza.

Política não se faz com o estômago. É arte para homens gelados, que admitem um jogo hipócrita, de meras aparências. O político deve dialogar e compor mesmo com seus inimigos. Talvez Shakespeare indique que o homem público que não cede e se deixa levar pela emoção e pelo orgulho terá o destino de Coriolano.

Como registra Barbara Heliodora, "sem jamais se voltar para lições de moral, Shakespeare prefere deixar bem claro que o homem é sempre responsável pelas suas ações e que toda ação tem consequências".[153] O cânone shakespeariano guarda um abecedário de temas políticos, de questões envolvendo o homem e o Estado, de exemplos para o homem público e, principalmente, de lições ao cidadão.

Shakespeare, ao falar do homem público, não se amparava em lugares-comuns. Não se valia de estereótipos. O crítico John Palmer, que escreveu um livro sobre as personagens políticas do cânone, inicia sua

---

153 Heliodora, Barbara. *Por que ler Shakespeare*. São Paulo: Globo, 2008, p. 8.

obra dizendo: "Não há razão para acreditar que Shakespeare tenha qualquer respeito pela vida pública de um homem. As evidências são todas em sentido oposto."[154] A interpretação diversa, contudo, também parece correta.

Shakespeare não foi um autor apenas de seu tempo. Por toda parte, encontramos Ricardos e Henriques. Governantes fracos, incompetentes, ambiciosos e imorais. Vemos governantes passionais e irresponsáveis. Ao povo é dado questionar, o que só se faz possível depois de se identificar a patologia.

No seu Soneto 94, Shakespeare trata da responsabilidade daqueles que detêm o poder, registrando que seus atos repercutem com mais força. Numa bela imagem, o dramaturgo lembra que os lírios, uma flor nobre, quando apodrecem fedem mais do que a erva daninha, uma planta ordinária: "Pois o mais doce se torna amargo por seus feitos; / Lírios mais fétidos do que as ervas daninhas."[155]

---

154 Palmer, John. *Political Characters in Shakespeare*. Londres: Macmillan and Co., 1952, VI.

155 *"For sweetest things turn sourest by their deeds; / Lilies that fester smell far worse than weeds."*

HAMLET E SUAS MUITAS TRAGÉDIAS

Em 1596, morre, em Stratford-upon-Avon, no interior da Inglaterra, Hamnet Shakespeare. Era o único filho homem do dramaturgo. Tinha apenas 11 anos. A causa da morte foi um surto de peste, que, naquela época, não era incomum.

Quando se identificavam esses surtos, as autoridades fechavam os teatros em Londres. William Shakespeare, nessas ocasiões, possivelmente retornava de Londres para Stratford, sua cidade natal, onde vivia sua família.

Não se sabe se Shakespeare estava em Stratford quando Hamnet morre. Sabe-se, contudo, que, poucos meses antes desse falecimento, Shakespeare consegue um feito: o reconhecimento oficial do brasão da sua família. Esse brasão simbolizava ascensão social, concedida pelo Estado. O fato de um homem de teatro ter obtido tal distinção foi alvo de denúncia. A ideia do brasão para os Shakespeare fora, inicialmente, do pai do dramaturgo, John. Ele formulara o pleito, mas, durante os trâmites, sofrera um brutal revés econômico. Suspeita-se que negociava lã sem a devida permissão. Quebrou financeiramente. Deixou de ir ao culto religioso, talvez por vergonha, talvez para não encontrar credores. Quando William, já com considerável prestígio no mercado de entretenimento em Londres, obtém o brasão, ele, de certa forma, redime o pai. Por outro lado, com o falecimento do filho, o único homem que poderia ostentar o nome da família, o brasão perde o sentido.

Alguns anos depois, em 1601, também em Stratford, morre John Shakespeare, o pai do Bardo. William Shakespeare escreve *Hamlet* logo após essa perda, entre 1601 e 1602. Como falaremos, nessa peça há três filhos, Hamlet, Laertes e Fortimbrás, que se dedicam a restaurar reveses sofridos por seus pais.

Tudo indica que nessa obra estejam espelhadas essas perdas, do filho e do pai.[156] *Hamlet* é, ao mesmo tempo, a mais extensa peça de Shakespeare e, sem dúvida, a mais discutida. Victor Hugo disse que se tratava de um drama emergindo de um sepulcro aberto — não sem razão, a imagem icônica de *Hamlet* é o príncipe dinamarquês segurando uma caveira, com a qual dialoga.

A tragédia anterior de autoria de Shakespeare fora *Júlio César*, de 1599. Entre essa tragédia e *Hamlet*, o dramaturgo escreveu duas peças leves, *Como gostais* e *Noite de Reis*.

William Kempe, o grande ator cômico da companhia teatral de Shakespeare, deixa a trupe em 1599, ainda antes do lançamento de *Júlio César*. Para substituir o famoso palhaço, ingressa na companhia Robert Armin, um ator menos espalhafatoso, que demandava papéis menos histriônicos e possuía um humor mais refinado — que se verá claramente no bobo de *Lear*, feito poucos anos mais tarde.

Nessa mesma época, o teatro Globe foi construído e o grupo teatral de Shakespeare se organizou melhor como sociedade. Enquanto um negócio, a companhia teatral de Shakespeare — na época sob o patrocínio

---

[156] Freud fez uma leitura psicanalítica da peça: "Naturalmente, só pode ser a própria vida psíquica do poeta que vem ao nosso encontro em *Hamlet*; [...] o drama foi escrito logo após a morte de seu pai (1601), portanto, em pleno luto por ele, durante a reanimação, podemos supor, dos sentimentos infantis em relação ao pai. Também é sabido que o filho de Shakespeare falecido prematuramente se chamava Hamnet (semelhante a Hamlet)." (Freud, Sigmund. *A interpretação dos sonhos*. Porto Alegre: L&PM, 2013, p. 288).

do Lorde Camerlengo — precisava faturar. Era necessário apresentar peças novas e boas, que trouxessem receitas para o estabelecimento.

HENRY IRVING FOI HAMLET (WIKICOMMONS)

    O público londrino do início do século XVII conhecia a história de *Hamlet*. Na verdade, trata-se de um enredo arquetípico, partindo do modelo de histórias de vingança, nas quais o filho desforra o assassinato do pai.

    O exemplo clássico é a peça *Orestes*, do grego Ésquilo, personagem da peça do século V a.C. Nela, o filho vinga o pai Agamenon, usurpado e assassinado, num complô levado adiante pela mãe, Clitemnestra, e o primo do pai, Egisto. *Agamenon*, a primeira parte da trilogia que narra a vingança de Orestes, assim como *Hamlet*, começa com as palavras de uma sentinela... Iniciar a peça com um soldado em vigília era na época a forma de demonstrar o clima de insegurança existente.

    Eis, em síntese, a história de *Hamlet*, ato a ato:

Primeiro Ato: "Há algo de podre no reino da Dinamarca."[157]

O príncipe Hamlet retorna para sua casa, em Elsinore, na Dinamarca, vindo da universidade de Wittenberg, na atual Alemanha. Ele tem de interromper abruptamente seus estudos por conta da morte do rei, seu pai, também chamado Hamlet. Ao chegar, toma ciência, para sua surpresa, de que seu tio Cláudio, irmão do falecido rei, assumiu a coroa e casou-se com sua mãe, Gertrudes. O príncipe fica sabendo que o fantasma de seu pai ronda o castelo. Esse fantasma aparece para Hamlet e diz que "a serpente que tirou a vida de seu pai usa agora a coroa que lhe pertencia".[158] O espectro pede vingança.

PÔSTER DE UMA REPRESENTAÇÃO AMADORA DE *HAMLET* EM LONDRES, NO ANO DE 1904 (WIKICOMMONS)

---

157 *"Something is rotten in the state of Denmark."* (Ato I, Cena 4)
158 *"The serpent that did sting thy father's life / Now wears his crown."* (Ato I, Cena 5)

Segundo Ato: "Nada em si é bom ou mau; tudo depende daquilo que pensamos."[159]

O ato começa com Polônio, [um] conselheiro do rei, dando instruções a um espião, para tomar conta da vida de seu filho, Laertes, que fora estudar em Paris. Depois, Polônio conversa com sua filha, Ofélia, a quem outrora Hamlet declarara amor. Ofélia revela sua preocupação com a sanidade mental e inconstância de Hamlet. Rosencrantz e Guildenstern, dois colegas de Hamlet, chegam a Elsinore. A corte é também visitada por uma trupe de artistas. Hamlet fala de forma enigmática — e parece estar louco.

Terceiro Ato: "Ser ou não ser, eis a questão."[160]

Hamlet rejeita Ofélia. Ele convence os artistas que chegaram à corte a representar uma peça na qual se reproduz a forma como, acredita o jovem Hamlet, o rei, seu pai, foi morto com veneno jogado em sua orelha, enquanto dormia. Durante a encenação, o rei Cláudio, exatamente no momento em que assistia à cena do assassinato, interrompe e abandona a apresentação, gritando: "Tragam-me luz!"[161] Cláudio se recolhe para rezar e, num solilóquio, confessa seu crime. Hamlet tem a chance de matá-lo, pois o encontra desprevenido, compenetrado na sua oração, mas decide não promover a vingança naquele momento em que o vilão se mostra contrito. Hamlet tem um duro diálogo com sua mãe. Polônio, escondido atrás do reposteiro escutando a conversa dos dois, recebe uma estocada mortal de Hamlet, pois o príncipe acreditava que era o rei quem ali se ocultava. O fantasma aparece novamente, mas a rainha não o vê, apenas Hamlet o percebe.

---

159 *"for there is nothing either good or bad, / but thinking makes it so"* (Ato II, Cena 2)
160 *"To be, or not to be, that is the question."* (Ato III, Cena 1)
161 *"Give me some light: away!"* (Ato III, Cena 2)

JOHN BARRYMORE COMO HAMLET (WIKICOMMONS)

TAMBÉM SARAH BERNHARDT INTERPRETOU O FAMOSO PROTAGONISTA (WIKICOMMONS)

Quarto Ato: "Que estás disposto a fazer para te mostrares digno de teu pai, com atos mais do que com palavras?"[162]

O rei Cláudio decide que Hamlet deve partir imediatamente para a Inglaterra, acompanhado de Rosencrantz e Guildenstern. Estes recebem instruções para que Hamlet seja morto. Ofélia, diante da rejeição de Hamlet e da morte de seu pai, enlouquece e se mata, afogada em um arroio. Laertes, filho de Polônio, volta de Paris, buscando vingança. O rei o convence de que Hamlet é o culpado da desgraça que se abateu sobre sua família — pois matou Polônio e foi diretamente responsável pelo suicídio de Ofélia. O navio de Hamlet é abordado por piratas e ele consegue desvencilhar-se, não sem antes trocar as cartas entregues a Rosencrantz e Guildenstern, indicando que estes — e não mais Hamlet — deveriam ser executados. Hamlet envia mensagens ao rei Cláudio e ao seu amigo Horácio, informando que está retornando à corte de Elsinore.

Quinto Ato: "Conhecer bem um homem seria conhecer-se a si mesmo."[163]

Hamlet reaparece no enterro de Ofélia. Laertes desafia Hamlet a um duelo "amigável". O rei Cláudio e Laertes tramam contra o príncipe: besuntam a espada de Laertes com um poderoso veneno e oferecem a Hamlet um cálice com bebida tóxica. Laertes fere Hamlet com a arma envenenada — deslealmente, retira-se o "botão" da espada. Porém, na sequência, as armas são trocadas e Hamlet também fere Laertes. Os dois estão condenados a morrer. Gertrudes, a rainha, sem saber, bebe do fatídico cálice destinado a Hamlet. Também morre. Laertes, agonizante, revela que o rei Cláudio tramou a morte de Hamlet. Este, então, apunhala o rei com o mesmo florete envenenado. *"O resto é silêncio"*[164] são as der-

---

162 *"To show yourself your father's son in deed / More than in words?"* (Ato IV, Cena 7)
163 *"To know a man well, / were to know himself."* (Ato V, Cena 2)
164 *"The rest is silence."* (Ato V, Cena 2)

radeiras palavras do príncipe dinamarquês. Fortimbrás, o príncipe norueguês, cujo pai fora morto pelo rei Hamlet pai, surge para reivindicar o reino da Dinamarca e restabelecer a ordem.

Como corretamente diz Harold Bloom, com Hamlet, somos obrigados a nos tornar intérpretes.[165]

PÔSTER DE DIVULGAÇÃO DE UMA DAS ENCENAÇÕES DE *HAMLET* EM FINS DO SÉCULO XIX (WIKICOMMONS)

---

165   Bloom, Harold. *O cânone ocidental*. Rio de Janeiro: Objetiva, 1995, p. 368.

Primeira: a tragédia de Hamlet

Não se sabe o que Hamlet estudou. Veio de Wittenberg, cidade onde Martinho Lutero iniciou o movimento da Reforma, divulgando, em 1517, suas 95 teses contra a Igreja católica. Para a Inglaterra do começo do século XVII, que havia pouco abraçara o protestantismo, Wittenberg significava um lugar de luzes. Não à toa, *Hamlet* vem de Wittenberg, assim como há também motivo para ele ir para a Dinamarca, vista como um lugar frio, escuro e, acima de tudo, medieval.

Hamlet, assim, simboliza o homem que quer deixar a Idade Média, mas, por algum motivo imperioso, se vê forçado a retornar a ela. Como registra Oswald Spengler, "a Renascença foi o resultado de um sentimento de rebeldia".[166] Eis a metáfora, para o protagonista da peça: o retorno físico à Idade Média.

Hamlet tem possivelmente trinta anos, embora essa precisão da idade seja alvo de discussão.[167] Ele é "jovem", ao menos aos olhos do pai, e possui uma "cabeleira emaranhada". Objetivamente, não é tão jovem, mas certamente ainda não decidiu o que fazer de sua vida. Segundo se esclarece, o jovem Hamlet nasceu no mesmo dia em que seu pai venceu o rei norueguês Fortimbrás.

Não se sabe se Hamlet enlouquece ou apenas finge estar louco. Simular a loucura pode ser uma excelente estratégia para não enfrentar a realidade — ou esconder seus verdadeiros propósitos.

Polônio vê método na loucura de Hamlet. Ao se deparar com a situação inusitada e farejar o golpe armado pelo tio, Hamlet precisa de tempo para refletir e decidir como reagir. Para ganhar esse tempo, simula um distúrbio mental. Mas essa é uma hipótese; outra é que ele pode mesmo ter seu discernimento afetado.

---

166   Spengler, Oswald. *A decadência do Ocidente*. Rio de Janeiro: Zahar, 1964, p. 171.
167   Ver Auden, W. H. *Lectures on Shakespeare*. Princeton: Princeton University Press, 2002, p. 162.

Seria Hamlet homossexual? Ou apenas desenvolveu asco em relação às mulheres? Ao constatar que sua mãe rapidamente se esquece do pai para se jogar no colo de Cláudio, exclama ainda no Primeiro Ato: "Fragilidade, seu nome é mulher!"[168]

Hamlet não trata bem nem a mãe nem Ofélia, mas revela imenso afeto por seu amigo Horácio — diz que ele está guardado "no coração do próprio coração". Já se conjecturou, como chiste, que *"to be or not to be"* pode ser dito como *"two be or not two be"* — ou seja, "ser dois ou não ser dois", casar ou não?

Sofreria Hamlet do complexo de Édipo? Sua reação seria um repúdio ao novo amor da mãe? Hamlet fica enfurecido ao perceber que a mãe tem desejos sexuais. Bem vistas as coisas, Sigmund Freud deveria ter chamado "o complexo de Édipo" de complexo de Hamlet. Não fez isso, talvez, por inveja de Shakespeare. Afinal, Édipo ignorava que se casava com a mãe, enquanto Hamlet tem plena ciência de quem é sua genitora — e claramente fica irado quando ela encontra um amante.

O príncipe só se veste de preto. Hamlet vive de luto e é um ser melancólico, possivelmente depressivo. Pensa até em se matar e, logo em seu primeiro monólogo, questiona: "Por que o Eterno fixou suas leis contra o suicídio?"[169]

Hamlet gosta de ler. É um intelectual ("Meu único punhal será minha palavra")[170] que busca antecipar cerebrinamente os movimentos — *"the readiness is all"*.[171] Suas elucubrações o paralisam.

O Hamlet sênior era bruto, um rei guerreiro. Um grande contraste com o filho, um homem das letras. Quando o fantasma do pai aparece para o príncipe no Primeiro Ato, o encontro é ríspido. O fantasma veste uma armadura. Não há qualquer manifestação de afeto, porém uma imposição de vingança.

---

168 *"Frailty, thy name is woman!"* (Ato 1, Cena 2)
169 *"Or that the Everlasting had not fix'd / His canon 'gainst self-slaughter!"* (Ato I, Cena 2)
170 *"I will speak daggers to her, but use none."* (Ato II, Cena 2)
171 Ato V, Cena 2.

A mãe, Gertrudes, por sua vez, claramente apresenta um apetite sexual por Cláudio, o cunhado. Por outro lado, demonstra uma atitude frívola em relação ao filho. Seria Hamlet um caso de alienação parental?

O fantasma do pai pede a Hamlet que aja: adote uma medida concreta de vingança. Hamlet, contudo, é um intelectual — não um homem de ação, mas de pensamentos. Mais precisamente, o fantasma pede que Hamlet tome uma atitude "medieval" — a vingança crua, como ato pessoal —, embora Hamlet seja um homem moderno, que acredita em processos de apuração de responsabilidade.

Quando fisicamente ameaçado por Laertes, Hamlet o adverte:

> Tira os teus dedos de minha garganta, pois embora não seja irascível ou violento, existe em mim alguma coisa perigosa, que tua prudência deverá temer. Tira a tua mão.[172]

Hamlet é vaidoso. A vaidade o leva a duelar com Laertes, embora fosse evidente que se tratava de uma cilada. Suas qualidades de espadachim são colocadas em dúvida. Não consegue recusar o desafio para o duelo. Mesmo o intelectual Hamlet sucumbe diante da vaidade.

Agir ou não? Resistir ou ceder?

> Ser ou não ser... eis a questão. Que é mais nobre para a alma: suportar os dardos e arremessos do fado sempre adverso, ou armar-se contra um mar de desventuras e dar-lhes fim tentando resistir-lhes? Morrer... dormir... mais nada... Imaginar que um sono põe remate aos sofrimentos do coração e aos golpes infinitos que constituem a natural herança da carne é solução para almejar-se. Morrer... dormir... dormir... Talvez sonhar... É aí que bate o ponto. O não sabermos que sonhos poderá trazer

---

[172] *"I prithee, take thy fingers from my throat; / For, though I am not splenitive and rash, / Yet have I something in me dangerous, / Which let thy wiseness fear: hold off thy hand."* (Ato V, Cena 1)

o sono da morte, quando ao fim desenrolarmos toda a meada mortal, nos põe suspensos. É essa ideia que torna verdadeira calamidade a vida assim tão longa! Pois quem suportaria o escárnio e os golpes do mundo, as injustiças dos mais fortes, os maus-tratos dos tolos, a agonia do amor não retribuído, as leis amorosas, a implicância dos chefes e o desprezo da inépcia contra o mérito paciente, se estivesse em suas mãos obter sossego com um punhal? Que fardos levaria nesta vida cansada, a suar, gemendo, se não por temer algo após a morte — terra desconhecida de cujo âmbito jamais ninguém voltou — que nos inibe a vontade, fazendo que aceitemos os males conhecidos, sem buscarmos refúgio noutros males ignorados? De todos faz covardes a consciência. Desta arte o natural frescor de nossa resolução definha sob a máscara do pensamento, e empresas momentosas se desviam da meta diante dessas reflexões, e até o nome de ação perdem.[173]

---

[173] *To be, or not to be, that is the question, / Whether 'tis nobler in the mind to suffer / The slings and arrows of outrageous fortune, / Or to take arms against a sea of troubles, / And by opposing end them? To die: to sleep; / No more; and by a sleep to say we end / The heartache and the thousand natural shocks / That flesh is heir to, 'tis a consummation / Devoutly to be wish'd. To die, to sleep; / To sleep: perchance to dream: ay, there's the rub; / For in that sleep of death what dreams may come / When we have shuffled off this mortal coil, / Must give us pause: there's the respect / That makes calamity of so long life; / For who would bear the whips and scorns of time, / The oppressor's wrong, the proud man's contumely, / The pangs of despised love, the law's delay, / The insolence of office and the spurns / That patient merit of the unworthy takes, / When he himself might his quietus make / With a bare bodkin? who would fardels bear, / To grunt and sweat under a weary life, / But that the dread of something after death, / The undiscover'd country from whose bourn / No traveller returns, puzzles the will / And makes us rather bear those ills we have / Than fly to others that we know not of? / Thus conscience does make cowards of us all; / And thus the native hue of resolution / Is sicklied o'er with the pale cast of thought, / And enterprises of great pith and moment / With this regard their currents turn awry, / And lose the name of action. — Soft you now! / The fair Ophelia! Nymph, in thy orisons / Be all my sins remember'd."* (Ato III, Cena 1)

Apesar de suas convicções, Hamlet acaba matando diretamente Polônio, Laertes e Cláudio (embora apenas este último por ação totalmente consciente e desejada). É, ainda, responsável direto pelas mortes de Rosencrantz e Guildenstern, pois ele troca as ordens, a fim de que os ingleses matem os dois. Indiretamente, pode ser responsabilizado pelo suicídio de Ofélia. Até sua mãe morre bebendo uma taça que era destinada a ele. Eis por que ele já foi identificado como um *serial killer*.

Hamlet, ao ver a mãe morta, a chama de "rainha desgraçada", mas pede para tomar o mesmo cálice — estabelecendo uma dupla causa de sua morte: os venenos do florete e do cálice.

O drama de Hamlet é o de sofrer a angústia de não saber como responder às demandas do pai e da sociedade, quando ele não acredita naquelas ordens de vingança — embora reconheça nelas um sentido, pois, de fato, é abominável a criminosa conduta de Cláudio.

LAURENCE OLIVIER COMO PROTAGONISTA DE *HAMLET*

O drama de Hamlet é o de se sentir responsável, responsável por tudo o que se passa ao seu redor:

> *The ti / me is out / of joint. / O cur / sed spite /*
> *That E /ver I /was born / to set / it right!*[174]

O drama de Hamlet é sobre o agir ou não. Mas, como ele é perfeitamente consciente de seus atos, o "agir" e o "ser" se confundem:

> *To be / or not / to be. / That is / the question.*

Arrogante, como o próprio príncipe diz à rainha: *"Não sei parecer."*

Segunda: a tragédia de Cláudio

Cláudio era mais talhado para a arte de governar do que seu irmão. O Hamlet sênior não tinha a inteligência política do irmão, era apenas um guerreiro. Cláudio, ademais, era o verdadeiro amor da rainha.

Cláudio se arrepende de ter matado o irmão para empalmar seu cetro e sua mulher — isso fica claro no seu monólogo em frente ao altar. Em Shakespeare, os monólogos são sempre expressão da verdade, pois a personagem nunca mente para a plateia.

Há um duplo propósito na traição de Cláudio: ele deseja apoderar-se da mulher e do trono que pertenciam ao irmão. O arrependimento, porém, é relativo [sem dúvida]. Cláudio reflete: "Pode alguém ser perdoado retendo os frutos do delito?" ou "Pode-se ter o perdão guardando a ofensa?"[175]

Sozinho, Cláudio reconhece sua condição miserável. Ele se sente vazio. Não sem razão — e tudo tem sua razão em Shakespeare —, o próprio

---

174   Ato I, Cena 5.
175   *"May one be pardon'd and retain the offence?"* (Ato III, Cena 3)

nome "Cláudio", que remete etimologicamente àquele que claudica, já indica essa degradação moral. O outro "Cláudio" em Shakespeare, em *Medida por medida*, também apresenta situação moral reprovável.

Cláudio é um rival — do ponto de vista intelectual — de Hamlet. Quando é informado da possível perda da razão de Hamlet, Cláudio diz: "A loucura dos grandes precisa ser vigiada."[176] Estaria ele falando de si próprio?

Cláudio quer matar Hamlet. Todavia, dois fatores o detêm: sua afeição por Gertrudes e o dano político de matar o príncipe, que gozava de popularidade. Cláudio, como um enxadrista político, avalia os riscos pessoais e políticos de sua atitude.

O drama de Cláudio é sua ambição, sua consciência e sua fragilidade ética: ele não se perdoa, embora não consiga despir-se do que obteve a partir de seu crime.

Terceira: a tragédia de Gertrudes

Vale lembrar que na época de Shakespeare apenas homens podiam atuar. Mulheres estavam proibidas de subir ao palco, e papéis femininos costumavam ser desempenhados por atores mais jovens, aprendizes. Havia, portanto, uma natural dificuldade de representação de mulheres mais velhas. Eis a razão de encontrarmos muitas mulheres jovens no cânone shakespeariano — como Julieta, Beatriz, Catarina, Viola, Desdêmona, Pórcia, Cordélia — e raramente as mais velhas. Pode-se imaginar um jovem com voz de falsete desempenhar uma garota no palco. Porém os papéis de Cleópatra, Lady Macbeth e Gertrudes feitos por um homem exigiam uma interpretação mais difícil — e não era desprezível o risco de chegar ao ridículo.

Gertrudes amava seu cunhado. Não se sabe ao certo se ela sabia do crime de Cláudio, nem, como observa Harold Bloom, há quanto

---

176 *"Madness in great ones must not unwatch'd go."* (Ato III, Cena 1)

tempo já transcorria o romance com o cunhado. Entretanto, ela aceita muito rapidamente a morte do marido — Hamlet lamenta que "os manjares preparados para a refeição fúnebre foram servidos frios nas mesas do casamento".[177]

Hamlet condena a mãe por não respeitar o luto. Ele a coloca contra Cláudio, mas Gertrudes opta, de forma tácita, por se manter ao lado de seu novo marido.

Talvez ela saiba, ou suponha, que seu ex-marido foi assassinado por Cláudio. Por outro lado, não tem ideia de que Cláudio planejou envenenar Hamlet com o vinho — e essa ignorância acaba por lhe custar a vida.

A rainha, contudo, não era de todo tola. Quando Polônio narra uma história de forma indireta e prolixa, ela o repreende: "Mais fatos, com menos arte."[178]

Gertrudes acredita, ou prefere acreditar, que seu filho enlouqueceu. Ela não tem muitas opções. Não tem forças para se opor a Cláudio, tampouco para ir contra Hamlet. Com a morte do marido, ela apenas sobrevive na sua condição, mantendo-se como rainha, pelo casamento com Cláudio.

Sem ter como agir diante do dilema, o drama de Gertrudes é ser forçada a manter-se alienada da realidade.

Quarta: a tragédia de Ofélia

Ofélia amava Hamlet. Foi seduzida por ele. Na carta recebida do príncipe, que antecede a morte do rei pai, Hamlet pede a Ofélia que duvide do movimento do sol, mas não duvide de seu amor. Nos termos da canção de são Valentino, entregou a ele sua virgindade. Depois, é repelida duramente por Hamlet. Este, de forma insensível e agressiva, nega que a tenha amado e a aconselha a ir para um convento. Uma humilhação.

---

177 *"The funeral baked meats / Did coldly furnish forth the marriage tables."* (Ato I, Cena 2)
178 *"More matter, with less art."* (Ato II, Cena 2)

MIGNON NEVADA COMO OFÉLIA (WIKICOMMONS)

Diante do assassinato do pai, pelo homem que ela ama, Ofélia perde o esteio. Enlouquece e acaba por cometer o suicídio.

Ofélia sofre o drama da pessoa abandonada.

Quinta: a tragédia de Laertes

Embora vigiado pelo pai — numa prova de que não desfrutava de sua confiança —, Laertes ama sua família. Enquanto está em Paris, ele perde o pai, assassinado por Hamlet, e a irmã, que se suicida depois de abandonada pelo príncipe. Quer vingança. O rei Cláudio o convence de que Hamlet é o culpado por tudo. Diante disso, aceita participar da conspiração para matar o príncipe. Cego de raiva, Laertes pretende vingar-se como um homem primitivo. Na cena final, entretanto, quando a morte se aproxima de todos, percebe que foi manipulado por Cláudio. Laertes, então, denuncia, publicamente: "O rei, o rei é o culpado!"[179] (Uma peça subversiva para se chegar a essa conclusão!) Mas o rei seria mais culpado do que ele próprio?

No complô armado por Cláudio para matar Hamlet, Laertes se revela uma pessoa sem escrúpulos. Viola as regras do duelo — regras consideradas como fundamentais na ética dos cavalheiros. Ele, sub-repticiamente, besunta sua espada de veneno e tira-lhe o botão que protegia a ponta. Fere Hamlet fora de combate. Torna-se um assassino.

Antes de morrer, Laertes pede a Hamlet um perdão recíproco. O arrependimento veio tarde. Talvez Polônio estivesse certo ao mandar que o espionassem.

O drama de Laertes é do homem irado, facilmente manipulável, de integridade moral questionável. Acaba cometendo um assassinato e morre da mesma forma pela qual planejou matar.

Sexta: a tragédia de Polônio

Polônio era uma clara alusão a William Cecil, Lorde Burleigh, durante um longo tempo o principal assessor da rainha Elizabeth I, conhecido tanto por buscar para suas filhas um bom partido na corte como por ter escrito ao seu filho uma lista de condutas recomendáveis e, em seguida, ter enviado espiões para bisbilhotar a vida desse filho em Paris. Era uma crítica aos políticos e sua forma de tratar da vida, inclusive nos assuntos familiares.

---

179 *"The king, the king's to blame."* (Ato V, Cena 2)

Polônio, assim como Lorde Burleigh, oferece a filha para estreitar suas relações com a nobreza e desconfia do próprio filho, porque, afinal, no mundo em que ele vive, não se confia em ninguém.

Polônio era um sobrevivente. Um adulador. Um manipulador. Um mestre em falar sem dizer nada. Um assessor que alimentava seus superiores com banalidades. Mas Polônio não se enganava. Sabia de suas limitações e da sua situação frágil.

Tinha absoluta ciência da má índole e da inconstância de seu filho, assim como via a ingenuidade de sua filha.

A tragédia de Polônio é a de viver conscientemente em um mundo inseguro.

Sétima: a tragédia dos coveiros (a da gente simples)

O Quinto Ato começa com a conversa entre dois coveiros, que preparam o túmulo de Ofélia. Eles discutem se Ofélia se suicidou ou não. Isso porque se houvesse suicídio, ela, do ponto de vista legal, não poderia ser enterrada no campo-santo. Depois de tratarem do tema, um diz ao outro:

> **SEGUNDO COVEIRO** — Queres que te diga a verdade? Se essa não fosse uma dama da nobreza, não teria recebido uma sepultura cristã.
> **PRIMEIRO COVEIRO** — Disseste tudo. E o mais triste do caso é que os grandes tenham mais facilidade neste mundo do que têm os demais cristãos para afogar-se ou para enforcar-se![180]

---

[180] *"Second Clown: Will you ha' the truth on't? If this had not been / a gentlewoman, she should have been buried out o' / Christian burial. / First Clown: Why, there thou say'st: and the more pity that / great folk should have countenance in this world to / drown or hang themselves"* (Ato V, Cena 1)

O homem simples estava condenado a assistir aos privilégios dos poderosos. O próprio rei Cláudio reconhece:

> Nas correntes corruptas deste mundo,
> O crime às vezes afasta a justiça
> Com mão dourada, e vemos com frequência
> Que o prêmio do delito compra a lei.[181]

No famoso monólogo "ser ou não ser", registra-se, entre "os golpes do mundo", "as injustiças dos mais fortes".

A tragédia da gente simples é a de não receber justiça.

Oitava: a tragédia da Dinamarca

A usurpação do poder, a falta de atenção com os temas de interesse do Estado, um governante distraído por outras preocupações, a incerteza da sucessão, todos esses são fatores que retiram a segurança e levam à desordem. O Estado se fragiliza.

Fortimbrás era o príncipe da Noruega. Seu pai morrera em combate com o Hamlet pai. Vendo a desordem instaurada na Dinamarca, Fortimbrás assume o comando. A Dinamarca perde a independência.

Há quem veja *Hamlet* antecipando o cenário político de Jaime Stuart da Escócia, o futuro Jaime I. Sua situação poderia ser comparada à de Fortimbrás. Jaime era filho de Mary Scot, talvez a maior rival de Elizabeth (que a mandou executar em 1587). Entretanto, a própria Elizabeth, três dias antes de morrer, em 1603, escolhe Jaime como sucessor, da mesma forma como Hamlet, já moribundo, indica Fortimbrás, o filho do antigo inimigo, como futuro soberano da Dinamarca.

---

[181] "*In the corrupted currents of this world / Offence's gilded hand may shove by justice, / And oft 'tis seen the wicked prize itself / Buys out the law.*" (Ato III, Cena 3)

Hamlet não está alheio à política. No seu derradeiro suspiro, ele diz a Horácio que Fortimbrás deve ser eleito como soberano da Dinamarca. O interesse político nunca abandona Hamlet.

Diante da crise de comando, uma força militar estrangeira toma o poder. Sem um comando político seguro, a Dinamarca perde sua independência. Eis sua tragédia.

HELENA BONHAM CARTER EM INTERPRETAÇÃO DA PEÇA, EM 1991 (ALAMY)

Nona: a tragédia da família

Nas suas peças, Shakespeare fala frequentemente da relação entre pais e filhos. Eis o tema central em suas primeiras obras, como *Tito Andrônico* e *A megera domada*, nas suas peças de maturidade, como *Rei Lear*, e nas peças finais, como *Conto de Inverno*, *Péricles*, *Cimbeline* e *A tempestade*. A relação entre pais e filhos é tratada mesmo pela sua ausência, como em *Macbeth*.

Em *Hamlet*, o tema familiar é muito explorado. Há dois núcleos familiares: o de Hamlet e o de Ofélia, ambos destruídos ao fim da peça.

Hamlet não recebeu a atenção dos pais. Talvez por isso fosse inseguro e reticente. Talvez seja a causa de sua crueldade com Ofélia, pois talvez não acreditasse nos benefícios de constituir uma família.

O fantasma do pai não traz qualquer palavra de afeto ao filho, mas apenas faz demandas.

A primeira frase de Hamlet na peça é um aparte, na qual refuta seu tio Cláudio, que o chama de filho. Hamlet diz: "Um pouco mais que parente e menos do que filho" — "*A little more than kin, a little less than kind*".[182] O vínculo familiar o incomoda.

Já com relação à mãe, Hamlet se dirige a ela, em seu primeiro diálogo, como "*cold mother*" — mãe fria.

Cláudio não tinha filhos. Não está claro se queria que Hamlet fosse seu sucessor, possivelmente não. Cláudio e Gertrudes, assim como os Macbeth, não tinham filhos, embora fossem ativos sexualmente.

Gertrudes parece mais preocupada com seu próprio bem-estar do que com a situação do filho. Cláudio, por seu turno, está mais atento ao trono do que ao enteado.

Laertes revela afeição por Ofélia. Logo no início da peça, recomenda que ela se proteja das investidas de Hamlet e adverte: "A própria virtude não escapa aos golpes da calúnia." Polônio, por sua vez, recomenda a Laertes antes de seu retorno a Paris:

> Vai com a minha bênção, e grava na memória estes preceitos: pensa antes de falar e antes de agir. Seja familiar, mas nunca vulgar. O amigo comprovado, prende-o firme no coração com vínculos de ferro, mas a mão não caleje com saudares a todo instante amigos novos. Foge de entrar em briga; mas, brigando, acaso, faze o competidor temer-te sempre. A todos, teu ouvido; a voz, a poucos; ouve opiniões, mas forma juízo próprio.

---

182 "*A little more than kin, and less than kind.*" (Ato I, Cena 2)

Conforme a bolsa, assim tenhas a roupa: sem fantasia; rica, mas discreta, que o traje às vezes revela o homem. [...] Não emprestes nem peças emprestado; que emprestar é perder dinheiro e amigo, e o oposto embota o fio à economia. Mas, sobretudo, seja sincero a ti mesmo e disso se seguirá, como o dia se segue à noite, que a ninguém jamais poderás ser falso. Adeus.[183]

Polônio, entretanto, manda um espião observar seu filho, em sinal de desconfiança. Gostaria que Ofélia se casasse com Hamlet, o que representaria uma ascensão social. Em contrapartida, pretende, de forma pouco eficiente, protegê-la quando acredita que o príncipe está louco.

Polônio é responsável por algumas das partes cômicas em *Hamlet*. Seu assassinato serve para encerrar os aspectos bufos da peça e torná-la mais mórbida. Ao mesmo tempo, sua morte destrói sua família.

Hamlet reconhece Laertes como seu espelho, pois também busca vingar o pai. Porém a ruína das duas famílias não se dá somente pela busca de vingança. O drama é a falta de afeto.

---

183 "*There; my blessing with thee! / And these few precepts in thy memory / See thou character. Give thy thoughts no tongue, / Nor any unproportioned thought his act. / Be thou familiar, but by no means vulgar. / Those friends thou hast, and their adoption tried, / Grapple them to thy soul with hoops of steel; / But do not dull thy palm with entertainment / Of each new-hatch'd, unfledged comrade. Beware / Of entrance to a quarrel, but being in, / Bear't that the opposed may beware of thee. / Give every man thy ear, but few thy voice; / Take each man's censure, but reserve thy judgment. / Costly thy habit as thy purse can buy, / But not express'd in fancy; rich, not gaudy; / For the apparel oft proclaims the man, / And they in France of the best rank and station / Are of a most select and generous chief in that. / Neither a borrower nor a lender be; / For loan oft loses both itself and friend, / And borrowing dulls the edge of husbandry. / This above all: to thine ownself be true, / And it must follow, as the night the day, / Thou canst not then be false to any man. /Farewell.*" (Ato I, Cena 3)

Décima: a tragédia das amizades

Rosencrantz e Guildenstern são falsos amigos. Chegam a pedido do rei Cláudio para espionar Hamlet, de quem, dissimulados, se dizem companheiros. Hamlet percebe a deslealdade. Quando chega a oportunidade, Hamlet, sem remorso, entrega os fingidos colegas à morte.

Horácio talvez também seja um espião do rei norueguês, que pretende disseminar a confusão na Dinamarca. Ele conhece muito bem a história da Noruega — e logo no início da peça conta como as terras da Noruega foram perdidas pelo pai de Fortimbrás, o atual rei, para o pai de Hamlet. Contudo, não mostra familiaridade com os costumes dinamarqueses.

É Horácio quem leva Hamlet ao fantasma. Horácio acompanha, como confidente, Hamlet se afundando na espiral da depressão e da insanidade. Por fim, recebe as ordens de Hamlet, para entregar o reino a Fortimbrás, príncipe da Noruega. Horácio era mesmo amigo de Hamlet?

O drama da amizade na peça é a sua inconstância.

Décima primeira: a tragédia dos pensamentos

No fim da peça, Hamlet pede o perdão de Laertes argumentando que não foi ele que matou Polônio: quem o matou foi a loucura, diz o príncipe.

Se a razão nos abandona, somos capazes de coisas terríveis. O suicídio de Ofélia serve de prova disso.

Na obra, registra-se que ignoramos muitas coisas: "Há mais coisas entre o céu e a terra, Horácio, do que sonha a sua vã filosofia."[184] Ainda assim, devemos refletir e adotar as ideias como guias: "Nada em si é bom ou mau; tudo depende daquilo que pensamos." E o que pensamos torna

---

184 *"There are more things in heaven and Earth, Horatio/ Than are dreamt in your philosophy."* (Ato I, Cena 4)

forte nossos atos: "Palavras sem pensamento nunca vão ao céu."[185] Mais ainda, esse pensamento depende de atos para que ganhe consequências: "O próprio sonho não passa de uma sombra."[186] Contudo... os atos falam por si e se desligam dos pensamentos:

> Somos donos dos nossos pensamentos; seus fins não nos pertencem.[187]

Hamlet não pretendia matar Polônio. Não queria matar Laertes. Não queria ofender Ofélia. Apesar de toda sua reflexão e reticência, a consequência de seus atos traiu seus pensamentos.

Ofélia, já insana, diz ao rei: "Sabemos o que somos, mas não o que viremos a ser."[188]

Eis o drama: quando mal nos controlamos, mal controlamos nossos pensamentos, muito menos suas consequências.

Décima segunda: a tragédia da condição humana (e sua finitude)

A peça gravita em torno da morte. O receio da morte e a certeza da morte.

A cena icônica de Hamlet o coloca segurando um crânio. É o crânio de Yorick, o bobo da corte, que alegrara a infância do príncipe. Não deixa de ser uma provocação a William Kempe, o ator cômico que, pouco antes da primeira exibição da peça, deixara a trupe de Shakespeare.

Segurando o crânio, Hamlet reflete que Alexandre e Júlio César, grandes líderes e imperadores, que tiveram o mundo a seus pés, viraram

---

185 *"Words without thoughts never to heaven go."* (Ato III, Cena 3)
186 *"A dream itself is but a shadow."* (Ato III, Cena 2)
187 *"Our thoughts are ours, their ends none of our own."* (Ato III, Cena 2)
188 *"We know what we are, / but know not what we may be."* (Ato IV, Cena 5)

pó. O nosso destino é insignificante. Em algum momento, voltaremos à quintessência do pó.[189]

Somos esquecidos rapidamente — Hamlet reclama que seu pai, depois de morto, foi desconsiderado. "A consciência nos transforma em covardes"[190] por medo da morte.

O triunfo do teatro

Acima de tudo, o espetáculo fará toda a diferença. Por meio dele, hei de apanhar a consciência do rei.

Eis como se encerra o Segundo Ato de *Hamlet*.

"Os trágicos da cidade", recepcionados alegremente por Hamlet, compõem a trupe de artistas que visita Elsinore. O príncipe imagina uma forma de obter, pela apresentação dos artistas, a certeza de que Cláudio é o culpado pela morte do antigo rei. Como se disse, Hamlet reproduz o que imagina ter sido a forma como foi assassinado seu pai. Quer ver a reação de Cláudio.

O teatro é a fonte da verdade, que captura até mesmo "a consciência do rei".

Polônio fala dos atores que vão desempenhar em Elsinore:

> São os melhores do mundo para tragédia, comédia, história, pastoral, comédia pastoral, pastoral histórica, pastoral trágico-histórica, tragicômico-histórica, cenas sem divisão ou poesia sem limite.[191]

---

189 Ver Leão, Liana de Camargo. "Prontidão para entrar em cena, paciência ao sair". In: Leão, Liana de Camargo; Medeiros, Fernanda. *O que você precisa saber sobre Shakespeare antes que o mundo acabe*. Rio de Janeiro: Nova Fronteira, 2021.

190 *"Thus conscience does make cowards of us all"* (Ato 3, Cena 1)

191 *"The best actors in the world, either for tragedy, / comedy, history, pastoral, pastoral-comical, / historical-pastoral, tragical-historical, tragical- /comical-historical-pastoral, scene individable, or / poem unlimited:"* (Ato II, Cena 1)

Hamlet é essa poesia sem limite.

O triunfo da humanidade

Hamlet fala conosco. A peça começa no escuro, com a famosa pergunta:

"Who's there?" ["quem está aí?" ou "quem vem lá?"]

Somos nós. Nós estamos assistindo. Nós estamos lá.
Hamlet, num de seus solilóquios, registra:

> Que obra de arte é o homem, como é nobre na razão, como é infinito em faculdades e, na forma e no movimento, é expressivo e admirável, na ação é como um anjo, em inteligência, como um deus.[192]

Evidentemente, Hamlet coloca a "razão" e a "inteligência" como grandes qualidades humanas. Na ação o homem é um anjo, na inteligência, um deus...

Shakespeare passa a limpo uma história de vingança medieval pelo prisma do homem moderno. É a vitória do humanismo renascentista. Aliás, Shakespeare dá uma boa pista disso ao atribuir nomes italianos — Bernardo, Francisco, Marcelo e Horácio — aos guardas e ao amigo próximo de Hamlet, exatamente os que revelam ao príncipe a existência do fantasma.

Na trama, o homem sempre ocupa a posição central. Quando Horácio diz a Hamlet que vira seu pai, "um grande rei", Hamlet o corri-

---

[192] *"What a piece of work is a man! how noble in reason! / How infinite in faculty! in form and moving how / express and admirable! in action how like an angel! / In apprehension how like a god!"* (Ato II, Cena 2)

ge: "Era um homem."[193] Assim como Marco Antônio faz com Brutus em *Júlio César*, ser qualificado como "homem" é o maior elogio que alguém pode receber.

Uma das possíveis lições de *Hamlet* é a da força da natureza humana. Os sentimentos humanos nos governam, ainda que busquemos nos apoiar na razão. Hamlet reconhece:

> Mesmo que o próprio Hércules faça o impossível, o gato continuará miando e o cão terá o seu dia.[194]

---

193 "*He was a man.*" (Ato I, Cena 2)
194 "*Let Hercules himself do what he may, / The cat will mew and dog will have his day.*" (Ato V, Cena 1)

OTELO: OS SETE PECADOS CAPITAIS, O SUPERVILÃO E O PAPEL DA MULHER

"Otelo — Pensa em teus pecados."

Elizabeth I morre em 1603. Com ela, morre também a dinastia Tudor, que fora esplêndida para a Inglaterra. Como mencionado, poucos dias antes de falecer, Elizabeth, sem sucessor dinástico, indica um sobrinho distante para ocupar o trono da Inglaterra: Jaime Stuart. Jaime era o rei da Escócia e filho de Maria Stuart — ou Mary Scot —, a quem Elizabeth mandara decapitar em 1587. Apesar desse fato, Jaime manteve a rainha inglesa em constante bajulação. Seu plano funcionou.

Para o teatro, o reinado de Jaime I foi consideravelmente melhor do que o da sua antecessora. Ele adorava a dramaturgia. Passou a ser o patrocinador direto da companhia teatral de Shakespeare, que, a partir de então, tornou-se "Os homens do Rei" — *The King's Men*. Shakespeare e sua trupe representavam, em média, uma vez por mês na corte real.

A primeira peça que Shakespeare escreve depois da assunção de Jaime foi *Medida por medida*, uma comédia cínica. Nela, entre outros temas, se discute quem peca mais: o tentador ou o tentado — o corruptor ou o corrompido. A segunda, em 1604, foi uma tragédia: *Otelo: o mouro de Veneza*.

EM 1918, ALBERT VAN DALSUM E MARIE GILHUYS-SASBACH ENCENARAM A PEÇA (WIKICOMMONS)

A trama se passa em Veneza e no Chipre. As personagens são Otelo, o general mouro mais velho, contratado por Veneza para protegê-la, Brabâncio, um membro da aristocracia veneziana, e Desdêmona, sua jovem filha. Há ainda Cássio, um florentino subalterno de Otelo, Iago (marquem este!), outro subordinado de Otelo, e Emília, mulher de Iago, que atende Desdêmona. Por fim, Rodrigo, pretendente de Desdêmona. Essas personagens possuem características marcantes: Otelo, general mouro de mais idade a serviço da Sereníssima República, é violento, Desdêmona, gentil. Brabâncio padece de soberba. Iago é falso, enquanto Cássio tem boa índole e Rodrigo tola ingenuidade.

Em apertada síntese, Otelo e Desdêmona estão apaixonados, numa união que não conta com a aprovação de Brabâncio, pai da jovem. Otelo, entretanto, tem o apoio da sociedade veneziana para sua união com Desdêmona porque, como experiente homem de guerra, ajuda a defender a cidade de seus inimigos. Invejoso da posição e do prestígio de Otelo, e indignado por ter sido preterido pelo general, que contempla Cássio numa promoção militar, Iago, de forma sub-reptícia, passa a incutir no general a ideia de que Desdêmona lhe é infiel com Cássio. Otelo acredita na intriga. Transtornado pelo ciúme, literalmente asfixia Desdêmona até matá-la. Ao descobrir o engodo levado adiante por Iago, Emília denuncia o marido, que em seguida a mata. Iago é preso. Otelo, ao perceber sua estupidez, se suicida.

Diferentemente de *Hamlet*, que oferece um variado rol de personagens, em *Otelo*, a trama se concentra em três: Otelo, Iago e Desdêmona. Não há enredos paralelos, que distraiam os espectadores do tema central da peça: a perda de razão do mouro, provocada pelo ciúme incutido por Iago. Uma reação desproporcional a uma causa inexistente.

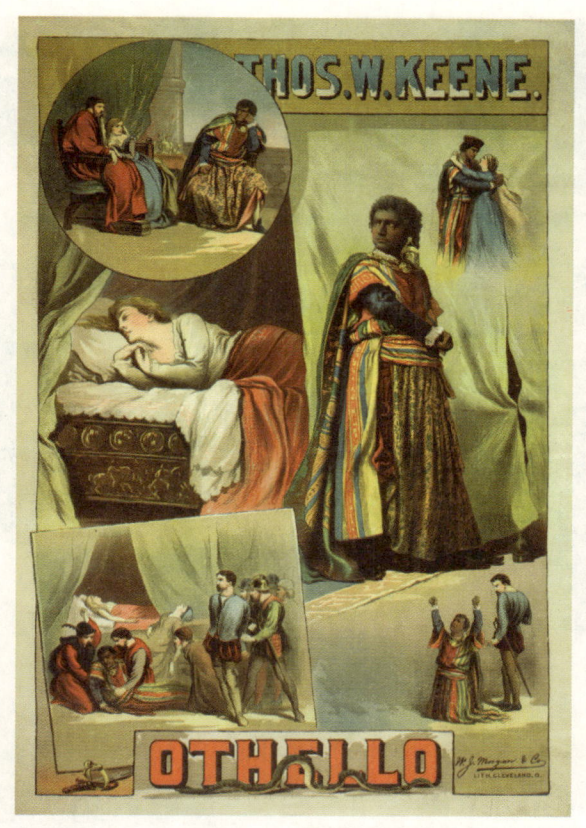

PÔSTER DE 1884 ANUNCIANDO UMA ENCENAÇÃO DE *OTELO* (WIKICOMMONS)

Embora se tenha consagrado a representação de um negro no papel de Otelo, o mouro, para os ingleses do começo do século XVII, era um marroquino, um berbere. Porém, essa precisa identificação não tem maior relevância. Para Shakespeare, no particular, o relevante era demonstrar que Otelo era "o diferente", fora dos padrões na sociedade em que vivia.

Ainda que não fique explícita a idade dessas personagens, resta claro que Otelo é consideravelmente mais velho do que Desdêmona. Esta integra a lista de jovens rebeldes da galeria shakespeariana. Para se unir ao mouro, Desdêmona rompe com o pai. Ela está ao lado, entre outras, de Catarina, Pórcia, Julieta e Cordélia. Nas tragédias shakespearianas, a insubordinação cobra um preço.

ORSON WELLES E SUZANNE CLOUTIER (WIKICOMMONS)

No caso de Desdêmona, tal desobediência ainda se revela mais aguda, pois a jovem se une a um estrangeiro, rude, de pele escura e mais velho. Em *Hamlet*, por exemplo, tragédia anterior, o príncipe dinamarquês, embora relutante e reflexivo quanto ao método proposto, busca seguir a determinação do fantasma do pai, que clama por vingança. Hamlet é filho obediente. Desdêmona, muito ao contrário, é rebelde.

Em *Otelo*, a plateia compreende tudo o que acontece, enquanto o personagem Otelo não. Nós, angustiados e impotentes, assistimos a Otelo ser habilmente manipulado, a ponto de perder o juízo.

Os sete pecados capitais e um pecadilho

Santo Tomás de Aquino enumera os sete pecados capitais: vaidade (soberba), avareza, inveja, ira, luxúria, gula e acídia (prostração/preguiça). Todos eles se encontram em *Otelo*.

1. Vaidade: Iago

Iago não se conforma em ser subalterno de um mouro forasteiro. Ele se sente diminuído: "[...] conheço meu preço, sei o que valho e menor posto não é digno para mim",[195] lamenta o vilão, logo no início da peça. O fato de ser inferior na hierarquia também motiva a maldade contra o mouro.

2. Acídia/Preguiça: Emília

A serviçal Emília, mulher de Iago, não gosta de trabalhar. Seu marido escancara sua indolência (e luxúria) na frente de Desdêmona, sua patroa: "Vós vos levantais para vadiar e ides para a cama trabalhar."[196]

---

195 *"I know my price, I am worth no worse a place."* (Ato I, Cena 1)
196 *"You rise to play and go to bed to work."* (Ato II, Cena 1)

SARA HEYBLOM FOI EMÍLIA (WIKICOMMONS)

3. Gula: Cássio

O imediato de Otelo, Cássio, não resiste ao vinho. Iago o embebeda facilmente, embora estivesse em serviço. Isso acaba por custar a Cássio o emprego.

4. Luxúria: Otelo

A relação de Otelo com Desdêmona é, acima de tudo, física. "Vem, Desdêmona, para poder passar contigo, só tenho uma hora para o amor, para os assuntos mundanos e para os cuidados interiores."[197]

---

197 *"Come, Desdemona: I have but an hour / Of love, of worldly matters and direction, / To spend with thee."* (Ato I, Cena 3)

TRATA-SE, SUPOSTAMENTE, DO RETRATO DO ATOR IRA ALDRIDGE COMO OTELO, ENTRE 1840 E 1863 (WIKICOMMONS)

5. Ira: Otelo

Otelo é vítima de seus julgamentos apressados. Um homem da guerra não se acostuma ao contraditório ou a maiores reflexões. Decisões são tomadas de imediato. Não há espaço para o contraditório.

Nessa peça, vemos cinco "quase" julgamentos. São momentos nos quais ocorre uma situação que se assemelha a um júri de tribunal. Isso se dá no começo, quando Otelo e Desdêmona comparecem diante do Senado de Veneza, para responder às acusações de Brabâncio, pai de Desdêmona; na segunda situação, no Segundo Ato, Otelo destitui Cássio, depois de ouvir o dissimulado testemunho de Iago; no Terceiro Ato, Otelo e Iago acusam Desdêmona de adultério; no Quinto Ato, Emília testemunha contra seu marido, Iago, expondo seus malfeitos, para, em seguida, ser assassinada pelo próprio Iago, e, finalmente, também nesse derradeiro ato, Otelo promove um julgamento de si mesmo e se executa. Em nenhum desses casos vemos um processo minimamente adequado. Os meios de julgamentos são sempre deturpados.

Nos momentos de alta tensão, Otelo sofre ataques epiléticos. Perde o controle. Irascível, ele mal consegue se comunicar. Isso se nota na passagem na qual, diante de acusações e imputações desconexas feitas por ele próprio à Desdêmona, esta lhe responde: "Entendo a fúria nas suas palavras, mas não as suas palavras."[198]

No curso da peça, na medida em que a ira se apodera de sua razão, a linguagem de Otelo empobrece, enquanto a de Iago segue escorreita e sofisticada.

6. Avareza: Iago

Iago aplica um golpe em Rodrigo, tomando-lhe dinheiro a pretexto de que, entregando-lhe a soma, ele o aproximaria de Desdêmona.

7. Inveja: Iago

A inveja de Iago por Otelo é arquetípica. Iago inveja tudo em Otelo.

Iago também inveja Cássio. Ele revela isso da forma mais franca e objetiva possível: "Tem uma beleza diária em sua vida / Que me torna feio."[199]

Ciúme, um pecadilho

Não se considera o ciúme como um "pecado capital". O ciúme envolve um sentimento de possessividade. A coisa que se possui se encontra ameaçada. Essa ameaça pode ser real ou imaginária, assim como se diz que há um ciúme sadio e outro doentio, que retira da sua vítima qualquer

---

[198] *"I understand the fury in your words, / But not the words."* (Ato IV, Cena 2)
[199] *"He hath a daily beauty in his life / That makes me ugly."* (Ato V, Cena 1)

razoabilidade. A vítima do ciúme vira algoz de sua posse. Otelo é devorado pelo ciúme que sente de Desdêmona. Teme perdê-la para Cássio.

Cínico, Iago, simulando amizade, alerta Otelo para o mal que ele, sub-repticiamente, deseja incutir:

> Oh! Cuidado com o ciúme, meu senhor! Ele é um monstro de olhos verdes, que produz o alimento do qual se nutre! Esse chifrudo vive na alegre embriaguez de quem, tendo certeza de sua adversidade, não ama aquela que o trai, mas cujos malditos minutos ele conta, esse que ama, mas duvida, mas ama perdidamente![200]

No clássico da literatura nacional *Dom Casmurro*, Machado de Assis trata do ciúme. O personagem Bentinho, também sofrendo desse mal por conta de Capitu, que ele suspeita ter um caso com seu melhor amigo, Escobar, vai ao teatro para assistir justamente a *Otelo*, de Shakespeare. No capítulo CXXXV do extraordinário romance, Machado, por meio de Bentinho, conta:

> Jantei fora. De noite fui ao teatro. Representava-se justamente *Otelo*, que eu não vira nem lera nunca; sabia apenas o assunto, e estimei a coincidência. Vi as grandes raivas do mouro, por causa de um lenço — um simples lenço! — e aqui dou matéria à meditação dos psicólogos deste e de outros continentes, pois não me pude furtar à observação de que um lenço bastou a acender os ciúmes de Otelo e compor a mais sublime tragédia deste mundo. Os lenços perderam-se, hoje são precisos os próprios lençóis; alguma vez nem lençóis há e valem só as camisas. Tais eram as

---

[200] "*O, beware, my lord, of jealousy; / It is the green-eyed monster which doth mock / The meat it feeds on; that cuckold lives in bliss / Who, certain of his fate, loves not his wronger; / But, O, what damned minutes tells he o'er / Who dotes, yet doubts, suspects, yet strongly loves!*" (Ato III, Cena 3)

ideias que me iam passando pela cabeça, vagas e turvas, à medida que o mouro rolava convulso, e Iago destilava a sua calúnia.

Otelo, pela arte do Bardo, personificou o ciúme e suas mais dramáticas consequências, assim como o "monstro de olhos verdes" tornou-se a personificação desse sentimento.

Shakespeare salpicou essa tragédia com todos os vícios. O algoz e a vítima, cada um de sua forma, estão suscetíveis aos pecados.

O supervilão

No início do século XX, A. C. Bradley apresentou um trabalho, hoje clássico, sobre a natureza da tragédia shakespeariana. Bradley iluminava o fato de que nas tragédias do Bardo nada acontecia como uma obra do destino, como ocorria na dramaturgia grega, mas sim tragédias da natureza humana. O homem era o responsável por tudo.

Veja-se o que ocorre em duas tragédias, uma produzida logo após a outra: *Hamlet* e *Otelo*. Se Otelo estivesse na posição de Hamlet, não haveria espaço para a tragédia, pois o mouro, por seu temperamento iracundo, mataria o tio Cláudio logo no primeiro ato, assim que desconfiasse que este havia assassinado seu pai. Semelhante situação — isto é, não haveria tragédia — ocorreria se Otelo tivesse o temperamento de Hamlet, pois o príncipe dinamarquês jamais seria enganado por Iago acerca da fidelidade de Desdêmona. Em suma, a tragédia existia por causa e em função do homem.[201] A natureza humana, com suas virtudes e debilidades, é a responsável pelo que ocorre.

O desejo de Shakespeare sempre foi o de criar homens, e não abstrações morais.[202] À medida que Shakespeare desenvolveu sua obra, seus vilões amadureceram. Inicialmente, carregavam ares caricatu-

---

201 Bradley, A. C. *A tragédia shakespeariana*. São Paulo: Martins Fontes, 2009, p. 129.
202 Chambers, E. K. *Shakespeare: a Survey*. Nova York: Hill & Wang, 1960, p. 112.

rais. Depois, ganharam complexidade, profundeza, ambiguidades. Ganharam humanidade.

Tome-se Aarão, de *Tito Andrônico*, a primeira tragédia shakespeariana. O negro e estrangeiro Aarão é ruim, cruel. Despreza o próximo, da mesma forma como é desprezado por sua cor e origem. Aarão representa um extremo de perversidade, aproximando-se dos vilões de Kit Marlowe — o antecessor de Shakespeare na condição de *"darling"* da dramaturgia londrina.

PAUL ROBESON COMO O PROTAGONISTA (WIKICOMMONS)

Aarão ensina a forma de perpetrar maldade: "A dissimulação e a perfídia são as que devem fazer o que desejais. É preciso que vos diga que tudo aquilo que não se pode fazer como se quer, é necessário fazer como se puder."[203]

Ao ser indagado se não sentia remorso por suas atitudes vis, Aarão responde em verso:

> Só não ter perpetrado uns outros mil.
> Maldigo os dias, muito embora poucos,
> Nos quais não cometi um mal notório,
> Como matar ou tocaiar um homem,
> Violar uma moça, ou planejá-lo,
> Perjurar-me, acusar um inocente,
> Criar ódio mortal de dois amigos,
> Matar o gado de quem já é pobre,
> Incendiar celeiros e colheitas,
> Pros donos apagarem com seu pranto.
> Quantos defuntos não tirei da tumba
> E abandonei à porta de um amigo,
> Na hora em que a tristeza esmorecia,
> Talhando em sua pele, com uma faca,
> Letras, como em um tronco, que diziam:
> "Estou morto, mas não morre a sua dor"
> Assim fiz mil ações apavorantes
> Com o entusiasmo de quem mata moscas;

---

[203] *"Tis policy and stratagem must do / That you affect; and so must you resolve, / That what you cannot as you would achieve, / You must perforce accomplish as you may."* (Tito Andrônico, Ato II, Cena 1)

> E nada me entristece o coração
> Senão eu não ter feito mais dez mil.[204]

Apesar da psicopatia, Aarão protege seu filho, recém-nascido, quando desejam matá-lo: "Morre na ponta desta cimitarra / O primeiro a tocar meu primogênito."[205]

Pouco adiante, dirige-se à sua cria:

> Este sou eu,
> Tem minha força e aspecto quando jovem.
> Prefiro a ele mais que ao mundo inteiro,
> E, apesar do mundo, o ponho a salvo,
> Ou muitos queimarão por ele em Roma.[206]

Shakespeare, com seu "protovilão", faz questão de demonstrar que mesmo as piores pessoas são capazes de sentimentos elevados.

Ao final da peça, Aarão escancara seu caráter incorrigível:

---

204 *"Ay, that I had not done a thousand more. / Even now I curse the day – and yet, I think, / Few come within the compass of my curse, – / Wherein I did not some notorious ill, / As kill a man, or else devise his death, / Ravish a maid, or plot the way to do it, / Accuse some innocent and forswear myself, / Set deadly enmity between two friends, / Make poor men's cattle break their necks; / Set fire on barns and hay-stacks in the night, / And bid the owners quench them with their tears. / Oft have I digg'd up dead men from their graves, / And set them upright at their dear friends' doors, / Even when their sorrows almost were forgot; / And on their skins, as on the bark of trees, / Have with my knife carved in Roman letters, / 'Let not your sorrow die, though I am dead.' / Tut, I have done a thousand dreadful things / As willingly as one would kill a fly, / And nothing grieves me heartily indeed / But that I cannot do ten thousand more."* (Tito Andrônico, Ato V, Cena 1)

205 *"He dies upon my scimitar's sharp point / That touches this my first-born son and heir!"* (Tito Andrônico, Ato IV, Cena 2)

206 *"this myself, / The vigour and the picture of my youth: / This before all the world do I prefer; This maugre all the world will I keep safe, / Or some of you shall smoke for it in Rome."* (Tito Andrônico, Ato IV, Cena 2)

Oh! Por que será muda a cólera e a fúria silenciosa? Não sou uma criança, para recorrer a baixas orações e arrepender-me dos malefícios que cometi. Quisera, se pudesse fazer minha vontade, cometer dez mil atos piores do que os que cometi; e, se alguma vez em minha vida ocorreu uma só boa ação, arrependo-me dela de toda a minha alma.[207]

Em *Ricardo III*, de 1592 (talvez 1593), o vilão, protagonista da peça, é deformado fisicamente. Ele próprio, no clássico começo da peça, revela aos espectadores, sem pudor, que sua desfiguração não é apenas externa, mas também moral, como citado.

Em *Henrique VI,* Parte III, o futuro Ricardo III se revela:

O amor me repudiou no próprio ventre da minha mãe, e para que nada tivesse que tratar com suas doces leis, corrompeu a frágil natureza com algum presente para que encurtasse meu braço como um arbusto seco, para que elevasse em minha espádua uma invejosa montanha, onde a deformidade pudesse assentar-se para zombar de minha pessoa física, para que fizesse minhas pernas desiguais em comprimento, para que forjasse de mim em todas as partes de meu corpo um nutrido caos disforme, ou um ursinho desnutrido que não traz a marca de sua mãe! E nestas condições sou homem para ser amado? Que falta monstruosa seria acariciar tal pensamento! Bem; posto que esta terra não me proporcione outro gozo que o de mandar, de contrariar, de dominar aqueles que são mais belos do que eu, procurarei meu paraíso nesse sonho de uma coroa,

---

[207] *"O, why should wrath be mute, and fury dumb? / I am no baby, I, that with base prayers / I should repent the evils I have done: / Ten thousand worse than ever yet I did / Would I perform, if I might have my will; / If one good deed in all my life I did, / I do repent it from my very soul."* (*Tito Andrônico*, Ato V, Cena 3)

e, enquanto viver, considerarei este mundo como um inferno, até que esta cabeça, que é carregada por este corpo malformado, seja cingida por uma gloriosa coroa. E, contudo, não sei como tomar posse da coroa, pois numerosas existências se interpõem entre mim e o cumprimento de meus desejos. E sou como um homem perdido num bosque de espinheiros, que arranca os espinhos e é dilacerado por eles; que procura um caminho e se extravia longe da verdadeira rota, e, já não sabendo como encontrar novamente o ar livre, luta desesperadamente para descobri-lo.[208]

Ricardo III é um ser amargurado. Corcunda, com pernas desiguais, desprovido de graça e de amor, ele desconhece a solidariedade, o cuidado com o próximo. Mais ainda, tem a dura consciência de todas as suas deformidades, físicas e morais.

Ricardo III debate-se com sua consciência:

Ó não! Horror! Eu antes me detesto
Pelos crimes cruéis que cometi.
Sou vilão: porém minto, não o sou.
Elogia-te, tolo! Tolo, humilha-te!
Minha consciência tem mais de mil línguas,

---

[208] *"love forswore me in my mother's womb: / And, for I should not deal in her soft laws, / She did corrupt frail nature with some bribe, / To shrink mine arm up like a wither'd shrub; / To make an envious mountain on my back, / Where sits deformity to mock my body; / To shape my legs of an unequal size; / To disproportion me in every part, / Like to a chaos, or an unlick'd bear-whelp / That carries no impression like the dam. / And am I then a man to be beloved? / O monstrous fault, to harbour such a thought! / Then, since this earth affords no joy to me, / But to command, to check, to o'erbear such / As are of better person than myself, / I'll make my heaven to dream upon the crown, / And, whiles I live, to account this world but hell, / Until my mis-shaped trunk that bears this head / Be round impaled with a glorious crown. / And yet I know not how to get the crown, / For many lives stand between me and home: / And I, — like one lost in a thorny wood, / That rends the thorns and is rent with the thorns, / Seeking a way and straying from the way; / Not knowing how to find the open air, / But toiling desperately to find it out,"* (Henrique VI, Parte III, Ato III, Cena 2)

> E todas me condenam por vilão,
> Criminoso, perjuro em alto grau,
> Assassino, no mais horrível grau.
> [...]
> Eu desespero, mas ninguém me ama,
> E se eu morrer ninguém chorará por mim.
> Por que chorariam por mim, quando eu mesmo
> Não tenho piedade por mim mesmo?[209]

Para muitos, o judeu Shylock, de *O mercador de Veneza*, de 1596, inclui-se no rol dos grandes vilões shakespearianos. Como vimos, Shylock pretende retirar uma libra de carne do corpo de seu devedor Antônio, amparado num contrato. Shylock, como Aarão, era um estrangeiro, um "diferente".

O dissimulado e manipulador Edmundo, de *Rei Lear*, obra de 1606, também se inclui entre os arquivilões do cânone shakespeariano. Logo na sua primeira aparição, seu pai, o conde de Gloucester, ressalta, publicamente, sua condição de filho ilegítimo.

Edmundo era o nome do censor na época de Shakespeare, Edmund Tilney. Na condição de *Master of the Revels*, cabia a ele aprovar todas as peças antes de sua apresentação. Shakespeare, dessa forma irônica, "homenageava" quem tinha o poder de censurar (e, logo, mutilar) sua obra.

Em *Rei Lear*, além da trama principal, que se desenvolve entre Lear e suas três filhas, há uma subtrama, como era comum nas peças de Shakespeare. No cânone shakespeariano, a subtrama cuida de temas di-

---

[209] "O, no! alas, I rather hate myself / For hateful deeds committed by myself! / I am a villain: yet I lie. I am not. / Fool, of thyself speak well: fool, do not flatter. / My conscience hath a thousand several tongues, / And every tongue brings in a several tale, / And every tale condemns me for a villain. / Perjury, perjury, in the high'st degree / Murder, stern murder, in the direst degree; / All several sins, all used in each degree, / Throng to the bar, crying all, Guilty! guilty! / I shall despair. There is no creature loves me; And if I die, no soul shall pity me: / Nay, wherefore should they, since that I myself / Find in myself no pity to myself?" (*Ricardo III*, Ato V, Cena 3)

versos, ou serve de contraponto ao principal. Entretanto, em *Rei Lear*, a subtrama reforçava o tema central, pois o reproduzia. Foi a única peça do Bardo em que isso ocorreu. Tanto a trama como a subtrama tratam da falha de adequado julgamento dos pais pelos filhos, da velhice, da ausência de gratidão, da ruína familiar.

Lear julgou mal suas três filhas. Foi injusto e baniu a única verdadeiramente honesta. Gloucester também avaliou mal seus filhos. Deixou-se enganar por Edmundo, o bastardo, e Edgar, seu primogênito, teve de fugir. Nos dois casos, o julgamento equivocado custou caro a Lear e a Gloucester.

Edmundo inicia da seguinte forma a segunda cena do primeiro ato de *Rei Lear*:

> Tu, Natureza, és minha deusa; meus serviços estão ligados à tua lei. Por que me submeter ao açoite do costume e permitir que as nações impertinentes me despojem, com o pretexto de que vim ao mundo umas doze ou quatorze luas depois de meu irmão? Por que bastardo? Por que vil, quando minhas proporções estão de tal modo conformadas, minha alma tão generosa e meu corpo tão exato possam ser os descendentes de uma honesta senhora? Por que estigmatizar-nos com a infâmia, com a vileza, com a bastardia? Vis, vis? Nós que, no ardor clandestino da natureza, extraímos mais robustez e força impetuosa que não são gastas num leito fatigado, insípido e cediço, para procriar uma tribo inteira de peralvilhos, concebidos entre o sono e a vírgula? Assim sendo, legítimo Edgar, hei de possuir tuas terras. Nosso pai deve amar tanto o bastardo Edmundo quanto o legítimo. Bela palavra: "legítimo"! Está bem, meu legítimo, se esta carta produzir efeito e meu plano der certo, Edmundo, o bastardo so-

brepujará o legítimo. Cresço, prospero... Deuses, protegei agora os bastardos!²¹⁰

Ao fim da peça, Edmundo, desmascarado, reconhece sua natureza: "Tudo aquilo que me imputastes, eu cometi e mais, muito mais ainda, que o tempo revelará. Pertence tudo ao passado, como eu também."²¹¹

Porém, entre todos os vilões, Iago, de *Otelo*, ocupa uma posição ímpar. Com Iago, Shakespeare quebra um padrão. Iago é branco e nativo. Como falamos, Otelo é negro e forasteiro. Entretanto, o vilão da história é Iago. Shakespeare fez essa escolha deliberadamente. Os principais vilões do cânone vinham "marcados" pela natureza: Aarão era negro numa sociedade inglesa em que praticamente todos eram brancos, Ricardo III corcunda, Shylock judeu, Edmundo bastardo. Todos esses malvados integravam um grupo minoritário. Havia, externa e publicamente, uma marca aparente que os distinguia da coletividade. Iago, em contrapartida, não possui qualquer sinal aparente. Sua deformidade é interna, moral. Para ressaltar essa característica, em *Otelo*, Shakespeare faz a vítima ser diferente. Ademais, outra vítima de Iago na peça é Cássio, florentino.

A trama de *Otelo* se passa principalmente em Veneza. As personagens são todas venezianas, com exceção de Otelo e Cássio. O execrável

---

210 "*Thou, nature, art my goddess; to thy law / My services are bound. Wherefore should I / Stand in the plague of custom, and permit / The curiosity of nations to deprive me, / For that I am some twelve or fourteen moon-shines / Lag of a brother? Why bastard? wherefore base? / When my dimensions are as well compact, / My mind as generous, and my shape as true, / As honest madam's issue? Why brand they us / With base? with baseness? bastardy? base, base? / Who, in the lusty stealth of nature, take / More composition and fierce quality / Than doth, within a dull, stale, tired bed, / Go to the creating a whole tribe of fops, / Got 'tween asleep and wake? Well, then, / Legitimate Edgar, I must have your land: / Our father's love is to the bastard Edmund / As to the legitimate: fine word, – legitimate! / Well, my legitimate, if this letter speed, / And my invention thrive, Edmund the base / Shall top the legitimate. I grow; I prosper: / Now, gods, stand up for bastards!*" (Rei Lear, Ato I, Cena 2)

211 "*What you have charged me with, that have I done; / And more, much more; the time will bring it out: / 'Tis past, and so am I.*" (Rei Lear, Ato V, Cena 3)

da história é um homem local, Iago. O mal, portanto, não se encontra no estrangeiro, no diferente, mas entre nós. O mal não vem marcado, indicado por um ato divino ou da natureza. O mal se encontra dissimulado, no seio da comunidade. O mal não se relaciona às minorias, comumente discriminadas, como o negro, o estrangeiro, o judeu, o bastardo e a mulher. O mal está no homem comum.

Estabelece-se uma relação de confiança entre Otelo e Iago. Trata-se de terrível diferença entre o que é e o que parece ser.[212] Dessa forma, Shakespeare alerta para a estupidez dos preconceitos. Iago compreende os medos e as fragilidades de Otelo e, a partir daí, o domina. Percebe que Otelo teme perder Desdêmona, sua paixão. Afinal, Otelo já possui idade avançada, ao contrário da jovem esposa. Falta a Otelo a sofisticação, por ser estrangeiro e rude. Iago domina Otelo — e o enlouquece — a partir desses medos e inseguranças do mouro. Incute em Otelo um ciúme doentio, que acaba em tragédia, pois Otelo mata Desdêmona.

Shakespeare, nessa peça, abusa do recurso da ironia dramática: a audiência sabe mais dos fatos do que as personagens no palco. A plateia se angustia ao ver Iago enganar Otelo, pois a mentira ganha força sem que o espectador nada possa fazer.

Iago, segundo Spencer, é um eunuco emocional.[213] Há certa covardia na conduta de Iago, que paralisa o espectador. Iago revela uma inteligência assustadora. Manipula Otelo sem pudor e de forma implacável. Transforma Otelo numa besta.

A malignidade de Iago nasce pela inveja e pela vaidade: ele inveja o florentino e garboso Cássio. Sua vaidade não aceita que ele seja liderado por Otelo.

Eis como Iago termina o primeiro ato da peça:

> Aí está como sempre faço de um imbecil minha bolsa. Porque seria profanar o tesouro da minha experiência, se tivesse que

---

212 Evans, G. L. *The Upstart Crow*. Londres: J. M. Dent, 1982, p. 263.
213 Spencer, T. *Shakespeare and the Nature of Man*. Nova York: Macmillan, 1955, p. 133.

perder meu tempo com um idiota igual a este, a não ser para meu proveito e divertimento. Odeio o mouro. Acredita-se por aí que ele cumpriu meu dever de marido entre meus lençóis. Ignoro se seja verdade; porém eu, por uma simples suspeita dessa espécie, agirei como se fosse coisa certa. Tem boa opinião a meu respeito. Tanto melhor para que meus planos surtam efeito sobre ele. Cássio é um homem arrogante... Vejamos um pouco... Para conseguir o posto dele e dar plena envergadura à minha vingança com uma dupla velharia... Como? Como?... Vejamos... O meio consiste em enganar, depois de algum tempo, os ouvidos de Otelo, sussurrando-lhe que Cássio tem familiaridade demais com a mulher dele. Cássio tem presença e maneiras agradáveis para infundir suspeitas; talhado para tornar as mulheres infiéis. O mouro é de natureza franca e livre, julgando honradas as pessoas só pela parecença e deixar-se-á guiar pelo nariz com tanta facilidade quanto os burros... Já tenho o plano! Já está engendrado! O inferno e a noite devem arrancar esta monstruosa concepção para a luz do mundo. (*Sai*)[214]

Como fazia com frequência, Shakespeare coloca na boca dos vilões pérolas de sabedoria. A rigor, trata-se de uma lição ao público, que deve compreender que nem tudo que se diz é espontâneo e verdadeiro. Veja-se Iago dando "bons" conselhos a Otelo:

---

214 *"Thus do I ever make my fool my purse: / For I mine own gain'd knowledge should profane, / If I would time expend with such a snipe. / But for my sport and profit. I hate the Moor: / And it is thought abroad, that 'twixt my sheets / He has done my office: I know not if't be true; / But I, for mere suspicion in that kind, / Will do as if for surety. He holds me well; / The better shall my purpose work on him. / Cassio's a proper man: let me see now: / To get his place and to plume up my will / In double knavery – How, how? Let's see: / After some time, to abuse Othello's ear / That he is too familiar with his wife. / He hath a person and a smooth dispose / To be suspected, framed to make women false. / The Moor is of a free and open nature, / That thinks men honest that but seem to be so, / And will as tenderly be led by the nose / As asses are. / I have't. It is engender'd. Hell and night / Must bring this monstrous birth to the world's light."* (Ato I, Cena 2)

> O bom nome para o homem e para a mulher, meu caro senhor, é a joia suprema da alma. Quem rouba minha bolsa, rouba uma ninharia, é qualquer coisa, nada; era minha, era dele, foi escrava de outros mil; mas quem surrupia meu bom nome, tira-me o que não o enriquece e torna-me completamente pobre.[215]

E segue:

> Ó meu senhor, tomai cuidado com o ciúme! É o monstro de olhos verdes que se diverte com a comida que o alimenta! Vive feliz o cornudo que, certo de seu destino, detesta o ofensor; mas, oh! que minutos malditos conta aquele que o idolatra e, não obstante, duvida; aquele que suspeita e, contudo, ama loucamente![216]

Ao ser desmascarado, Iago diz apenas: "Nada me perguntais: o que sabeis, sabeis. Daqui por diante, nunca mais direi uma só palavra."[217]

Não sem razão, *Otelo* começa com um diálogo de Iago. Ficamos sabendo, logo no começo da peça, que Iago não tem qualquer pudor e que caberá a ele, com sua astúcia, fazer o mal às pessoas de quem tem inveja e contra quem nutre preconceito. Se não houvesse Iago, não haveria tragédia. Assim se explica por que A. C. Bradley, um dos mais famosos críticos de Shakespeare em todos os tempos, coloca Iago, ao lado de

---

215 *"Good name in man and woman, dear my lord, / Is the immediate jewel of their souls: / Who steals my purse steals trash; 'tis something, nothing; / 'Twas mine, 'tis his, and has been slave to thousands: / But he that filches from me my good name / Robs me of that which not enriches him / And makes me poor indeed."* (Otelo, o mouro de Veneza, Ato I, Cena 2)

216 *"O, beware, my lord, of jealousy; / It is the green-eyed monster which doth mock / The meat it feeds on; that cuckold lives in bliss / Who, certain of his fate, loves not his wronger; / But, O, what damned minutes tells he o'er / Who dotes, yet doubts, suspects, yet strongly loves!"* (Otelo, o mouro de Veneza, Ato III, Cena 3)

217 *"Demand me nothing: what you know, you know: / From this time forth I never will speak word."* (Otelo, o mouro de Veneza, Ato V, Cena 2)

Falstaff, Hamlet e Cleópatra, entre os mais excepcionais personagens do cânone.[218] Shakespeare, claramente, procurou dar proeminência a Iago. Basta ver que, na peça, Iago tem oito solilóquios, contra apenas três de Otelo.

A PEÇA ENCENADA NA RÚSSIA (WIKICOMMONS)

Shakespeare dá ao vilão de *Otelo* o nome de Iago, ou seja: Jaime, o nome do rei. Evidentemente, tratava-se de uma provocação. Ademais, como nada em Shakespeare ocorre por acaso, o dramaturgo também parecia sinalizar: de seus vilões, Iago era o rei.

Iago é muito mais do que a mera descendência da encarnação do mal das peças de moralidade. Ele supera com folga qualquer alegoria do mal. Em passagem eloquente, Iago, logo no início da peça, diz de si próprio ao tolo Rodrigo: "Eu não sou o que sou."[219] Trata-se de uma inversão da conhecida fala bíblica de Deus a Moisés: "Sou o que sou" —

---

218 Bradley, A. C. *A tragédia shakespeariana*. São Paulo: Martins Fontes, 2009, p. 156.
219 "*I am not what I am.*" (Ato I, Cena 1)

Ego sum qui sum. Como registra Cesare Catà, inverter uma frase bíblica significa uma declaração demoníaca.[220] Era o mesmo que dizer: sou o mal encarnado.[221]

Já se disse que *Otelo* é a tragédia do homem negro num mundo branco.[222] É também. É a tragédia de qualquer ser humano deslocado, frágil, devido a alguma condição. Nessa tragédia, Shakespeare mostra o ser humano debilitado como vítima. Vilão é o chamado "homem comum". Na verdade, deve ter sido disruptiva a experiência, para a audiência inglesa do começo do século XVII, de ver um negro — que eles associavam de forma negativa — sendo cruelmente manipulado. Uma vítima. Não há registro de isso ter ocorrido antes na dramaturgia europeia.[223]

O papel da mulher

Em *Racine e Shakespeare*, Stendhal conta que, em 1882, numa apresentação de *Otelo* em Baltimore, nos Estados Unidos, um soldado que assistia à peça, ao ver que o protagonista estava prestes a matar sua mulher Desdêmona, na cena clímax do Quinto Ato, subiu ao palco, tomado de fúria, para agarrar o ator (tamanha a força empregada que acabou por quebrar o braço do intérprete). O soldado teria avançado no ator gritando que jamais admitiria que um negro matasse uma mulher na sua frente...[224] Evidentemente, além de racista, o militar não conseguia distinguir a representação de um ato real. De toda forma, fica claro que a peça de Shakespeare conseguia despertar o sentimento de revolta diante da violência contra a mulher.

Há dois casais em *Otelo*: Desdêmona e Otelo e Emília e Iago.

---

220 Catà, Cesare. *Pergunte a Shakespeare*. São Paulo: Leya Brasil, 2024, p. 139.
221 Ver Hamlin, Hannibal. *The Bible in Shakespeare*. Oxford: Oxford University Press, 2018, p. 100.
222 Smith, Emma. *This is Shakespeare*. Nova York: Penguin, 2019, p. 211.
223 Ver Stern, Tiffany. *Making Shakespeare*. Londres: Routledge, 2004, p. 9.
224 Stendhal. *Racine e Shakespeare*. São Paulo: Edusp, 2008, p. 90.

Na época, não havia divórcio na Inglaterra. O casal infeliz deveria seguir junto até o fim de suas vidas. Na peça, em um dos casais há paixão (Otelo e Desdêmona), enquanto no outro não (Iago e Emília). Em ambos, o marido assassina a mulher.

Era aceitável socialmente, na Inglaterra de Shakespeare, que o marido espancasse sua mulher. Shakespeare claramente não concordava com isso, como se pode ver em *A megera domada*, na qual mesmo o grosseirão Petrúquio consegue "domar" Catarina sem qualquer violência física, apesar de levar um tapa dela. Ao fim daquela peça, o casal está apaixonado e feliz.

Em *Otelo*, é diferente. À medida que o ciúme se apodera de Otelo, sua linguagem também perde o bom trato. A forma como ele trata Desdêmona se degrada no curso da peça. No início, quando Otelo deve explicar aos nobres venezianos a natureza de seu sentimento por Desdêmona, ele fala com candura, dizendo que "Ela se apaixonou por mim devido aos perigos que enfrentei; e eu a amei porque ela teve compaixão."[225] O tratamento se transforma brutalmente para se tornar ofensivo e agressivo, revelando o estado de espírito do mouro. Otelo passa a se dirigir a sua mulher como prostituta. A violência verbal precede a física.

Desdêmona reconhece sua posição de subserviência em relação ao pai e ao marido:

> **DESDÊMONA** — Meu nobre pai, percebo aqui um duplo dever. A vós, devo a vida e a educação, e minha vida e minha educação me ensinam, igualmente, que devo respeitar-vos. Sois meu senhor segundo o dever. Até aqui, fui vossa filha. Mas aqui está meu marido e a mesma obediência que vos mostrou minha mãe,

---

[225] *"She loved me for the dangers I had pass'd, / And I loved her that she did pity them."* (Ato I, Cena 3)

preferindo-vos ao próprio pai, reconheço e declaro devê-la ao mouro, meu senhor.[226]

Numa conversa entre Iago, Emília, Cássio e Desdêmona, a mulher é "coisificada":

> **IAGO** – Senhor [*falando para Cássio sobre Emília*], se ela fosse convosco tão generosa de lábios quanto é pródiga para mim de língua, breve estaríeis farto.
> **DESDÊMONA** – Ai! Mas não fala nunca!
> **IAGO** – Por minha fé, demais! Sempre percebo, quando tenho vontade de dormir. Confesso que diante de Vossa Senhoria ela põe um pouco a língua no coração e só resmunga com o pensamento.
> **EMÍLIA** – Pouca causa tens para dizer semelhante coisa.
> **IAGO** – Vamos, vamos, sois pinturas do exterior de vossas casas, sinetas em vossos camarins, gatos selvagens em vossas cozinhas, santas em vossas injúrias, demônios quando ofendidas, ociosas em vossos interiores domésticos e ativas em vossas camas.
> **DESDÊMONA** – Oh! Que vergonha! Caluniador!

---

226 "*My noble father, / I do perceive here a divided duty: / To you I am bound for life and education; / My life and education both do learn me / How to respect you; you are the lord of duty; / I am hitherto your daughter: but here's my husband, / And so much duty as my mother show'd / To you, preferring you before her father, / So much I challenge that I may profess / Due to the Moor my lord.*" (Ato I, Cena 3)

IAGO — Sim, é verdade. Se não for, quero ser turco! Vós vos levantais para vadiar e ides para a cama trabalhar.[227]

Iago e Cássio, ao falar sobre Desdêmona, a tratam como objeto:

CÁSSIO — Olá, Iago, vamos começar a nossa vigília.
IAGO — A esta hora, não, tenente; ainda não são dez horas. Nosso general nos despediu tão depressa assim pelo amor de sua Desdêmona. Não podemos censurá-lo. Ele ainda não passou uma noite de prazeres com ela, que é um brinquedo digno de Júpiter.
CÁSSIO — É uma das damas mais deliciosas que já vi.
["Deliciosa" na tradução de Cunha Medeiros e Oscar Mendes. No original: "exquisite lady", que pode designar "requintada" ou "extraordinária"]
IAGO — E, posso garantir, cheia de prendas para a coisa.
Cássio — É verdade: uma criatura deliciosa e delicadíssima.
[no original, "*most fresh*"]
IAGO — Que olhar tem! Parece-me soar uma chamada para a provocação.
CÁSSIO — Um olhar convidativo e, ao mesmo tempo, parecendo-me modesto.
IAGO — E quando fala, não é um alarma para o amor?

---

227 "*Iago: Sir, would she give you so much of her lips / As of her tongue she oft bestows on me, /You'll have enough. / Desdemona: Alas, she has no speech. / Iago: In faith, too much; / I find it still, when I have list to sleep: / Marry, before your ladyship, I grant, / She puts her tongue a little in her heart, / And chides with thinking. / Emilia: You have little cause to say so. / Iago: Come on, come on; you are pictures out of doors, / Bells in your parlors, wild-cats in your kitchens, / Saints m your injuries, devils being offended, / Players in your housewifery, and housewives' in your beds. / Desdemona: O, fie upon thee, slanderer! / Iago: Nay, it is true, or else I am a Turk: / You rise to play and go to bed to work.*" (Ato II, Cena I)

CÁSSIO — Para dizer a verdade, é a perfeição em pessoa."[228]

Iago define a mulher perfeita. A mulher idealizada e satirizada:

A que sempre foi bela e nunca se orgulhou,
A de livre falar, que nunca ergueu a voz,
A que dinheiro tendo em fausto não se ostenta
O desejo contém, dizendo 'bem pudera!';
A que raivosa estando e a vingança tem perto,
Faz a ofensa calar e expulsa o desagrado;
Aquela que, prudente, jamais teve a fraqueza
De bacalhau trocar por cauda de salmão;
A que pôde pensar, sem revelar ideia,
Que seguida se viu de galãs, sem voltar-se,
Mulher perfeita é, se existiu algum dia...[229]

À época, cabeça de bacalhau, *cod's head*, significava um tolo, ao passo que cauda de salmão, *salmon's tail*, designava um homem refinado.

---

228 "Cassio: Welcome, Iago; we must to the watch. / Iago: Not this hour, lieutenant; 'tis not yet ten o' the / clock. Our general cast us thus early for the love / of his Desdemona; who let us not therefore blame: / he hath not yet made wanton the night with her; and / she is sport for Jove. / Cassio: She's a most exquisite lady. / Iago: And, I'll warrant her, full of game. / Cassio: Indeed, she's a most fresh and delicate creature. / Iago: What an eye she has! methinks it sounds a parley of provocation. / Cassio: An inviting eye; and yet methinks right modest. / Iago: And when she speaks, is it not an alarum to love? / Cassio: She is indeed perfection." (Ato II, Cena 3)

229 "She that was ever fair and never proud, / Had tongue at will and yet was never loud, / Never lack'd gold and yet went never gay, / Fled from her wish and yet said 'Now I may,' / She that being anger'd, her revenge being nigh, / Bade her wrong stay and her displeasure fly, / She that in wisdom never was so frail / To change the cod's head for the salmon's tail; / She that could think and ne'er disclose her mind, / See suitors following and not look behind, / She was a wight, if ever such wight were," (Ato II, Cena 1)

PLÁCIDO DOMINGO COMO OTELO

Num diálogo com Desdêmona, Emília se revela pragmática ao tratar da fidelidade feminina: "Quem não poria chifres no marido para fazê-lo monarca?"[230] A conversa segue:

> [...] Mas eu acredito que, quando as mulheres caem, é por culpa dos maridos, se não cumprem seus deveres e derramam nossos tesouros em regaços estranhos, ou, então, estalam em ciúmes mesquinhos, impondo-nos restrições; ou ainda, nos batem e reduzem por despeito nosso orçamento habitual, então, sim, não somos pombas sem fel e, embora possuamos certa virtude, não temos falta de espírito de vingança. Que os maridos fiquem sabendo que suas mulheres possuem sentidos iguais aos deles; veem, cheiram, possuem paladar, não só para o doce como para o amargo, exatamente como eles possuem. Que procuram quando nos trocam por outras? Será prazer? Acho que é. São levados pela paixão? Acho que sim. É fraqueza que os faz errar assim? Acho que é também. Pois bem, não temos nós paixões, desejos de prazer e fraquezas

---

230 *"Why, who would / not make her husband a cuckold to make him a monarch?"* (Ato III, Cena 3)

como têm os homens? Tratem-nos então bem! Caso contrário, saibam que os males que nos causam nos autorizam a causar-lhes outros males!²³¹

Envenenado pelo ciúme, o mouro abusa verbalmente de sua mulher. Xinga e bate nela.

PAUL ROBESON COMO OTELO E UTA HAGEN COMO DESDÊMONA (WIKICOMMONS)

---

231 *"But I do think it is their husbands' faults / If wives do fall: say that they slack their duties, / And pour our treasures into foreign laps, / Or else break out in peevish jealousies, / Throwing restraint upon us; or say they strike us, / Or scant our former having in despite; / Why, we have galls, and though we have some grace, / Yet have we some revenge. Let husbands know / Their wives have sense like them: they see and smell / And have their palates both for sweet and sour, / As husbands have. What is it that they do / When they change us for others? Is it sport? / I think it is: and doth affection breed it? / I think it doth: is't frailty that thus errs? / It is so too: and have not we affections, / Desires for sport, and frailty, as men have? / Then let them use us well: else let them know, / The ills we do, their ills instruct us so."* (Ato III, Cena 3)

No momento do assassinato, Otelo ingressa no quarto do casal e vê Desdêmona dormindo. Está determinado a assassiná-la:

> **OTELO** [*para ele mesmo*] — É a causa, é a causa, minha alma! ... Permiti que não a nomeie perante vós, castas estrelas! ... É a causa!... Mesmo assim, não quero derramar-lhe o sangue, nem manchar essa pele mais alva do que a neve e tão macia quanto o alabastro dos monumentos. Deve morrer, entretanto, para que não traia mais homens.[232]

Otelo desperta friamente Desdêmona:

> **DESDÊMONA** — Quem está aí? Otelo?
> **OTELO** — Sim, Desdêmona.
> **DESDÊMONA** — Querei vir para a cama, meu senhor?
> **OTELO** — Já rezastes hoje de noite, Desdêmona?
> **DESDÊMONA** — Sim, meu senhor.
> **OTELO** — Se vos recordais de algum crime que vos deixe irreconciliável ainda com o céu e com a graça divina, implorai logo o perdão.
> **DESDÊMONA** — Ai, meu senhor, que estais querendo dizer com isso?
> **OTELO** — Vamos, fazei logo e sede breve! Enquanto isso, vou andar um pouco. Não gostaria de matar vosso espírito sem que ele estivesse preparado. Não... Que o céu não permita! Não gostaria de matar vossa alma.
> **DESDÊMONA** — Estais falando de matar?
> **OTELO** — Sim, estou.
> **DESDÊMONA** — Então, o céu tenha piedade de mim!

---

232 "It is the cause, it is the cause, my soul, – / Let me not name it to you, you chaste stars! – / It is the cause. Yet I'll not shed her blood; / Nor scar that whiter skin of hers than snow, / And smooth as monumental alabaster. / Yet she must die, else she'll betray more men." (Ato V, Cena 2)

OTELO – Amém, com todo meu coração!

DESDÊMONA – Embora estejais falando assim, tenho esperança de que não me matareis.

OTELO – Hum!

DESDÊMONA – E, mesmo assim, tenho medo de vós, pois sois fatal, quando vossos olhos rolam assim. Por que deveria ter medo, é o que não sei, visto ignorar minha culpa. Entretanto, sinto que estou com medo.

OTELO – Pensa em teus pecados.

DESDÊMONA – São os amores que sinto por vós.

OTELO – Sim, e por causa disso vais morrer.

DESDÊMONA – É morte contra a natureza aquela que mata por crime de amor. Ai! Por que mordeis assim vosso lábio inferior? Alguma paixão sanguinária agita todo vosso ser. São maus presságios; mas, entretanto, espero, espero que não seja a mim que estejam ameaçando.

OTELO – Silêncio e fica quieta!

DESDÊMONA – Assim farei. Mas de que se trata?

OTELO – Aquele lenço de que eu gostava tanto e que te dei, tu o deste a Cássio.

DESDÊMONA – Não, por minha vida e minha alma! Mandai chamá-lo e perguntai-lhe.

OTELO – Doce alma, tem cuidado, tem cuidado com o perjúrio! Estás em teu leito de morte!

DESDÊMONA – Sim, mas não para morrer ainda.

OTELO – Sim, imediatamente! Confessa logo francamente teu crime, pois negar artigo por artigo com juramento não poderia dissipar nem destruir a firme convicção, sob cujo peso estou gemendo. Vais morrer.

DESDÊMONA – Que o Senhor, então, tenha misericórdia de mim!

OTELO – Eu digo amém.

[...]

DESDÊMONA – Oh! Bani-me, meu senhor, mas não me mateis!

OTELO — Abaixo, prostituta!

DESDÊMONA — Matai-me amanhã! Deixai que eu viva esta noite!

OTELO — Não! Se resistires ...

DESDÊMONA — Só meia hora!

OTELO — Está feito, não haverá vacilação!

DESDÊMONA — Só enquanto faço uma oração!

OTELO — É tarde demais. (*Asfixia Desdêmona*)[233]

---

[233] *Desdemona: Who's there? Othello? / Othello: Ay. Desdemona. / Desdemona: Will you come to bed, my lord? / Othello: Have you pray'd to-night, Desdemona? / Desdemona: Ay, my lord. / Othello: If you bethink yourself of any crime / Unreconciled as yet to heaven and grace, / Solicit for it straight. / Desdemona: Alas, my lord, what do you mean by that? / Othello: Well, do it, and be brief; I will walk by: / I would not kill thy unprepared spirit; / No; heaven forfend! I would not kill thy soul. / Desdemona: Talk you of killing? / Othello: Ay, I do. / Desdemona: Then heaven/ Have mercy on me! / Othello: Amen, with all my heart! / Desdemona: If you say so, I hope you will not kill me. / Othello: Hum! / Desdemona: And yet I fear you; for you are fatal then / When your eyes roll so: why I should fear I know not, / Since guiltiness I know not; but yet I feel I fear. / Othello: Think on thy sins. / Desdemona: They are loves I bear to you. / Othello: Ay, and for that thou diest. / Desdemona: That death's unnatural that kills for loving. / Alas, why gnaw you so your nether lip? / Some bloody passion shakes your very frame: / These are portents; but yet I hope, I hope, / They do not point on me. / Othello: Peace, and be still! / Desdemona: I will so. What's the matter? / Othello: That handkerchief which I so loved and gave thee / Thou gavest to Cassio. / Desdemona: No, by my life and soul! / Send for the man, and ask him. / Othello: Sweet soul, take heed, / Take heed of perjury; thou art on thy deathbed. / Desdemona: Ay, but not yet to die. / Othello: Yes, presently: / Therefore confess thee freely of thy sin; / For to deny each article with oath / Cannot remove nor choke the strong conception / That I do groan withal. Thou art to die. / Desdemona: Then Lord have mercy on me! / Othello: I say, amen. [...] [Desdemona: And have you mercy too! I never did / Offend you in my life; never loved Cassio / But with such general warranty of heaven / As I might love: I never gave him token. / Othello: By heaven, I saw my handkerchief in's hand. / O perjured woman! thou dost stone my heart, / And makest me call what I intend to do / A murder, which I thought a sacrifice: / I saw the handkerchief. / Desdemona: He found it then; / I never gave it him: send for him hither; / Let him confess a truth. / Othello: He hath confess'd. / Desdemona: What, my lord? / Othello: That he hath used thee. / Desdemona: How? unlawfully? / Othello: Ay. / Desdemona: He will not say so. / Othello: No, his mouth is stopp'd; / Honest Iago hath ta'en order for't. / Desdemona: O! my fear interprets: what, is he dead? / Othello: Had all his hairs been lives, my great revenge / Had stomach for them all. / Desdemona: Alas! he is betray'd and I undone. / Othello: Out, strumpet! weep'st thou for him to my face? / Desdemona: O, banish me, my lord, but kill me not! / Othello: Down, strumpet! / Desdemona: Kill me to-morrow: let me live to-night! / Othello: Nay, if you strive— / Desdemona: But half an hour! / Othello: Being done, there is no pause. / Desdemona: But while I say one prayer! / Othello: It is too late. [He stifles her]"* (Ato V, Cena 2)

Em seguida, após matar sua mulher e a verdade vir à tona, Otelo esboça a tese da legítima defesa da honra:

> Tudo! Chamai-me de assassino honrado, se quiserdes, pois nada fiz por ódio, mas tudo pela honra.[234]

Logo, contudo, Otelo reconhece sua estupidez. Fala de si para, em seguida, se suicidar — segundo Barbara Heliodora, o mouro se autoexecuta:

> [...] um homem que não amou com sensatez, mas que amou excessivamente; de um homem que não foi facilmente ciumento, mas que, uma vez dominado pelo ciúme, foi levado aos últimos extremos.[235]

Otelo age dominado pela paixão — uma paixão que o cega. Ele reflete, ainda com um sentimento puro por Desdêmona:

> Que a perdição agarre minha alma se eu não te amar; e, se não te amo, que este mundo volte de novo para o caos.[236]

Quando se torna um assassino, Otelo se coloca na posição que a sociedade de Veneza, por preconceito, lhe impôs: a de um monstro, que jamais deveria ter desposado uma jovem veneziana.

A história da violência contra a mulher lamentavelmente se repete. Nós a lemos com frequência nos jornais, inaceitáveis casos de feminicí-

---

[234] *"Why, any thing: / An honourable murderer, if you will; / For nought I did in hate, but all in honour."* (Ato V, Cena 2)

[235] *"Of one that loved not wisely but too well; / Of one not easily jealous, but being wrought / Perplex'd in the extreme;"* (Ato V, Cena 2)

[236] *"Excellent wretch! Perdition catch my soul, / But I do love thee! and when I love thee not, / Chaos is come again."* (Ato III, Cena 3)

dio. Sintomaticamente, a primeira peça escrita por Nelson Rodrigues, *A mulher sem pecado*, de 1941, se inspirava em *Otelo*.

Shakespeare deixa claro que dessa violência nada se colhe. Até o agressor perde.

Em *Otelo*, o dramaturgo segue à risca o modelo clássico de tragédia, no qual o destino do herói suscita compaixão (*éleos*) e medo (*phobos*), a ponto de levar o espectador a uma purificação (*katharsis*).

Propositalmente, Shakespeare faz Desdêmona radicalmente diferente de Otelo e Iago. Em relação a Otelo, a distinção é física. Com Iago, a distinção fica por conta da índole: opondo-se a Iago, mesquinho e traiçoeiro, há a honesta e generosa Desdêmona. Mestre Will queria salientar essa diferença extrema.

O crítico Harold C. Goddard inicia sua análise de *Otelo* registrando que enquanto Julieta era a estrela da manhã, Desdêmona era a da madrugada.[237] Romeu se mata depois de beijar Julieta — "*Thus with a kiss I die*". As últimas palavras de Otelo fazem eco:

> Eu te beijei antes de te matar... Não havia outro meio senão matar-me para morrer com um beijo! (*Cai na cama e morre.*)[238]

---

237 Goddard, Harold C. *The Meaning of Shakespeare*, v. 2. Chicago: University of Chicago Press, 1960, p. 69.

238 "*I kiss'd thee ere I kill'd thee: no way but this; / Killing myself, to die upon a kiss [Falls on the bed, and dies]*" (Ato V, Cena 2)

REI LEAR: FAMÍLIA E VELHICE

A tragédia grega clássica gravitava ao redor de três conceitos: *hybris*, que significa a desmesura, o orgulho e a soberba que prenunciavam o declínio; *hamartia*, que consiste no grave erro de avaliação e, finalmente, *miasma*, que pode ser definido como um misto de maldição familiar e perturbação da ordem social.

Pela *hybris*, a *hamartia* e o *miasma*, as peças eram narradas, tratando da derrocada dos personagens, normalmente heróis e nobres, até sua morte em desgraça. Tudo ocorria por determinação do destino, já escrito e imutável. Nada, nem mesmo o mais profundo desejo e empenho de uma pessoa, poderia alterar o destino.

Como se sabe, Édipo, na clássica tragédia grega, depois de ouvir do oráculo que estava fadado a matar seu pai e desposar sua mãe, fez de tudo para mudar sua história. Foge de sua cidade. Toma o caminho oposto. De nada adianta. O implacável destino não falhava.

A grande revolução da dramaturgia moderna, na esteira dos valores filosóficos encampados pelo Renascimento, passa pela substituição do conceito de destino. Não eram as estrelas que escreviam o futuro. O Homem tinha o controle de sua vida: e tudo de bom ou ruim que lhe acontecesse se dava por exclusiva responsabilidade dele. O teatro de Shakespeare partia dessa nova visão de mundo.

Em *Rei Lear*, peça que Shakespeare elaborou entre o final de 1605 e o começo de 1606, o dramaturgo presta uma grande homenagem ao modelo clássico, sem, entretanto, se afastar das ideias modernas nas quais ele acreditava.

Para muitos, *Rei Lear* é a obra-prima, o *"capolavoro"* shakespeariano,[239] comparável à *Nona sinfonia* de Beethoven ou à *Mona Lisa* de Leonardo da Vinci.

Em 1640, poucas décadas depois da morte de Shakespeare, iniciou-se, na Inglaterra, uma guerra civil, num movimento conhecido como Revolução Puritana. Culminou na prisão, no julgamento e na condenação do rei Carlos I — filho de Jaime I, que tanto admirara o Bardo de Stratford. Liderados por Oliver Cromwell, os puritanos, ao assumirem o poder, proibiram as apresentações de teatro. Chegaram ao extremo de destruir fisicamente esses estabelecimentos, sendo esse, lamentavelmente, o destino do Globe, a casa de espetáculos da trupe de Shakespeare.

As peças apenas voltaram a ser exibidas na Inglaterra tempos depois, com a restauração da monarquia, em 1660. Em 1681, o poeta irlandês Nahum Tate promoveu uma adaptação de *Rei Lear*, alterando substancialmente a peça, notadamente para lhe dar um final feliz — sem a morte de Lear e de sua filha Cordélia. A adocicada versão de Tate, que termina com o enlace amoroso de Cordélia e Edgar, passou a ser largamente encenada. A ideia de haver um rei restabelecido ao trono, como na "nova" versão de *Lear*, estava em harmonia com a ideia de volta da monarquia inglesa, após os anos conturbados da Revolução Puritana. Apenas em meados do século XIX buscou-se recuperar o texto original da peça — uma perfeita tragédia.

---

[239] Essa é a opinião, por exemplo, do famoso crítico L. C. Knights, expressa em *Some Shakespearean Themes* (Londres: Chattto & Windus, 1959, p. 158).

Shakespeare, como de costume, retirou a ideia de *Rei Lear* de uma história preexistente: o rei que, ainda vivo, divide seus reinos entre seus filhos. Na fonte original, ao verificar a ingratidão dos filhos, o soberano consegue recuperar o trono. A primeira vez que Lear aparece na literatura foi em 1135, como personagem histórico, na obra *Historia Regum Britanniae*, de Geoffrey de Monmouth. Lear era um rei celta. Em 1577, Raphael Holinshed lança sua obra *Crônicas da Inglaterra*, na qual, mais uma vez, conta-se a lenda de Lear. Para Holinshed, Lear reinara no ano 800 a.C., no mesmo período dos reis bíblicos (o que, do ponto de vista histórico, é um descalabro). De toda forma, o livro de Holinshed foi extremamente popular no seu tempo e sabe-se que Shakespeare se valeu dele para muitas de suas peças. Mais adiante, o enredo foi repetido por William Camden, que escreveu, em 1586, sobre a história das Ilhas Britânicas. Lear, aqui, era um rei saxão que reinara no século VII.

Em todas essas versões pretéritas, o bem, ao fim, prevalecia. Lear conseguia superar os filhos ingratos. Shakespeare, porém, torna sua versão única e original, inserindo novos personagens e, principalmente, indicando um triste final.

EDWIN FORREST COMO O REI LEAR (WIKICOMMONS)

A peça começa com uma bela metáfora: o rei Lear pede um mapa. Normalmente, quem solicita um mapa procura encontrar algum lugar. Lear, entretanto, está prestes a se perder. Ao reclamar o mapa, Lear diz que falará de seus "propósitos sombrios" — no original *"darker purposes"*. O rei, já octogenário e cansado, deseja ver o mapa porque pretende, naquele momento, abdicar de seu poder e dividir seu reino entre as três filhas: Goneril, Regane e Cordélia.

Pode-se ver nessa passagem uma referência — quiçá uma homenagem — de Shakespeare a Marlowe. Isso porque *Tamerlão*, peça anterior de Marlowe, tem a conhecida passagem na qual o protagonista também pede um mapa. Entretanto, Tamerlão solicita o mapa, em sentido diametralmente oposto ao de Lear, para aumentar suas posses. Tamerlão quer conquistar o mundo. Diz ele:

> Dê-me o mapa; deixe-me ver o que falta para que eu conquiste o mundo todo.[240]

Rei Lear é possivelmente a peça, de todo o cânone, que examine com mais profundidade a relação familiar e, em especial, a velhice.

Não se sabe qual era a intensidade dos sentimentos de Shakespeare por sua mulher, Anne Hathaway. O Bardo não deixou muitas pistas. De concreto, restam as informações de que Anne era oito anos mais velha do que William e que se casaram rapidamente, quando o dramaturgo contava com apenas 18 anos, por conta de uma gravidez não planejada.

Não se encontra nenhuma referência explícita a Anne em todo o cânone. Há quem defenda que o Bardo, de forma cifrada, critica sua mulher no [seu] soneto 145, quando conclui:

> *I hate from hate away she threw,*
> *And sav'd my life, saying "not you".*

> Eu odeio do ódio afastado ela jogou,
> E salvou minha vida, ao dizer "não você".

O *"hate away"* seria pronunciado da mesma forma que o nome da sua mulher, Hathaway. Mas isso, claro, é pura especulação. De fato, apenas no seu testamento Shakespeare menciona sua mulher, uma única vez, para destinar a ela, de forma fria e distante, sua segunda melhor cama, o que, da mesma forma, despertou todo tipo de conjectura.

Em 1583, seis meses após o casamento de Anne e William, nasce Suzanna, a primogênita do Bardo. Em 1585, nascem os gêmeos Judith

---

[240] *"Give me a map; then let me see how much / Is left for me to conquer all the world."* (*Tamerlão*, Parte II, Ato V, Cena 3)

e Hamnet. Pouco depois, Shakespeare se muda para Londres, deixando a família em Stratford. Acredita-se que o dramaturgo visitasse a família com frequência. Muito possivelmente, ele não estava em sua cidade natal quando, em agosto de 1596, morre Hamnet, seu único filho homem.

Essa experiência de pai com suas filhas se refletiu em muitas das obras do Bardo. Em dezessete das suas peças há no enredo referência à forte relação entre pai e filha.[241] Nessas peças, não se encontra a figura da mãe. No cânone, um elo entre filho e mãe é muito mais raro — o grande exemplo é o de Hamlet e Gertrudes, havendo também, em menor importância, o de Coriolano e Volúmnia.

Veem-se relacionamentos marcantes entre pai e filha em obras como *Tito Andrônico,* entre Tito e sua filha Lavínia; em *A megera domada,* que cuida do pai Baptista e de suas filhas Catarina e Bianca; em *O mercador de Veneza,* na qual o tema da relação pai e filha é tratado em paralelo, com Shylock e Jéssica e de Pórcia com seu falecido pai; em *Muito barulho por nada,* com Leonato e Hero; em *Como gostais,* também duplamente, com os dois duques e suas filhas Rosalinda e Célia; em *Hamlet,* com Polônio e Ofélia; em *Otelo,* com Brabâncio e Desdêmona; em *Conto de inverno,* com Leontes e Perdita; em *A tempestade,* com Próspero e Miranda; em *Cimbeline,* com Cimbeline e Imogênia; em *Péricles,* com Péricles e Marina; e em *Rei Lear,* que trata da relação entre o velho rei e suas filhas Goneril, Regane e Cordélia.

Na maior parte das situações, sequer se menciona a mãe. Há, acredita-se, algo autobiográfico aqui.

Nessa galeria de personagens shakespearianos, avultam as filhas rebeldes, como Catarina, Julieta, Jéssica, Pórcia, Rosalinda, Célia, Desdêmona, Imogênia, Cordélia, Regane e Goneril. Todas elas tomam atitudes que contrariam a ordem ou a vontade do pai.

Também o tema de desordem familiar foi objeto das peças de Shakespeare. Isso já se nota na sua primeira tragédia, *Tito Andrônico,* no

---

241   Ver Davies, Oliver Ford. *Shakespeare's Fathers and Daughters.* Londres: Bloomsbury, 2017.

conflito entre os dois irmãos Saturnino e Bassiano. Em *Hamlet*, o drama ocorre, em grande medida, por conta da usurpação levada adiante por Cláudio, tio de Hamlet, que mata o irmão, o rei Hamlet, apoderando-se do trono e desposando a mulher, a viúva Gertrudes, mãe do melancólico príncipe dinamarquês. Já em *Tímon de Atenas*, uma das principais desgraças que se abatem sobre o protagonista decorre da falta de uma família, a quem poderia recorrer quando perde todos os seus bens e se vê abandonado pelos interesseiros que Tímon acreditava ter por amigos.

Em *Lear* também se cuida da falta de harmonia familiar.

AS TRÊS FILHAS DO REI LEAR, POR GUSTAV POPE (WIKICOMMONS)

Como nas situações narradas em *Tito Andrônico*, *Hamlet* e *Lear*, a disputa entre essas poderosas famílias acaba por ter reflexos na ordem do Estado. Afinal, se o conflito acontece na família real, o próprio Estado fica contaminado. A tragédia transborda. Deixa de afetar apenas a vida de uma ou outra pessoa para atingir a política.

Ao narrar suas histórias, Shakespeare se valia de enredos principais e de outros paralelos. Em regra, para fazer um contraponto, o subenredo versava sobre assunto distinto.

Em *Rei Lear*, entretanto, o dramaturgo buscou enfatizar a relação entre pais e filhos, notadamente diante da velhice. Por isso, de forma excepcional, o principal subenredo da peça cuida precisamente do mesmo tema central: o julgamento dos filhos pelos pais a partir da ótica paterna, e a forma como os filhos tratam de seus pais na velhice.

Talvez a velhice, ainda mais do que a família, seja o foco palpitante dessa peça. Goethe, com razão, disse que "todo homem velho é um Rei Lear" — *"Ein alter Mann ist stets ein König Lear"*.

Rei Lear pode ser resumida como "O que o velho faz e o que fazem com o velho". Qual o tratamento dado ao pai quando ele já não tem potência?

Como mencionado, a peça se inicia com Lear informando que pretende dividir seu reino entre as três filhas:

> Nesse meio-tempo expressaremos nosso propósito mais sombrio.
> Dê-me aqui o mapa. Saibam que dividimos
> Em três o nosso reino: e é nossa inabalável intenção
> Sacudir de nossa velhice toda preocupação e trabalho
> Conferindo-os a forças mais jovens, enquanto nós
> Livres de cargas rastejaremos para a morte.[242]

O "propósito mais sombrio" — o *"darker purpose"* no original — trata da divisão do reino. Um monarca entregar o poder era algo perigoso. Mais especificamente, a plateia de Shakespeare convivia com a situação inversa: o rei Jaime I, que chegara ao trono inglês em 1603 por indicação da moribunda rainha Elizabeth, já era o rei Jaime VI da Escócia. Essa

---

[242] "Meantime we shall express our darker purpose. / Give me the map there. Know we have divided / In three our kingdom; and 'tis our fast intent / To shake all cares and business from our age, / Conferring them on younger strengths while we / Unburthen'd crawl toward death." (Ato I, Cena 1)

situação de unificação do rei para os dois Estados gerava enorme desconforto e a peça *Rei Lear* abordava o tema.[243]

Lear, antes de entregar seu reino às filhas, pede, então, que elas expressem seu amor por ele. Na verdade, não é apenas um pedido, mas praticamente uma ordem. Lear quer ser bajulado.

As duas primeiras filhas, Goneril e Regane, cobrem o pai de adulações. Goneril alega que o amor pelo pai é tanto que lhe tira o fôlego. Regane, por sua vez, diz que sua única felicidade reside no amor ao pai. Cordélia, a terceira e mais jovem, entretanto, talvez por não compactuar com a encenação das irmãs mais velhas, talvez por não compreender a carência do pai, oferece uma resposta fria ao pedido de afagos de Lear.

EM 1911, MARIE BOOTH RUSSELL INTERPRETOU GONERIL (WIKICOMMONS)

---

243   Ver Hawkes, Terence. *Rei Lear*. Plymouth: Nortcote, 1995, p. 2.

O rei, então, se enfurece. Frustrado com a falta de demonstração de afeto de Cordélia, Lear a deserda e a expulsa de seu reino. Cordélia parte para a França, para casar-se com o soberano francês. A divisão é feita apenas em duas partes.

Goneril e Regane não tardam a demonstrar a falsidade de suas palavras. Entre elas, qualificam como "caprichosa" a velhice do pai. As irmãs não apresentam qualquer paciência com o velho progenitor. Logo, desmontam o séquito do antigo monarca, tiram-lhe qualquer poder e dignidade. Rapidamente, o ancião Lear se vê abandonado à própria sorte. Restam-lhe apenas, seguindo-o por pura fidelidade, um bobo, com tiradas filosóficas, e um nobre, Kent, que se disfarça de homem comum para ajudar o idoso.

O bobo, que diz grandes verdades, lamenta a Lear:

Tu não deverias ter ficado velho antes de ficares sábio.[244]

IVAR NILSSON COMO O BOBO DA CORTE EM 1908 (WIKICOMMONS)

244 *"Thou shouldst not have been old till thou hadst been wise."* (Ato I, Cena 5)

Lear é abandonado pelas filhas. Logo após receber antecipadamente sua herança, Goneril já revela sua falta de paciência com o velho pai, reclamando que a idade avançada dele o tornava volúvel.[245]

O velho Lear, desamparado, passa a vagar como louco — uma "amarga e suave demência", como define Foucault.[246]

Sente-se a falta de comando no Estado. A Britânia é invadida pela França e Cordélia retorna. Ela consegue rever o pai, já carente de sua plena capacidade mental. Na sequência da derrota das tropas francesas no campo de batalha, ambos são aprisionados e morrem numa cela. Primeiro, vai-se Cordélia, enforcada, e Lear abraça o corpo morto da filha — numa cena comovente. O coração do velho rei não resiste e ele morre em seguida.

O subenredo mencionado examina a família de Gloucester, um dos mais valorosos nobres da corte de Lear. Ele tem dois filhos, Edgar e o bastardo Edmundo. Este, inconformado com sua situação ilegítima (era ademais filho de uma prostituta), engana o pai, acusando injustamente seu irmão Edgar de ingratidão. O crédulo Gloucester, iludido por Edmundo, expulsa Edgar. Este, o filho legítimo, foragido, passa a viver como mendigo e louco, assumindo o nome de Tom.

Edmundo também rapidamente revela sua traiçoeira natureza e conspira contra o pai, a fim de se aproximar das irmãs Goneril e Regane. Gloucester é falsamente acusado de traição. Seus olhos são arrancados e ele, assim como Lear, é abandonado. Edgar, o filho expulso, passa a guiar o pai, mas faz isso sem se identificar, como se fosse o louco Tom. Nessa passagem, Gloucester comenta:

> É a praga destes tempos que os cegos sejam guiados pelos loucos.[247]

---

245 *"You see how full of changes his age is."* (Ato I, Cena 1)
246 Foucault, Michel. *História da loucura*. 12ª ed. São Paulo: Perspectiva, 2019, p. 39.
247 *"'Tis the time's plague when madmen lead the blind."* (Ato IV, Cena 1)

Shakespeare, aqui, parte de uma passagem bíblica, pois o Evangelho de Mateus se vale da imagem do "cego guiando o cego" (15:14). O Bardo agrega o "louco" a essa poderosa metáfora.

As gananciosas Goneril e Regane se desentendem. Ambas desejam Edmundo, que assume a liderança de suas tropas contra a invasão francesa.

Edgar, ainda sem se identificar, desafia Edmundo para um duelo e o mata. Goneril e Regane também morrem. A cruel Goneril, que planejava matar o duque de Albany, seu marido, envenena a irmã Regane. Logo em seguida, ao ver seu plano descoberto, ela se suicida. Cordélia morre enforcada. Entregam seu corpo sem vida aos braços de Lear — na cena mais triste de toda a história da literatura, segundo o clássico crítico Samuel Johnson.

Após a guerra civil, num processo que começa com a divisão do reino por Lear e sua abdicação, Edgar se torna o novo rei. Um rei que já fora louco...

Há algo de muito desolador em *Rei Lear*. Como nota Jan Kott, a peça narra um processo de decomposição do mundo.[248]

Goneril e Regane, as filhas cruéis, são casadas, respectivamente, com os duques de Albany e da Cornualha. Shakespeare não dá nomes a eles, tratados, em toda a peça, apenas por seus títulos. Fica exposto o anacronismo, pois a designação de *dux*, historicamente, apenas aparece na Inglaterra com a invasão normanda, no século XI. Essas duas regiões, Albany e Cornualha, se relacionam à cultura celta. Os dois duques, na peça, reagem de forma distinta às reprováveis condutas de suas mulheres.

Dos principais personagens, percebe-se a divisão entre os "bondosos" e os "perversos". Lear, Cordélia, Gloucester, Edgar, Kent e Albany são bons, enquanto Goneril, Regane, Edmundo, Cornualha e Oswaldo podem ser considerados pessoas más. Os malvados perecem. Dos "bons", três se salvam, Edgar, Kent e Albany, porém com suas famílias destroçadas.

---

248 Kott, Jan. *Shakespeare nosso contemporâneo*. São Paulo: Cosac & Naify, 2003, p. 144.

Embora Lear, o herói trágico, e Edmundo, o vilão, dividam o palco algumas vezes nessa peça, eles jamais trocam palavras. Não há diálogo possível entre eles: Lear é sobretudo bons sentimentos, enquanto não há qualquer sentimento em Edmundo. São dois mundos que não convivem.

Os cegos passam a ver. Os loucos e o bobo tornam-se sábios e falam verdades. Uma inversão.

Interessante notar que as personagens de Cordélia e do bobo jamais ocupam a mesma cena.[249] Será que isso se dá porque os papéis seriam desempenhados pelo mesmo ator? Ou Shakespeare queria dizer algo mais?

Carência e ingratidão

Rei Lear cuida da carência provocada pela velhice. O rei quer receber carinho. Cordélia não percebe essa situação, no momento em que participa do concurso de adulações.

REI LEAR NA ESLOVÊNIA (WIKICOMMONS)

---

249 Booth, Stephen. *King Lear, Macbeth, Indefinition & Tragedy*. New Haven: Yale University Press, 1983, p. 129.

Goneril e Regane, por sua vez, não demonstram compaixão. Depois de receberem todos os bens e o poder do pai, destratam o ancião. O velho pai tem de se humilhar: "A velhice é inútil. De joelhos, eu te imploro comida, roupa, abrigo."[250]

> Mais doloroso do que a picada de uma serpente
> É ter um filho ingrato![251]

Ainda sobre a relação entre pais e filhos, eis como Gloucester se manifesta ao acreditar que Edgar, seu filho, o traiu:

> O amor esfria, a amizade desaparece, os irmãos se desavêm; nas cidades, tumultos; nos campos, discórdias; nos palácios, traições, rompendo-se os laços entre filhos e pais. Esse meu filho desnaturado confirma aqueles sinais: é filho contra pai. O rei se afasta da trilha da natureza: é pai contra filho. Já vimos o melhor de nosso tempo: maquinações, imposturas, traições e toda sorte de desordens ruinosas nos acompanham sem sossego até a sepultura. Vai buscar-me esse celerado [falando do outro filho, Edgar], Edmundo; nada terás a perder. Procede com cautela. E o nobre e magnânimo Kent, banido! Seu crime, a honestidade! É muito estranho![252]

---

250 *"Age is unnecessary: on my knees I beg/ That you'll vouchsafe me raiment, bed, and food."* (Ato II, Cena 4)

251 *"How sharper than a serpent's tooth it is / To have a thankless child!"* (Ato I, Cena 4)

252 *"Love cools, / friendship falls off, brothers divide. In cities, mutinies; in / countries, discord; in palaces, treason; and the bond crack'd / 'twixt son and father. This villain of mine comes under the prediction; there's son against father: the King falls from bias / of nature; there's father against child. We have seen the best / of our time. Machinations, hollowness, treachery, and all / ruinous disorders follow us disquietly to our graves. Find out / this villain, Edmund; it shall lose thee nothing; do it / carefully. And the noble and true-hearted Kent banish'd! his / offence, honesty!'Tis strange."* (Ato I, Cena 2)

Lear acredita que, pelo fato de ter dado o reino às filhas, merece, como contraprestação, receber delas toda gratidão. *"I gave you all"*, diz ele, reclamando respeito e afeto. Lear não percebe que essa conta não é feita dessa forma.

Goneril, por sua vez, oferece uma desculpa para seus atos de intolerância com o pai: "A culpa é dele; não ficou descansando e deve sofrer as consequências da própria loucura."[253] A culpa é dos outros.

Desapego

A peça também cuida da dificuldade e da necessidade do desapego. Lear está exausto de trabalhar. A coroa se transformou num fardo. Ele próprio reconhece seu propósito de "sacudir de nossa velhice toda preocupação e trabalho".

Embora considere oportuno que, já velho, deixe suas funções, Lear não está preparado completamente para perder o poder.[254] Ele deseja manter seu séquito. Pretende seguir recebendo tratamento de soberano, sem os ônus das responsabilidades desse exercício.

Na peça, fica claro que a pessoa e seu cargo são duas coisas distintas. A imagem da autoridade é fundamental:

> Um cão é obedecido se ocupa um cargo.[255]

Ao insistir com a filha para manter seu séquito de cavaleiros, Lear é indagado: qual o propósito de contar com um número tão grande? Ele responde furioso: "Não raciocineis sobre a necessidade."[256]

---

253 *"Tis his own blame; hath put himself from rest, / And must needs taste his folly."* (Ato II, Cena 4)

254 Ver Dubrow, Heather. *Shakespeare and Domestic Loss*. Cambridge: Cambridge University Press, 1999, p. 107.

255 *"A dog's obeyed in office."* (Ato IV, Cena 4)

256 *"O, reason no need."* (Ato II, Cena 4)

Essa "entrega" revela-se mais difícil para o rei. Como bem anotou em seu seminal estudo das quatro grandes tragédias shakespearianas (segundo ele, *Hamlet, Otelo, Rei Lear* e *Macbeth*) o clássico crítico shakespeariano A. C. Bradley em relação a Lear, "uma longa vida de poder absoluto, durante a qual foi incessantemente adulado, produziu nele a cegueira das limitações humanas e o voluntarismo arrogante".[257] As circunstâncias afastam Lear da realidade. Na velhice, essa alienação cobra a conta.

Senilidade

A palavra "senil" já diz muito. Pode significar a demência que, por vezes, acomete as pessoas mais velhas. É como se a cabeça perdesse o vigor, num fenômeno infelizmente comum. Lear claramente enfrenta a senilidade. Seu juízo revela-se deficiente. O mesmo ocorre com Gloucester, facilmente ludibriado por Edmundo.

O velho rei perde a razão para escapar do sofrimento. Ao mesmo tempo, a loucura serve como libertação. Até Gloucester, ao encontrar Lear e perceber a senilidade de seu rei, compreende as vantagens daquele estado:

> Antes tresloucado,
> Com meus pensamentos separados de minhas tristezas,
> E as dores perdendo por uma imaginação errada
> O conhecimento de si mesmas.[258]

Interessante notar que Shakespeare completa *Rei Lear* na mesma época em que, na Espanha, Cervantes finalizaria a primeira parte de

---

257 Bradley, A. C. *A tragédia shakespeariana*. São Paulo: Martins Fontes, 2009, p. 212.
258 "*Better I were distract: / So should my thoughts be sever'd from my griefs, / And woes by wrong imaginations lose/ The knowledge of themselves.*" (Ato IV, Cena 6)

Dom Quixote. Sem que tenha havido qualquer comunicação entre esses dois monumentos da literatura ocidental, ambos, simultaneamente, trataram da loucura como uma forma de chegar à verdade.

Em *Dom Quixote*, narra-se a história de um velho cavalheiro que, de tanto ler romances de cavalaria, passa a acreditar que está destinado a cumprir grandes feitos, num mundo parcialmente imaginário, construído por sua fantasia. Passa, em sua mente, a enfrentar gigantes e a libertar donzelas. Engaja-se em aventuras fictícias. Ao fim, entretanto, chega a uma realidade mais dura e profunda.

Na cela com Cordélia, Lear a convida a ser uma espiã de Deus:

> Anda comigo para a masmorra.
> Lá cantaremos como ave na gaiola;
> Quando me pedires a bênção, sou eu
> Quem vai ajoelhar e te pedir perdão. Assim vamos viver,
> Rezar, cantar, contar velhos contos e rir
> Das borboletas douradas, e ouvir uns velhacos pobres
> A falar das coisas da corte. Conversaremos com eles
> De quem perde e de quem ganha, de quem entra e de quem sai,
> E explicaremos o mistério das coisas,
> Como se fôssemos espiões de Deus.[259]

Ecoa o ensinamento de são Mateus: "Quem quiser salvar a sua vida, a perderá / e quem a quiser dar, a encontrará."

---

[259] *"Come, let's away to prison: / We two alone will sing like birds i' the cage: / When thou dost ask me blessing, I'll kneel down, / And ask of thee forgiveness: so we'll live, / And pray, and sing, and tell old tales, and laugh / At gilded butterflies, and hear poor rogues / Talk of court news; and we'll talk with them too, / Who loses and who wins; / who's in, who's out; / And take upon's the mystery of things, / As if we were God's spies:"* (Ato V, Cena 3)

Mapa, tempestade e cegueira

A falta de um melhor juízo acarreta a autossabotagem. Talvez esse seja o *"darker purpose"* referido.

Na peça, encontramos diversas metáforas dessa falta de discernimento. Além do mencionado mapa, há a icônica cena da tempestade, na qual Lear, abandonado, enfrenta a intempérie, numa bela imagem de luta do homem contra a sua natureza.

Exatamente debaixo da tempestade, Lear percebe a futilidade da pompa:

> Pompa, toma este remédio; expõe-te a sentir o que sentem os desgraçados, para que possas deixar cair sobre eles teu supérfluo e mostrar os céus mais justos.[260]

Outra conhecida simbologia dessa obra é a da cegueira. Lear e Gloucester não conseguem enxergar o que acontece e isso acarreta seus erros de julgamento. No caso de Gloucester, a cegueira deixa de ser apenas metafórica para se tornar real. Arrancados seus olhos, Gloucester torna-se verdadeiramente cego, mas, em contrapartida, passa a compreender melhor os fatos.

Gloucester reflete:

> Sem caminho, não sei para que olhos;
> Tropecei quando via[261]

Lear, ao encontrar o velho — e agora cego — amigo Gloucester, registra:

---

[260] *"Pomp; / Expose thyself to feel what wretches feel, / That thou mayst shake the superflux to them, / And show the heavens more just."* (Ato III, Cena 4)

[261] *"I have no way, and therefore want no eyes; / I stumbled when I saw."* (Ato IV, Cena 1)

LEAR: O homem pode ver como anda esse mundo sem olhos. Olhe com as orelhas: veja como aquele juiz descompõe aquele ladrãozinho. Atente com as orelhas: troque os lugares e pronto! Qual é o juiz, qual é o ladrão? Já viu o cão de um fazendeiro latir para um mendigo?
GLOUCESTER: Já, senhor.
LEAR: E a criatura fugiu do vira-lata?
Nisso se vê a grande imagem da autoridade:
Um cão é obedecido se ocupa um cargo.[262]

Afeto

Embora *Rei Lear* denuncie a falta de afeto dos filhos para com os pais, também há os bons exemplos. Lear erra por si só. Ninguém o força a nada ou o engana. Ao contrário, seus amigos tentam mostrar seu erro em deserdar Cordélia, mas o velho rei está irado. Não existe, em *Rei Lear*, um Iago, como em *Otelo*, ou uma Lady Macbeth, em *Macbeth*, que orientam o protagonista a seguir por um ou outro caminho. Lear é o único responsável pelos seus atos. Gloucester, de outro lado, é enganado por Edmundo, seu filho bastardo.

Em comum, há o fato de ambos promoverem maus julgamentos de seus filhos. Lear não percebe a honestidade de Cordélia, enquanto Gloucester se deixa levar pelas mentiras de Edmundo. O sentimento embaralha o julgamento.

---

262 *"Lear: What, art mad? A man may see how the world goes with no eyes. Look with thine ears. See how yond justice rails upon yond simple thief. Hark in thine ear. Change places and, handy-dandy, which is the justice, which is the thief? Thou hast seen a farmer's dog bark at a beggar? Earl of Glocester: Ay, sir. Lear: And the creature run from the cur? There thou mightst behold the great image of authority: a dog's obeyed in office."* (Ato IV, Cena 6)

CORDÉLIA REPRESENTADA EM 1849 (WIKICOMMONS)

Encontram-se, contudo, os "filhos bons". Mesmo injustamente deserdados, tanto Cordélia quanto Edgar cuidam dos seus respectivos pais. Ambos perdoam os erros dos progenitores. Cordélia — um nome que evoca a palavra *cordis*, isto é, coração — vai além: deixa o marido (que fica na França) e promove uma guerra para proteger o pai.

WILLIAM BLAKE REPRESENTOU LEAR E CORDÉLIA NA PRISÃO (WIKICOMMONS)

O confronto entre o abandono e o afeto é refletido no contraste entre a cena das filhas Goneril e Regane desamparando o idoso Lear[263] e o conforto, no final da peça, que Edgar oferece ao pai:

> Que é isso? Maus pensamentos de novo? Cabe ao homem esperar a sua hora de partir da vida assim como chegou: quando for a hora. Estar pronto é tudo.[264]

---

263 Ato II, Cena 4.
264 *"What, in ill thoughts again? Men must endure/ Their going hence, even as their coming hither; / Ripeness is all: come on."* (Ato V, Cena 2)

A peça começa e acaba com o duque de Albany, marido de Goneril, que, no curso da trama, consegue compreender a perigosa natureza de sua mulher. Ele oferece, ao fim, possivelmente a grande lição de nossa relação com as pessoas mais velhas:

Dizer o que sentimos, não o que deveríamos dizer.[265]

---

265 *"Speak what we feel, not what we ought to say."* (Ato V, Cena 3)

HAIL MACBETH!: A CONSCIÊNCIA HUMANA

> "Tenho medo de pensar no que fiz;
> Sequer ouso olhar para trás novamente."[266]

O mais famoso caçador de bruxas nos tempos de Shakespeare foi o rei Jaime I, que se engajou diretamente numa cruzada contra elas, resultando na morte de milhares de mulheres na Escócia.[267]

O rei Jaime foi também [um] grande entusiasta do teatro de Shakespeare, tanto que, como vimos, passou a patrocinar diretamente a companhia do Bardo, tornando-a "Os Homens do Rei" — The King's Men, que se apresentavam com frequência à corte.

Jaime foi o primeiro dos Stuart a reinar na Inglaterra. Original da Escócia, onde já ocupava o trono como Jaime VI, era tataraneto de Henrique VII, avô da rainha Elizabeth I. Relembrando: ele assumiu a co-

---

266 "*I am afraid to think what I have done; / Look on't again I dare not.*" (Ato II, Cena 2)
267 Borman, Tracy. *Witches: James I and the English Witch-Hunts*. Londres: Vintage, 2014, p. XV.

roa inglesa em 1603, com a morte sem herdeiros diretos de Elizabeth I, uma Tudor. Jaime era poeta, crítico literário, diplomata, supostamente homossexual não assumido e cheio de interesses pelos mais variados temas, tais como o antitabagismo[268] — o rei publicou, anonimamente, uma dura crítica ao hábito de fumar tabaco.[269] Sob sua orientação, promoveu-se a famosa tradução da Bíblia para o inglês, numa versão que ganhou seu nome — a "King James Version" ou a Bíblia do Rei Jaime.

Iniciou com ele uma dinastia curta e sofrida. O movimento puritano, que ganharia força a ponto de tomar o poder, foi inclemente com os Stuart. Seu filho e sucessor, Carlos I, foi executado, no início de 1649, por ordem do Parlamento.

Na época de Shakespeare, contudo, uma geração antes dos conturbados acontecimentos da Revolução Puritana, Jaime era apenas o rei, proveniente da Escócia, o primeiro de sua dinastia.

Evidentemente, houve tumultos com o novo ocupante do trono. Jaime fora batizado católico, mas, ao longo do tempo, se converteu ao protestantismo. Além disso, era escocês, o que, por si só, garantia certa antipatia por boa parte do povo inglês. O auge da revolta nesse início de reinado foi um atentado, ou melhor, uma tentativa de atentado, desarticulado momentos antes de sua execução. O evento ficou conhecido como o *"Gunpowder Plot"* — a trama da pólvora. Um grupo de católicos ingleses planejou explodir o prédio do parlamento inglês no dia 5 de novembro de 1605. Os conspiradores conseguiram colocar dezenas de barris de pólvora no subsolo do Parlamento. A ideia era a de fazer explodir a pólvora no momento em que o rei estivesse lá, abrindo os trabalhos daquela casa legislativa. Se o plano tivesse ido adiante, o prédio ter-se-ia transformado em escombros, matando centenas de nobres, inclusive o rei. Contudo, dias antes, o complô foi desbaratado: os responsáveis

---

268 Frye, Northrop et al. *A Bíblia e os mitos clássicos*. Campinas: Sétimo Selo, 2023, p. 24.
269 Asimov, Isaac. *Asimov's Guide to Shakespeare*, v. II. Nova York: Avenel Books, 1978, p. 151.

perseguidos, presos e severamente punidos. A tensão, contudo, seguia no ar. Viam-se suspeitas de traição em toda parte.

Shakespeare era também um homem de negócios. Na época dele, o termo *"show business"*, com sua atual acepção, ainda não tinha sido criado. *"Show business"* é expressão que, já há algum tempo, se refere à indústria do entretenimento. Esses dois conceitos precisam caminhar juntos para o sucesso da operação. Deve haver qualidade artística, mas não se pode perder de vista que se trata de um negócio, apto de gerar lucros. Caso o espetáculo seja apenas comercial, sem arte, a tendência é a do seu rápido esquecimento. Se, de outro lado, houver apenas uma manifestação artística que não agrade ao público (e, logo, sem o tino comercial), a operação não fica de pé. Shakespeare entendia do ramo, unindo, com maestria, a arte ao negócio.

FERDINAND BONN COMO MACBETH (WIKICOMMONS)

Em 1606, com o novo rei e todas essas circunstâncias, *Macbeth* estreia no Globe. Uma peça nova, sintonizada com os acontecimentos de seu tempo. A única no cânone relacionada à história escocesa — numa clara tentativa de afagar o rei. Concisa — a mais curta de todas as tragédias feitas por Shakespeare —, densa e escura, tudo se passa num ambiente sombrio, numa Escócia de séculos remotos. Não há qualquer elemento de humor na peça (exceto o "alívio cômico" na cena em que o porteiro bêbado abre a porta do aposento onde o rei Duncan foi assassinado). O tema central é a consciência humana.

A peça começa num lugar deserto, lúgubre, entre raios e trovões.

Três feiticeiras entram no palco. Esse número é significativo. Remete às três parcas da mitologia clássica — as moiras da mitologia grega —, responsáveis pelo destino. Cloto, Láquesis e Átropos: a primeira segurava o fuso do fio da vida, a segunda fiava, enrolando o fio, e a terceira cortava o fio, marcando a morte.

Logo na primeira cena, as três feiticeiras anteveem que se encontrarão com Macbeth numa charneca. Como videntes, elas não se expressam com clareza, e suas falas são sempre sujeitas a interpretações. A cena é concluída com elas, em coro, dizendo: "O belo é feio e o feio é belo! Pairemos entre a névoa e o ar impuro."[270]

Macbeth e Banquo, dois generais do rei escocês, retornam vitoriosos de uma batalha em que derrotaram insurgentes. Ainda cobertos de sangue, os guerreiros cruzam um lugar sinistro. "Nunca vi dia tão feio e tão belo",[271] registra Macbeth.

No caminho, encontram as três temidas feiticeiras. Assustados, Macbeth e Banquo pedem para que as bruxas se identifiquem. Cada uma delas, então, diz a Macbeth: "Salve Macbeth! Salve Barão de Glamis."

---

270 *"Fair is foul, and foul is fair: / Hover through the fog and filthy air."* (Ato I, Cena 1)
271 *"So foul and fair a day I have not seen."* (Ato I, Cena 3)

"Salve Macbeth! Salve Barão de Cawdor! Salve Macbeth! Ainda serás rei!"²⁷² As bruxas falam do passado, do presente e do futuro.²⁷³

EM 1790, UMA APRESENTAÇÃO DE MACBETH NO INTERIOR INGLÊS (WIKICOMMONS)

Para Banquo, as mesmas feiticeiras profetizam: "Menor do que Macbeth e maior", "Nem tão feliz, entretanto muito mais feliz!" e "Tu engendrarás reis, embora nunca o sejas."²⁷⁴

Ambos os guerreiros quedam confusos com os vaticínios. Macbeth, barão de Glamis, não é barão de Cawdor, muito menos rei. Macbeth pede esclarecimentos, mas as feiticeiras se desvanecem.

Pouco depois, Macbeth recebe a notícia de que, em função de seu sucesso na batalha, o rei o nomeou barão de Cawdor. A primeira parte da profecia se havia concretizado. Com isso, falta apenas a concretização

---

272 *"First Witch: All hail, Macbeth! hail to thee, thane of Glamis! / Second Witch: All hail, Macbeth, hail to thee, thane of Cawdor! / Third Witch: All hail, Macbeth, thou shalt be king hereafter!"* (Ato I, Cena 3)

273 Ver Dowden, Edward. *Shakespeare: His Mind and Art*. Nova York: Haper & Brothers, 1899, p. 223.

274 *"First Witch: Lesser than Macbeth, and greater. / Second Witch: Not so happy, yet much happier. / Third Witch: Thou shalt get kings, though thou be none: / So all hail, Macbeth and Banquo!"* (Ato I, Cena 3)

de uma profecia — a de que será rei. Essas previsões envenenam a mente de Macbeth — ou talvez o guerreiro tenha ouvido exatamente o que desejava ouvir. Ele tem de ser rei.

Ao chegar a seu castelo, em Inverness, Macbeth narra o estranho incidente para sua mulher, Lady Macbeth. Ela prontamente se entusiasma com a possibilidade de se tornar rainha. Macbeth e sua mulher imaginam uma forma rápida de transformar esse desejo em realidade: assassinar o rei, que se hospedaria em Inverness. Fria e ambiciosa, Lady Macbeth ensina seu marido a dissimular: "Teu rosto, meu barão, é um livro em que os homens podem ler estranhas coisas... para enganar o mundo, é preciso ser semelhante ao mundo."[275]

A oportunidade se apresenta. O rei se recolheu aos seus aposentos. Macbeth, porém, reluta em levar o plano de regicídio adiante. Afinal, seria uma tripla traição: Macbeth estaria assassinando, ao mesmo tempo, seu rei, seu hóspede e seu parente. Lady Macbeth, decidida, o encoraja a seguir adiante.

O casal embriaga os guardas que protegiam o quarto do rei. Macbeth entra no aposento enquanto o rei dorme e o mata. Ninguém o vê. Volta para seu quarto e relata o ocorrido para sua mulher. Macbeth está em choque. Conta que, enquanto assassinava o rei, imaginou ouvir: "Nunca mais dormirás! Macbeth assassinou o sono!"[276] Lady Macbeth o repreende. "Se ficarmos impressionados com essas coisas, acabaremos loucos"[277] e "Não te percas miseravelmente em teus pensamentos".[278] Ao fim, Lady Macbeth diz ao marido que se limpe, pois a água purifica tudo.[279]

---

[275] *"Your face, my thane, is as a book where men / May read strange matters. / To beguile the time, / Look like the time;"* (Ato I, Cena 5)

[276] *"Methought I heard a voice cry 'Sleep no more! / Macbeth does murder sleep."* (Ato II, Cena 2)

[277] *"These deeds must not be thought / After these ways; so, it will make us mad."* (Ato II, Cena 2)

[278] *"Be not lost / So poorly in your thoughts."* (Ato II, Cena 2)

[279] *"A little water clears us of this deed."* (Ato II, Cena 2)

Grande celeuma toma conta do castelo. O rei é encontrado morto. Macbeth finge indignação. Rapidamente, ele próprio mata os guardas que protegiam o rei. Alega que "o ímpeto do meu violento amor deixou para trás a lenta razão".[280] Com isso, Macbeth, na prática, impede que qualquer inquérito prossiga, evitando o esclarecimento do assassinato.

Os filhos do rei, percebendo a conspiração, fogem. São chamados de desertores e ainda lhes imputam a possível responsabilidade sobre a morte do pai. Pura *"fake news"*.

Macbeth é coroado rei — e, assim, a profecia se consuma. Contudo, Macbeth segue angustiado por conta do que as feiticeiras disseram para Banquo. Segundo as bruxas, os filhos de Banquo seriam reis. Macbeth, sem descendentes, não se conforma com isso. Contrata assassinos para matar, numa emboscada, Banquo e seu filho Fleance. O plano, entretanto, não se realiza totalmente como planejado: os assassinos conseguem matar Banquo, mas o filho escapa.

JACK CARTER E EDNA THOMAS INTERPRETANDO MACBETH E LADY MACBETH NA DÉCADA DE 1930 (WIKICOMMONS)

280 *"The expedition my violent love / Outrun the pauser, reason."* (Ato II, Cena 3)

Enquanto isso, no castelo, Lady Macbeth, sozinha, reflete: "Nada se ganha, ao contrário, tudo se perde, quando nosso desejo se realiza sem nos satisfazer. Mais vale ser a vítima do que viver com o crime numa alegria cheia de inquietudes!"[281]

Shakespeare aproveitava esses momentos nos quais as personagens estavam sozinhas em cena para que dissessem à plateia o que realmente pensam. Em todos os solilóquios, Shakespeare colocava na boca dos protagonistas suas verdades. Não havia dissimulação nessa hora, estabelecendo entre a personagem e o público um pacto de confiança.

Logo após Lady Macbeth reconhecer para si mesma sua angústia, surge Macbeth, com uma feição reveladora de sua tristeza e preocupação. Lady Macbeth o estimula: "Todas as coisas irremediáveis deveriam ser esquecidas. O que está feito, está feito."[282] O casal reforça seu pacto. Juntos, não tiveram escrúpulo para chegar ao poder. Prestes a receber convidados nobres, Lady Macbeth incita seu marido a desenrugar o rosto. Macbeth se convence: "Triste necessidade que nos obriga por prudência a lavarmos nossas honras nas correntes da adulação, fazendo de nossos rostos máscaras de nossos corações, para esconderem o que são!"[283]

No jantar, entretanto, Macbeth não consegue ocultar sua agonia. Imagina ver o fantasma de Banquo, a quem mandara assassinar. Os convidados percebem a perturbação de Macbeth, pois este conversa com o espectro, a quem apenas ele vê. Macbeth dá sinais de debilidade e desorientação. A reunião com os nobres é um desastre.

Macbeth volta a procurar as feiticeiras. Recebe novos vaticínios. O primeiro é o de que apenas sucumbirá quando o bosque de Birman marchar contra ele. Depois, recebe a informação de que não pode ser ferido por homem nascido de mulher. Essas previsões animam

---

281 "Nought's had, all's spent, / Where our desire is got without content: / 'Tis safer to be that which we destroy / Than by destruction dwell in doubtful joy." (Ato III, Cena 2)

282 "Things without all remedy / Should be without regard: what's done is done." (Ato III, Cena 2)

283 "Unsafe the while, that we / Must lave our honours in these flattering streams, / And make our faces vizards to our hearts, / Disguising what they are." (Ato III, Cena 2)

Macbeth. Ele acredita que essas condições jamais se implementarão e se enche de confiança.

O quinto e último ato se inicia com um médico e uma dama falando sobre o mal que acomete Lady Macbeth: o sonambulismo. Lady Macbeth vagueia pelo castelo, no meio do seu sono, falando palavras a princípio desconexas. "Sai, mancha maldita!",[284] ela grita. Lady Macbeth imagina que sua mão está suja de sangue, uma mancha que ela, por mais que se esforce, não consegue limpar.

ELLEN TERRY TAMBÉM INTERPRETOU A PERSONAGEM (WIKICOMMONS)

O médico oferece seu diagnóstico: "Estão circulando murmúrios insensatos! Atos contra a natureza geram desordens contra a natureza.

---

[284] *"Out, damned spot!"* (Ato V, Cena 1)

As consciências contaminadas descarregam seus segredos nos travesseiros surdos."[285]

Um pouco adiante na trama, Macbeth procura o médico para saber como anda o tratamento da paciente — isto é, de Lady Macbeth. Quando o médico replica que a rainha é vítima de visões que a impedem de repousar, Macbeth berra: "Atirai a medicina aos cães!"[286] Ele não tem tempo de procurar sua mulher. Vários nobres se uniram contra ele e marcham em sua direção. Diante da iminência do confronto, Macbeth tem de se preparar para a batalha.

Cercado pelas tropas inimigas, Macbeth recebe a notícia da morte da mulher. Assim ele reage:

> Deveria ter morrido mais tarde. Haveria, então, lugar para uma tal palavra!... O amanhã, o amanhã, o amanhã, avança em pequenos passos, de dia para dia, até a última sílaba da recordação e todos os nossos ontens iluminaram para os loucos o caminho da poeira da morte. Apaga-te, apaga-te, fugaz tocha! A vida nada mais é do que uma sombra que passa, um pobre histrião que se pavoneia e se agita uma hora em cena e, depois, nada mais se ouve dele. É uma história contada por um idiota, cheia de fúria e tumulto, significando nada.[287]

Em seguida, informam a Macbeth que os soldados inimigos, para camuflar sua chegada, haviam adornado suas vestimentas com galhos

---

285 *"Foul whisperings are abroad: unnatural deeds / Do breed unnatural troubles: infected minds / To their deaf pillows will discharge their secrets."* (Ato V, Cena 1)
286 *"Throw physic to the dogs."* (Ato V, Cena 3)
287 *"She should have died hereafter; / There would have been a time for such a word. / Tomorrow, and to-morrow, and to-morrow, / Creeps in this petty pace from day to day / To the last syllable of recorded time, / And all our yesterdays have lighted fools / The way to dusty death. Out, out, brief candle! / Life's but a walking shadow, a poor player / That struts and frets his hour upon the stage / And then is heard no more: it is a tale / Told by an idiot, full of sound and fury, / Signifying nothing."* (Ato V, Cena 5)

e folhas do bosque de Birnam. Com isso, o bosque parecia marchar. Macbeth imediatamente reconhece o cumprimento de parte da profecia das feiticeiras.

RETRATO DE CHARLES MACREADY EM INTERPRETAÇÃO DA PEÇA EM MEADOS DO SÉCULO XIX (WIKICOMMONS)

No campo de batalha, Macbeth luta ferozmente. Num determinado momento, ele e Macduff se encontram, frente a frente. Macbeth havia mandado matar a mulher e o filho de Macduff, e Macduff, portanto, ansiava por vingança.

Macbeth nada temia, agarrado à profecia de que não cairia por nenhum homem nascido de mulher. Macduff, contudo, revela a Macbeth que fora tirado depois da hora do ventre materno — ou seja, nasceu de uma pessoa já morta. Ao compreender que Macduff poderia matá-lo, Macbeth grita: "Que jamais se acredite nesses demônios enganadores, que zombam de nós com oráculos de duplo sentido, mur-

murando palavras prometedoras aos nossos ouvidos e destruindo nossas esperanças!..."[288]

ORSON WELLES DIRIGIU E INTERPRETOU O PROTAGONISTA DE MACBETH. JEANETTE NOLAN FEZ LADY MACBETH (WIKICOMMONS)

Macduff derrota Macbeth. Corta-lhe a cabeça e a apresenta aos demais nobres. Malcolm, herdeiro que havia fugido, retorna para reclamar o trono. Em sua fala final, ele registra que ali termina a tirania. É hora de reconstruir a Escócia, inclusive para pôr fim aos desmandos da "infernal rainha", que, esclarece o príncipe, teria tirado sua vida com as próprias mãos.

É bem possível que Shakespeare tenha feito de Lady Macbeth um espelho dessa consciência.

---

[288] "And be these juggling fiends no more believed, / That palter with us in a double sense; / That keep the word of promise to our ear, / And break it to our hope." (Ato V, Cena 7)

Segundo registros, em tempos idos viveu uma mulher na Escócia, neta de um rei, chamada Gruoch Ingen. Por volta de 1005, ela se casa com Gille Coemgáin, com quem tem um filho, Lulach. Gille morre quando a casa em que se encontrava, com outros nobres, pega fogo. Um dos suspeitos desse incêndio, Macbeth, se casa, posteriormente, com Gruoch, que, assim, passa a ser Lady Macbeth. Com a morte de boa parte da nobreza no tal incêndio, Macbeth torna-se rei e ocupa o trono ao longo de 17 anos. Como não há herdeiros, Lulach, herdeiro de Gruoch, lhe sucede.[289]

A principal fonte de Shakespeare para escrever *Macbeth* foram as *Crônicas* de Raphael Holinshed. Nela, o barão de Glamis é Sinel, pai de Macbeth. Na peça de Shakespeare, não se fala em Sinel, admitindo-se que o protagonista já é o barão de Glamis. Para quem conhecia a história, ficava a mensagem subliminar de que Macbeth havia também usurpado o título do pai.[290]

Lady Macbeth é, a todo tempo, uma espécie de consciência torta do marido. Ela o incita a praticar o crime. Ela o repreende quando ele dá sinais de fraqueza. Quando Lady Macbeth desaparece, já não há qualquer consciência, mas loucura. Não à toa, no final do primeiro ato, Lady Macbeth roga aos espíritos que tornem seu sangue mais denso e impeçam a passagem de qualquer escrúpulo.[291]

Dizem que quem "inventou" o subconsciente foram os românticos.[292] Shakespeare, contudo, identificou o fenômeno antes deles. Freud sustentou que o ser humano sofreu três grandes feridas narcísicas: a primeira com Galileu e Copérnico, ao provarem que a Terra não está no centro do universo. A segunda com Darwin, ao demonstrar que somos

---

[289] Ver Vidal, Nara. *Shakespearianas*. Belo Horizonte: Relicário, 2023, p. 165.
[290] Ver Foakes, R. A. "Images of Death: Ambitions in Macbeth". In: Brown, John Russell (org.). *Focus in Macbeth*. Londres: Routledge, 1982, p. 12.
[291] "*make thick my blood; / Stop up the access and passage to remorse,*" (Ato I, Cena 5)
[292] Ver Pondé, Luiz Felipe. *Diálogos sobre a natureza humana*. São Paulo: Versos, 2023, p. 136.

parentes dos macacos. Finalmente, com ele, Freud, ao deixar explícito que não somos os donos das nossas casas, pois o inconsciente comumente nos domina. Na verdade, Shakespeare já havia deixado isso evidente.

MARZIYA DAVUDOVA E ABBAS MIRZA SHARIFZADE, ATORES DO AZERBAIJÃO, ENCENAM A PEÇA (WIKICOMMONS)

Muitos autores, inclusive, interpretam o encontro de Macbeth com as bruxas como a revelação dos desejos inconfessáveis do próprio Macbeth. As bruxas externam o que Macbeth queria, mas não tinha coragem de externar. A questão interessante é saber se as feiticeiras leram o futuro ou a alma do guerreiro.

Freud, em seu *A interpretação dos sonhos*, sustenta que o tema central de *Macbeth* é a falta de filhos.[293] Não se explicita na peça se o casal Macbeth perdeu algum filho ou se não conseguiu procriar. Com certeza, essa ausência de sucessores naturais serve como potente imagem. Normalmente, nas tragédias shakespearianas, o público entende tudo o que está ocorrendo. Ele compreende a situação melhor do que as personagens. Em *Macbeth*, a plateia consegue ver como a consciência — a culpa — se apodera do casal, que, apesar de ter engendrado um plano exitoso para tomar o poder, não consegue conviver internamente com a violência de seus atos.

Essa culpa corrosiva, que domina e escraviza, será retomada por Dostoievsky, em *Crime e castigo*. O protagonista comete um crime, mas não consegue se perdoar. Finalmente, ele é preso, para verificar que nunca se sentiu tão preso como quando estava livre e nunca se sentiu tão livre como quando estava preso. Na prisão, cumprindo a pena pelo seu erro, aplacou a consciência.

Para alguns críticos famosos, *Macbeth* é a última das quatro grandes tragédias do Bardo, ao lado de *Hamlet*, *Otelo* e *Rei Lear*.[294] Nessa obra, Shakespeare definitivamente afasta a ideia de destino. Embora as bruxas antecipem o futuro, Macbeth tem sempre a oportunidade de agir de modo diferente, o que faz dessa peça a tragédia do livre-arbítrio.[295] É também a tragédia na qual se observa a transformação do humano: de respeitável líder de um clã, Macbeth se torna um assassino. De homem leal e honrado, Macbeth vira um mentiroso. Durante o drama, a consciência se esfacela na frente da plateia.

---

293 Freud, Sigmund. *A interpretação dos sonhos*. Porto Alegre: L&PM, 2013, p. 288.
294 Essa é a opinião, por exemplo, de Victor Hugo, expressa em *William Shakespeare: su vida, su genio, su obra* (Madri: Archivos Vola, 2021, p. 57), A. C. Bradley, expressa em *A tragédia shakespeariana* (São Paulo: Martins Fontes, 2009), John Peck et al., expressa em *How to Study a Shakespeare Play* (2ª ed., Londres: Macmillan Press, 1995, p. 51), e William Hazlitt, expressa em *Characters of Shakespeare's Plays* (Oxford: Oxford University Press, 1929, p. 12).
295 Ver Chesterton, G. K. *El alma del ingenio*. Barcelona: Renacimiento, 2022, p. 110.

PEÇA ENCENADA NOS PAÍSES BAIXOS NO INÍCIO DO SÉCULO XX (WIKICOMMONS)

Com razão, já se disse que *Macbeth* é uma história contada por um gênio, repleta de sonoridade e força, significando um mundo de coisas.

SHAKESPEARE: O COMEÇO E O FALSO FIM (O AMANHÃ, E O AMANHÃ, E O AMANHÃ)

Imaginem os teatros públicos londrinos do começo do século XVII. O Globe comportava até três mil pessoas amontoadas num ambiente pequeno, fétido e sujo. Uma algazarra. O edifício de madeira, em forma de "o", tinha seu teto vazado. O palco se projetava para dentro da plateia. Bêbados, desordeiros e "pega-bolsos" entre os espectadores. Uma confusão barulhenta. Som e fúria.

Para domar esse caos, Shakespeare tinha de começar sua peça com potência. Era necessário capturar a atenção da massa. Domá-la.

"Agora o inverno do nosso descontentamento foi convertido em glorioso verão por este sol de York, e todas as nuvens que ameaçavam a nossa casa estão enterradas no mais interno fundo do oceano",[296] diz Ricardo III, encarando o público no monólogo que marca o começo da peça. O *"Now"* — agora — deveria ser um grito, para marcar o "já", neste momento, agora. O teatro é agora. Ninguém está "gravando" aquela cena. É agora ou nunca. Em seguida, Ricardo confessa sua deturpação moral, olhando nos olhos dos espectadores. Quando se aproxima alguém, ele pede que seus pensamentos mergulhem fundo na sua alma.[297] Ricardo é um amoral. Um vilão absoluto. Essa introdução tem uma singularidade no cânone, pois é a única na qual o protagonista inicia sua própria peça. Há, além disso, outra quebra de paradigma, pois o *"Now"* pronunciado no começo funciona como a sílaba tônica (tecnicamente chamada icto, formando um troqueu), quando, em regra, nos pentâmetros iâmbicos utilizados pelo Bardo, a segunda sílaba era a mais forte. O autor queria chamar a atenção para o diferente. Esse fato, aliado à intensidade verbal, garantia o sucesso: Pronto! Acabou a confusão no teatro; estão todos magnetizados.

 A megera domada começa com a história de um funileiro, Christopher Sly, um pobre coitado que passa boa parte do tempo embriagado. De chiste, decidem pregar uma peça no homem. Caído por uma bebedeira, Sly é levado para uma bela casa, onde lhe dão banho e trocam-lhe a roupa. Ao despertar, não entende nada. Passam, então, a lhe dizer que ele é nobre. Sly fica desorientado. Para entretê-lo, decidem apresentar um espetáculo — e, assim, começa *A megera domada*, uma peça dentro de outra peça: a metarrealidade exposta. Quem pode resistir?

---

[296] *"Now is the winter of our discontent / Made glorious summer by this sun of York; / And all the clouds that lour'd upon our house / In the deep bosom of the ocean buried."* (Ato I, Cena 1)

[297] *"Dive, thought, down to my soul."* (Ato I, Cena 1)

ELIZABETH TAYLOR EM *A MEGERA DOMADA* (ALAMY)

"Se a música é o alimento do amor, que haja música!":[298] eis as primeiras palavras de *Noite de Reis*, uma comédia. Animação! Seria o "Explode DJ!" de quatrocentos anos atrás.

Em *Romeu e Julieta*, o Bardo se vale de outra estratégia: ele resume, em quatorze linhas — um soneto! —, tudo o que vai acontecer. Um *teaser*. Conta que os dois jovens de Verona irão se apaixonar, mas a jamais explicada sanha de seus pais colocará tudo a perder. Eis outra exceção: o Bardo usa esse recurso apenas uma vez em toda a sua obra — a mostrar que o grande artista nunca se acomoda. Os versos bem construídos nos convidam — ou quase impõem — que continuemos a ouvir essa triste história de amor.

O começo de *Trabalhos de amor perdidos* é marcado por um compromisso inderrogável e radical, feito por quatro jovens homens, entre eles o rei, de, durante três anos, manterem a vida casta, dedicada ao estudo, completamente afastada das mulheres. Trata-se de uma promessa que desafia a natureza. A audiência quer saber se e como essa tarefa será cumprida.

---

[298] *"If music be the food of love, play on."* (Ato I, Cena 1)

JOHN DREW COMO O REI DE NAVARRA EM *TRABALHOS DE AMOR PERDIDOS* (WIKICOMMONS)

Logo no primeiro ato de *Sonho de uma noite de verão*, Lisandro reconhece que "o verdadeiro amor jamais seguiu um curso fácil".[299] Uma instigante forma de introduzir uma comédia sobre os desencontros amorosos.

Em *Henrique V*, o Coro, como se fosse introduzir um poema, convida o público, no prólogo, a imaginar os prados franceses, palco das famosas batalhas.

---

299 *"The course of true love never did run smooth"* (Ato I, Cena 1)

Mas, perdoai, gentis auditores, ao gênio sem chama que ousou trazer para este indigno tablado um tema tão grandioso. Pode esta rinha conter os vastos campos da França? Podemos amontoar neste círculo de madeira todos os cascos que assustaram o céu em Azincourt? Oh? perdão, já que um reduzido número vai, num pequeno espaço, representar um milhão, permiti que contemos como cifras desse grande número as que sejam forjadas pela força de vossa imaginação. Imaginai que dentro do recinto destas muralhas estejam encerradas duas poderosas monarquias, cujas altivas e ameaçadoras fronteiras estão somente separadas por um perigoso e estreito oceano. Supri minha insuficiência com vossos pensamentos. Multiplicai um homem por mil e criai um exército imaginário. Figurai, quando falarmos de cavalos, que os estais vendo imprimir os orgulhosos cascos no solo brando, porque são vossas imaginações que devem, hoje, vestir os reis, transportá-los de um lugar para outro, transpor os tempos, acumular numa hora de ampulheta os acontecimentos de muitos anos. Permiti que eu supra como coro as lacunas desta história e que, fazendo a função de prólogo, rogue vossa bondosa indulgência para que escuteis e julgueis tranquila e bondosamente nossa peça.[300]

---

[300] *"But pardon, and gentles all, / The flat unraised spirits that have dared / On this unworthy scaffold to bring forth / So great an object: can this cockpit hold / The vasty fields of France? or may we cram / Within this wooden O the very casques / That did affright the air at Agincourt? / O, pardon! since a crooked figure may / Attest in little place a million; / And let us, ciphers to this great accompt, / On your imaginary forces work. / Suppose within the girdle of these walls / Are now confined two mighty monarchies, / Whose high upreared and abutting fronts / The perilous narrow ocean parts asunder: / Piece out our imperfections with your thoughts; / Into a thousand parts divide on man, / And make imaginary puissance; / Think, when we talk of horses, that you see them / Printing their proud hoofs i' the receiving earth; / For 'tis your thoughts that now must deck our kings, / Carry them here and there; jumping o'er times, / Turning the accomplishment of many years / Into an hour-glass: for the which supply, / Admit me Chorus to this history; / Who prologue-like your humble patience pray, / Gently to hear, kindly to judge, our play."* (Prólogo)

Um ingresso para liberar a imaginação. Quem resiste?

Na cena inicial do primeiro ato de *Júlio César*, a mais política de todas as peças do cânone, o dramaturgo introduz o povo como importante elemento da trama. Nobres e plebeus discutem, com os primeiros demonstrando seu desprezo pelo povo. Os nobres buscam manobrar a massa, em seu interesse político. Esse tom marcará toda a peça.

Com uma conversa ríspida, de poucas palavras, boa parte delas monossilábicas, começa *Hamlet*. "Quem vem lá?" — a primeira frase é também a primeira questão da peça. Está tudo escuro. Os dois guardas, que aparecem no palco, não se veem. Um enigma que mesmeriza o público. Ora, "quem vem lá" somos nós, a plateia, provocados por essa indagação.

Na primeira cena de *Macbeth*, num lugar sinistro, castigado por raios e trovões, as bruxas trocam palavras desordenadas, de difícil compreensão. "O belo é feio e o feio é belo!"[301] Esse caos mental, apresentado nesse triálogo (desculpas pelo irresistível neologismo) de apenas onze linhas, dá o tom para a história a seguir narrada.

A primeira fala de Antônio e Cleópatra é outra intimação para entregar toda atenção à história que se contará a seguir. Um soldado romano conta, de pronto, que o grande general Marco Antônio se transformou no "fole que alimenta as loucuras de uma cigana",[302] isto é, Cleópatra. A paixão tornou o deus da guerra num bufão. Mas como? Vamos entender a história!

Para muitos escritores — creio que para a quase totalidade deles —, terminar o texto é mais difícil do que começá-lo. Isso se dá, entre outros motivos, porque o texto ganha vida própria, passa a ter seus desígnios, e, comumente, se desentende com seu autor. O fim de uma peça não pode ser simplesmente o fim. O fim deve ser um convite a revê-la, a reexaminá-la; na prática, o fim deve ser a provocação para um novo começo.

Nisso, também, Shakespeare é imbatível.

---

301 *"Fair is foul, and foul is fair"* (Ato I, Cena 1)
302 *"And is become the bellows and the fan / To cool a gipsy's lust."* (Ato I, Cena 1)

JOHN DREW TAMBÉM FOI PETRÚQUIO (WIKICOMMONS)

No fim de *A megera domada,* os homens, no meio de uma festa, promovem um concurso. Entre eles, querem descobrir qual a mulher mais cordata. Cada um solicita que sua mulher lhe traga uma bebida. Querem saber qual delas será a mais obediente. Todas respondem de modo ríspido aos seus maridos. Todas, menos uma: Catarina — que no início da peça era a "megera", mulher voluntariosa e indomável. Catarina obedece servilmente a Petrúquio, seu marido, e repreende as demais com o seguinte discurso:

> Teu marido é teu senhor, tua vida, teu guardião, tua cabeça, teu soberano; é quem cuida de ti, quem se ocupa de teu bem-estar. É ele quem submete seu corpo aos trabalhos rudes, tanto na terra como no mar. De noite, vela no meio da tempestade; de dia, no meio do frio; enquanto tu dormes calidamente em casa, segura e salva. Só implora de ti o tributo do amor, da doce e fiel obediência: paga bem pequena para tão grande dívida. A mulher tem as mesmas obrigações em relação ao marido do que um súdito em relação ao príncipe. E mostrando-se indomável, mal-humorada, intratável, desaforada e desobediente às suas legítimas ordens, não passa de uma rebelde, uma vil litigante, culpada do delito de traição para com seu senhor bem-amado. Causa-me vergonha ver as mulheres declararem, ingênuas, a guerra, quando deveriam implorar a paz; pretenderem o mando, a supremacia e o domínio, estando destinadas a servir, amar e obedecer.[303]

---

[303] "*Thy husband is thy lord, thy life, thy keeper, / Thy head, thy sovereign; one that cares for thee, /And for thy maintenance commits his body / To painful labour both by sea and land, / To watch the night in storms, the day in cold, / Whilst thou liest warm at home, secure and safe; / And craves no other tribute at thy hands /But love, fair looks and true obedience; / Too little payment for so great a debt. / Such duty as the subject owes the prince / Even such a woman oweth to her husband; / And when she is froward, peevish, sullen, sour, / And not obedient to his honest will, / What is she but a foul contending rebel / And graceless traitor to her loving lord? / I am ashamed that women are so simple / To offer war where they should kneel for peace; / Or seek for rule, supremacy and sway, / When they are bound to serve, love and obey.*" (Ato V, Cena 2)

CONSTANCE BENSON COMO A CATARINA DE *A MEGERA DOMADA* (WIKICOMMONS)

    Catarina realmente acredita no que diz? A fala, de ironia cortante, coloca toda a conduta de Catarina sob exame. Quem está no comando? A "megera" foi domada ou aprendeu como controlar o jogo?

    Em *Medida por medida*, ao fim da peça, o duque pede Isabella, uma noviça, em casamento, mas Isabella nada responde. Silêncio. O que isso quer dizer? Nessa comédia, Shakespeare denuncia os falsos puritanos, que se apresentam de onímodas formas, inclusive os que pregam a correção, mas agem de modo desvirtuado. O silêncio de Isabella é mais uma maneira de dissimular. A noviça não é um poço de pureza.

    Em *Júlio César*, Antônio, um dos vencedores do embate com os conspiradores assassinos de César, termina a peça fazendo a Brutus, que se suicidara, o maior elogio do cânone Shakespeariano: "Este foi um Homem!"[304] Esse louvor ao adversário oferece nova perspectiva ao confronto e aos valores em jogo.

---

304 *"This was a man!"* (Ato V, Cena 5)

CARTÃO COM A IMAGEM DE LAWRENCE BARRETT COMO JÚLIO CÉSAR, NO FIM DO SÉCULO XIX (WIKICOMMONS)

TYRONE POWER COMO BRUTUS EM 1918 (WIKICOMMONS)

Otelo, quando percebe sua estupidez, se mata dando um beijo no cadáver de Desdêmona: "Eu te beijei antes de te matar... Não havia outro meio senão matar-me para morrer com um beijo!"[305]

Da mesma forma que o mouro, Romeu se despede da vida beijando sua amada: "Assim, morro... com um beijo! (*Morre*)"[306]

"Terminada a peça, o rei agora é mendigo",[307] fala o rei aos espectadores em *Tudo está bem quando acaba bem*. Dessa forma, Shakespeare acorda duas vezes seu público: marca-se o fim daquela peça, mas também o princípio da possibilidade de ver as coisas como realmente são. Quem é o rei e quem é o mendigo?

Na última frase de *Rei Lear*, Albany, depois de tanta tristeza e sofrimento, deixa extravasar sua dor: "Devemos submeter-nos ao peso destes tempos amargos; dizer o que sentimos, não o que deveríamos dizer."[308] Saímos do teatro, depois de ouvir esse incitamento, com o coração pesado, mas com a alma leve. Ficamos sabendo que, em determinados momentos, em momentos difíceis, só se pode dizer a verdade.

Em *A tempestade*, provavelmente a última obra escrita exclusivamente por Shakespeare, Próspero, personagem por muitos identificado como *alter ego* do autor, fala para Miranda, sua filha:

> O nosso entretenimento está concluído. Estes atores,
> Como vos disse, são, todos eles, espíritos;
> Esvaíam-se em ar, em ar transparente.
> Ora, como a ilusória visão se esvaiu,
> As torres que se elevavam até as nuvens, os palácios soberbos,

---

[305] "*I kiss'd thee ere I kill'd thee: no way but this; / Killing myself, to die upon a kiss. / [Falls on the bed, and dies]*" (Ato V, Cena 2)

[306] "*Thus with a kiss I die.*" (Ato V, Cena 3)

[307] "*The king's a beggar, now the play is done.*" (Epílogo)

[308] "*Speak what we feel, not what we ought to say.*" (Ato V, Cena 3)

Os templos majestosos, e até o próprio globo,[309]
Com tudo o que nele existe, hão de se esvair.
Sim, tal como esta frívola diversão se evaporou,
Evaporar-se-ão todas as coisas, sem deixar o menor rastro.
Nós somos do mesmo estofo de que os sonhos são feitos,
E a nossa curta vida está encerrada entre dois sonos.[310]

Shakespeare, assim, se despede. Um falso fim. Uma despedida que dura pouco, porque logo queremos ouvi-lo novamente e novamente. E assim segue toda a obra desse gênio e profeta, criando oportunidades de aprendizado e de reflexão — tudo a nos dar a convicção de que, a partir daí, haverá sempre um amanhã mais iluminado.

---

309 Aqui, a referência ao globo é um claro trocadilho, na medida em que "Globo" também era o nome do teatro no qual, nessa época, suas peças eram apresentadas.

310 *"Our revels now are ended. These our actors, / As I foretold you, were all spirits and / Are melted into air, into thin air: / And, like the baseless fabric of this vision, / The cloud--capp'd towers, the gorgeous palaces, / The solemn temples, the great globe itself, / Ye all which it inherit, shall dissolve / And, like this insubstantial pageant faded, / Leave not a rack behind. We are such stuff / As dreams are made on, and our little life / Is rounded with a sleep."* (Ato IV, Cena 1)

EPÍLOGO

Sem epílogo, eu te suplico, pois sua peça não precisa de desculpas.
Nunca se desculpe, pois quando as personagens estão todas mortas, não há necessidade de culpar ninguém.

No epilogue, I pray you; for your play needs no excuse. Never excuse; for when the players are all dead, there needs none to be blamed.

Duque Teseu em *Sonho de uma noite de verão*

Como nada é óbvio em Shakespeare e vivia nele uma doce rebeldia, logo após o duque de *Sonho de uma noite de verão* solicitar que não haja epílogo, o travesso Puck, responsável por boa parte das confusões narradas na peça, desconsidera o pedido da autoridade, para se despedir da plateia:

> Se nós, sombras, vos ofendemos,
> Considerai este fato, e tudo se explicará:
> Que vós apenas adormecestes,
> Enquanto apareceram estas visões.
> E este fraco e humilde tema,

Que nada mais contém senão um sonho,
Gentis espectadores, não o condeneis.
Se nos perdoais, nos corrigiremos.
E, por ser Puck honesto,
Se tivermos sorte
De escapar da língua viperina,
Vamos nos corrigir, o melhor que pudermos,
Senão, chamai Puck de mentiroso.
Então, boa noite a todos,
Dai-me vossas mãos, se fordes amigos,
E o pintarroxo cantará por nós.
(*Sai.*)[311]

---

311 "*If we shadows have offended, / Think but this, and all is mended, / That you have but slumber'd here / While these visions did appear. / And this weak and idle theme, / No more yielding but a dream, / Gentles, do not reprehend: / if you pardon, we will mend: / And, as I am an honest Puck, / If we have unearned luck / Now to 'scape the serpent's tongue, / We will make amends ere long; / Else the Puck a liar call; / So, good night unto you all. / Give me your hands, if we be friends, / And Robin shall restore amends.*" (Ato V, Cena 1)

PEQUENA NOTA DO AUTOR

Já são muitos anos estudando Shakespeare. Quanto mais leio e reflito, mais motivos encontro para seguir me aprofundando na obra do Bardo de Stratford. Este trabalho reúne parte dessa investigação, que, espero, sirva de estímulo ao leitor para seguir conhecendo esse gênio da humanidade. Como sabem os iniciados, Shakespeare está em toda parte.

Agradeço encarecidamente aos amigos que leram os originais e me ajudaram a aprimorar o texto. Em especial, sou grato à Liana Leão, José Roberto O'Shea e Paulo Cesar de Barros Mello, os primeiros profundos conhecedores de Shakespeare e o último, um querido amigo de família. Todos cultos e afetuosos, gastaram generosamente seu precioso tempo para esmerar este ensaio.

Profunda gratidão também à minha família. Acima de tudo, devo muito à Bel, sempre paciente comigo — afinal, ela sabe que minha paixão pelo Bardo, embora enorme, é quase nada perto do que sinto por ela.

Rio de Janeiro, agosto de 2024

OBRAS CONSULTADAS

ALLENDE, Isabel. "Enamoured with Shakespeare". In: CARSON, Susanah (org.). *Living with Shakespeare*. Nova York: Randon House, 2013.
ANDREWS, Mark Edwin. *Law versus Equity in* The Merchant of Venice. Boulder: University of Colorado Press, 1965.
ARENDT, Hannah. *Sobre a revolução*. São Paulo: Companhia das Letras, 2011.
ARMSTRONG, Jane. *The Arden Shakespeare Miscellany*. Londres: A&C Black Publishers, 2001.
ASIMOV, Isaac. *Asimov's Guide to Shakespeare*, v. II. Nova York: Avenel Books, 1978.
AUDEN, W. H. *Lectures on Shakespeare*. Princeton: Princeton University Press, 2002.
AXSON, Stockton. "Goethe and Shakespeare". *The Rice Institute Pamphlet*, v. 19, nº 2, 1932, p. 151 (http://hdl.handle.net/1911/8557).
BARTHES, Roland. *Escritos sobre teatro*. São Paulo: Martins Fontes, 2007.
BARTON, Dunbar Plunket. *Links Between Shakespeare and The Law*. Londres: Faber & Gwyer, 1929.
_____. *Shakespeare and the Law*. Boston: Houghton Mifflin Company, 1929.
BATE, Jonathan. *The Genius of Shakespeare*. Londres: Picator, 2008.
_____. *Soul of the Age*. Nova York: Random House, 2009.
BERTHOLD, Margot. *História mundial do teatro*. São Paulo: Perspectiva, 2011.
BLOOM, Harold. *Gênio*. Rio de Janeiro: Objetiva, 2003.
_____. *O cânone ocidental*. 2ª ed. Rio de Janeiro: Objetiva, 1995.
_____. *Onde encontrar a sabedoria*. Rio de Janeiro: Objetiva, 2005.

_____. *Como e por que ler*. Rio de Janeiro: Objetiva, 2001.

_____. *Hamlet: poema ilimitado*. Rio de Janeiro: Objetiva, 2004.

_____. *Shakespeare: a invenção do humano*. Rio de Janeiro: Objetiva, 1998.

BOOTH, Stephen. *King Lear, Macbeth, Indefinition & Tragedy*. New Haven: Yale University Press, 1983.

BOQUET, Guy. *Teatro e sociedade: Shakespeare*. São Paulo: Perspectiva, 1969.

BORGES, Jorge Luis. *Nove ensaios dantescos & A memória de Shakespeare*. São Paulo: Companhia das Letras, 2011.

_____. *Curso de literatura inglesa*. São Paulo: Martins Fontes, 2002.

BRADBROOK, M. C. *Shakespeare the Craftsman*. Cambridge: Cambridge University Press, 1968.

BRADLEY, A. C. *A tragédia shakespeariana*. São Paulo: Martins Fontes, 2009.

BROOK, Peter. *A porta aberta*. Rio de Janeiro: Editora Civilização Brasileira, 2011.

BROWN, Richard Danson; JOHNSON, David. *A Shakespeare Reader: Sources and Criticism*. Milton Keynes: Macmillan, 2000.

BRYSTON, Bill. *Shakespeare: o mundo é um palco*. São Paulo: Companhia das Letras, 2008.

BULLOUGH, Geoffrey. *Narrative and Dramatic Sources of Shakespeare*. 8 vols. Nova York: Columbia University Press, 1962.

CALLAGHAN, Dympna; KYLE, Chis R. "The Wilde Side of Justice in Early Modern England and *Titus Andronicus*". In: JORDAN, Constance; CUNNINGHAM, Karen (org.). *The Law in Shakespeare*. Londres: Palgrave Macmillan, 2007.

CAMPBELL, Lily B. *Shakespeare's Histories*. Londres: Methuen, 1964.

_____. *Shakespeare Tragic Heroes*. Londres: Methuen & Co, 1972.

CARLSON, Marvin. "The Restoration and Eighteenth Century in England". In: CARLSON, M. *Theories of the Theatre*. Cornell: UP, 1996.

CASTRO, Eduardo Viveiros de; ARAÚJO, Ricardo Benzaquen de. "*Romeu e Julieta* e a origem do Estado". In: VELHO, Gilberto (org.). *Arte e sociedade: ensaios de sociologia da arte*. Rio de Janeiro: Zahar, 1977.

CASTRO NEVES, José Roberto de. *Shakespeare e os Beatles: o caminho do gênio*. Rio de Janeiro: Nova Fronteira, 2021.

_____. *Caixa de palavras*. Rio de Janeiro: Nova Fronteira, 2023.

_____. *Medida por medida: o Direito em Shakespeare*. 6ª ed. Rio de Janeiro: Nova Fronteira, 2019.

CATÀ, Cesare. *Pergunte a Shakespeare*. São Paulo: Leya Brasil, 2024.

CHAMBERS, E. K. *Shakespeare: A Survey*. Nova York: Hill & Wang, 1960.

CHARTIER, Roger. *Cardênio entre Cervantes e Shakespeare: história de uma peça perdida*. Rio de Janeiro: Civilização Brasileira, 2012.

CHESTERTON, G. K. *The Soul of Wit: G. K. Chesterton on William Shakespeare*. Nova York: Dover Publications, 2012.

CHURCHILL, Winston. *A History of the English Speaking Peoples*. v. 2. 2ª ed. Londres: Cassel and Company Ltd, 1957.

CHUTE, Marchette. *Shakespeare of London*. Nova York: E. P. Dutton Publishers, 1949.

CINTRA, Rodrigo Suzuki. *Shakespeare e Maquiavel*. São Paulo: Alameda, 2015.

CLEGG, Cyndia Susan. "Truth, Lies, and the Law of Slander in *Much Ado About Nothing*". In: JORDAN, Constance; CUNNINGHAM, Karen (org.). *The Law in Shakespeare*. Londres: Palgrave Macmillan, 2007.

COOK, Barrie. *Angels and Ducats: Shakespeare Money and Medals*. Londres: The British Museum Press, 2012.

COOPER, Helen. *Shakespeare and the Medieval World*. Londres: Arden Shakespeare, 2010.

CORRIGAN, Paul. *Shakespeare na administração de negócios*. São Paulo: Makron, 1999.

COSTALUNGA, Karime. "O princípio da igualdade sucessória em *Rei Lear*". In: MARTINS-COSTA, Judith (org.). *Narração e normatividade*. Rio de Janeiro: GZ Editora, 2012.

CRYSTAL, David; CRYSTAL, Ben. *Shakespeare Words*: *A Glossary & Language Companion*. Londres: Penguin Books, 2002.

DAVID, René. *O Direito inglês*. São Paulo: Martins Fontes, 1997.

DAVIES, Oliver Ford. *Shakespeare's Fathers and Daughters*. Londres: Bloomsbury, 2017.

DAVIS, Cushman Kellogg. *The Law in Shakespeare*. Washington, D. C.: Washington Law Book Co., 1999.

DICKSON, Andrew. *The Rough Guide to Shakespeare*. 2ª ed. Londres: Rough Guides, 2009.

DOREN, Mark Van. *Shakespeare*. Nova York: New York Review Books – Classics, 2005.
DORIUS, R. J. *Shakespeare's Histories*. Boston: Heath and Co., 1965.
DOWDEN, Edward. *Shakespeare: His Mind and Art*. Nova York: Haper & Brothers, 1899.
DOYLE, John. *Shakespeare for Dummies*. Nova York: Willey Publishing, 1999.
DUBROW, Heather. *Shakespeare and Domestic Loss*. Cambridge: Cambridge University Press, 1999.
DUNCAN, Sophie. *Juliet: The Life and Afterlife of Shakespeare's First Tragic Heroine*. Nova York: Seal Press, 2023.
DUNCAN-JONES, Katherine. *Shakespeare: an Ungentle Life*. Londres: Methuen, 2001.
DUNN, Jane. *Elizabeth & Mary*. Rio de Janeiro: Rocco, 2003.
DUNTON-DOWNER, Leslie. *Shakespeare*. Nova York: DK Publishing, 1994.
EDMONDSON, Paul. *Shakespeare Beyond Doubt*. Cambridge: Cambridge University Press, 2013.
EMERSON, Ralph Waldo. *Shakespeare y Goethe*. Madri: Archivos Vola, 2023.
EVANS, G. L. *The Upstart Crow*. Londres: J. M. Dent, 1982.
FARNAM, Henry W. *A economia em Shakespeare*. Rio de Janeiro: Zahar, 2009.
FELLOWS, Virginia M. *O código Shakespeare*. Rio de Janeiro: BestSeller, 2010.
FERNANDES, Millôr. "Sobre a tradução". In: SHAKESPEARE, William. *A megera domada*. Porto Alegre: L&PM, 2010.
FIELDER, Leslie A. *The Stranger in Shakespeare*. Londres: Lowe, 1972.
FOAKES, Mary; FOAKES, Reginald. *The Columbia Dictionary of Quotations from Shakespeare*. Nova York: Barnes & Noble, 2000.
FOAKES, R. A. "Images of Death: ambitions in Macbeth". In: BROWN, John Russell (org.). *Focus in Macbeth*. Londres: Routledge, 1982.
FOUCAULT, Michel. *História da loucura*. 12ª ed. São Paulo: Perspectiva, 2019.
FOX, Levi. *The Shakespeare Book*. Norwich: Jarrold and Sons, 1972.
FRANCO, Gustavo. *Shakespeare e a economia*. Rio de Janeiro: Zahar, 2009.
FREUD, Sigmund. *A interpretação dos sonhos*. Porto Alegre: L&PM, 2013.
FREY, David L. *The First Tetralogy: Shakespeare's Scrutiny of the Tudor Mith*. The Hague: Mouton, 1976.
FRYE, Northop. *A imaginação educada*. Campinas: Vide, 2017.
_____. *Northop Frye on Shakespeare*. New Haven: Yale University Press, 1986.

FURNESS, Horace Howard. *A New Variorum Edition of Shakespeare*. Filadélfia: J. B. Lippincott, 1971.
GARBER, Marjorie. *Shakespeare After All*. Nova York: Anchor Books, 2004.
GASSNER, John. *Mestres do teatro*. 4ª ed. São Paulo: Perspectiva, 2010.
GESNER, Carol. *Shakespeare & The Greek Romance*. Lexington: The University Press of Kentucky, 1970.
GIRARD, René. *Shakespeare: teatro da inveja*. São Paulo: É Realizações, 2010.
GODDARD, Harold C. *The Meaning of Shakespeare*, v. 1 e 2. Chicago: University of Chicago Press, 1960.
GÓES, Joaci. *A inveja nossa de cada dia*. Rio de Janeiro: Topbooks, 2001.
GRANVILLE-BARKER, Harley. *Prefaces to Shakespeare*, vol. II. Nova Jersey: Princeton University Press, 1947.
GREENBLATT, Stephen. *Renaissance Self-Fashioning: from More to Shakespeare*. Chicago: University of Chicago Press, 2005.
_____. *Como Shakespeare se tornou Shakespeare*. São Paulo: Companhia das Letras, 2011.
GREENWOOD, George. *Shakespeare Law and Latin*. Londres: Watts & Co, 1916.
_____. *Shakespeare's Law*. Hartford: Edwin Valentine Mitchell, 1920.
_____. *Tyrant: Shakespeare on Politics*. Nova York: W. W. Norton & Company, 2017.
GUEIROS, Nehemias. "Mistério do soneto shakespeariano". In: SHAKESPEARE, William. *30 sonetos*. 3ª ed. Rio de Janeiro: Nova Fronteira, 1991.
GUERNSEY, Rocellus Sheridan. *Ecclesiastical Law in Hamlet*: The Burial of Ophelia. Nova York: Brentano Bros., 1885.
HALLIDAY, F. E. *Shakespeare*. Rio de Janeiro: Jorge Zahar Editor, 1990.
HAMLIN, Hannibal. *The Bible in Shakespeare*. Oxford: Oxford University Press, 2018.
HAMPTON-REEVES, Stuart. "The Declaration of Reasonable Doubt". In: EDMONDSON, Paul; WELLS, Stanley W. (org.) *Shakespeare Beyond Doubt*: Evidence, Argument, Controversy. Cambridge: Cambridge University Press, 2013.
HARRIS, Jonathan Gil. *Untimely Matter in the Time of Shakespeare*. Filadélfia: University of Pennsylvania Press, 2009.

HARRISON, G. B. *Shakespeare*. São Paulo: Melhoramentos, 1954.
HAWKES, Terence. *Shakespeare and the Reason*. Londres: Routledge, 2005.
_____. *Rei Lear*. Plymouth: Nortcote, 1995.
HAZLITT, William. *Characters of Shakespeare's Plays*. Oxford: Oxford University Press, 1929.
_____. *Shakespeare's Library*. Nova York: AMS Press, 1965.
HELIODORA, Barbara. *Shakespeare: o que as peças contam*. Rio de Janeiro: Edições de Janeiro, 2014, p. 76.
_____. *Por que ler Shakespeare*. São Paulo: Globo, 2008.
_____. *A expressão dramática do homem político em Shakespeare*. Rio de Janeiro: Paz e Terra, 1978.
_____. *Falando de Shakespeare*. 2ª ed. São Paulo: Perspectiva, 2007.
_____. *Reflexões shakespearianas*. Rio de Janeiro: Lacerda, 2004.
_____. "A Revolução Republicana e a Restauração Monárquica". In: HELIODORA, Barbara. *Caminhos do teatro ocidental*. São Paulo: Perspectiva, 2013.
HENDERSON, Diana E. (org.). *Alternative Shakespeare*, 3. Nova York: Routledge, 2008.
HOLDEN, Anthony. *Shakespeare*. Rio de Janeiro: Ediouro, 2003.
HOLINSHED, Raphael. *Holinshed's Chronicle, as Used in Shakespeare's Plays*. Londres: J. M. Dent, 1947.
HONAN, Park. *Shakespeare: uma vida*. São Paulo: Companhia das Letras, 2001.
HONIGMANN, E. A. J. *Shakespeare: The 'Lost Years'*. Manchester: UP, 1998.
HOWARD, Jean E.; RACKIN, Phyllis. "Richard II". In: *Engendering a Nation: A Feminist Account on Shakespeare's English Histories*. Londres: Routledge, 1997.
HUGHES, Ted. *Shakespeare and the Goddess of Complete Being*. Nova York: Barnes & Noble, 2009.
HUGO, Victor. *William Shakespeare*. Londrina: Campanário Editorial, 2000.
HUNT, Lynn. *A invenção dos Direitos Humanos*. São Paulo: Companhia da Letras, 2009.
HUSSEY, Maurice (org.). *The Chester Mystery Plays*. Londres: William Heinemann Ltd, 1957.

JOHNSON, Samuel. *Johnson on Shakespeare*. Oxford: Oxford University Press, 1925.

KARIM-COOPER, Farah. *The Great White Bard*. Londres: Oneworld, 2024.

KASTAN, David Scott; JAMES, Kathryn. *Remembering Shakespeare*. New Haven: Beinecke Rare Book Manuscript Library, 2012.

KERMODE, Frank. *A linguagem de Shakespeare*. Rio de Janeiro: Record, 2006.

KERRIGAN, William. *Shakespeare's Promises*. Baltimore: The John Hopkins University Press, 1999.

KIRCHNER, Felipe. "*O mercador de Veneza*: aspectos hermenêuticos da lei e do contrato no horizonte da Veneza shakespeariana". In: MARTINS-COSTA, Judith (org.). *Narração e normatividade*. Rio de Janeiro: GZ, 2012.

KNIGHT, Charles. *Studies of Shakespeare*. Londres: George Routledge and Sons, 1869.

KNIGHT, G. WILSON. *Shakespeare's Dramatic Challenge*. Londres: Croom Helm, 1977.

KNIGHT, W. Nicholas. *Shakespeare's Hidden Life*. Nova York: Mason & Lipscomb, 1973.

KNIGHTS, L. C. *Some Shakespearean Themes*. Londres: Chatto & Windus, 1960.

KORNSTERN, Daniel J. *Kill All The Lawyers?: Shakespeare Legal Appeal*. New Jersey: Princeton University Press, 1994.

KOTT, Jan. *Shakespeare nosso contemporâneo*. São Paulo: Cosac & Naify, 2003.

LAROQUE, François. *The Age of Shakespeare*. Nova York: Abrams, 1991.

LEÃO, Liana. "Os vilões em Shakespeare: as várias faces do mal". In: CASTRO NEVES, José Roberto de; ALQUERES, José Luiz (compil.). *O mundo é um palco*. Rio de Janeiro: Edições de Janeiro, 2016.

_____. MEDEIROS, Fernanda (orgs.). *O que você precisa saber sobre Shakespeare antes que o mundo acabe*. Rio de Janeiro: Nova Fronteira, 2021.

LEMON, Rebecca. *Treason By Words: Literature, Law and Rebellion in Shakespeare's England*. Ithaca: Cornell University Press, 2006.

LINGS, Martin. *A arte sagrada de Shakespeare*. São Paulo: Polar, 2004.

LLOYD EVANS, Gareth. *The Upstart Crow*. Londres: J. M. Dent, 1982.

LODOWYK, E. F. C. *Undestanding Shakespeare*. Cambridge: Cambridge University Press, 1962.

LONGSTAFFE, Stephen. "The Commons Will Revolt: Woodstock After the Peasant's Revolt". In: CAVANAG, Dermot; HAMPTON-REEVES, Stuart; LONGSTAFFE, Stephen (org.). *Shakespeare's Histories and Counter--Histories*. Manchester: Manchester University Press, 2006.

LYBARGER, Donald F. *Shakespeare and the Law*. Cleveland: Cleveland Bar Journal, 1965.

MACGREGOR, Neil. *Shakespeare Restless World*. Londres: Penguin, 2012.

MACKINNON, F. V. *The Timeless Shakespeare*. Ontario: Times of Gloucester Press, 1985.

MAQUIAVEL. *O príncipe*. 14ª ed. Rio de Janeiro: Bertrand, 1990.

MARCHE, Stephen. *How Shakespeare Changed Everything*. Nova York: Harper, 2012.

McALINDON, T. *Shakespeare and Decorum*. Nova York: Harper & Row, 1973.

MCLEISH, Kenneth; UNWIN, Stephen. *A Pocket Guide to Shakespeare Plays*. Londres: Faber and Faber, 1998.

MEHL, Dieter. *Shakespeare's Tragedies: an Introduction*. Cambridge: Cambridge University Press, 1986.

MENDES, Oscar (org.). *William Shakespeare – Obra Completa*. Rio de Janeiro: Nova Aguilar, 1995.

MOLLER, Violet. *The Map of Knowledge*. Nova York: Anchor, 2019.

MORGAN, Kenneth O. *The Oxford History of Britain*. Oxford: Oxford University Press, 1984.

MOURTHÉ, Claude. *Shakespeare*. Porto Alegre: LP&M, 2007.

NESBIT, E. *10 peças de Shakespeare*. Belo Horizonte: Gutenberg, 2012.

NORWICH, John Julius. *Shakespeare's Kings*. Nova York: Scribner, 1999.

NUNES, Carlos Alberto. Prefácio. In: SHAKESPEARE, William; *A tempestade e A comédia de erros*. Trad. Carlos Alberto Nunes. 2ª ed. São Paulo: Melhoramentos, 1954.

O'CONNOR, Evangeline M. *Who's Who and What's What in Shakespeare*. Nova York: Avenel Books, 1978.

OLIVEIRA, Solange Ribeiro de. *Hamlet: leituras contemporâneas*. Belo Horizonte: Tessitura, 2008.

OLIVIER, Laurence. *Ser ator*. Rio de Janeiro: Globo, 1987.

O'SHEA, José Roberto. *Shakespeare: o primeiro Hamlet in-quarto de 1603*. São Paulo: Hedra, 2010.

PAIVA, Marcelo Whately. *O pensamento vivo de William Shakespeare*. São Paulo: Martin Claret, 1991.

PAIVA, Nunziata Stefania Valenza. "Loucura e Direito em *King Lear* de William Shakespeare". *Direito, Estado e Sociedade*, Revista do Departamento de Direito da Pontifícia Universidade Católica, Rio de Janeiro, nº 35, 2009.

PALMER, John. *Political Characters in Shakespeare*. Londres: Macmillan and Co., 1952.

PECK, John et al. *How to Study a Shakespeare Play*. 2ª ed. Londres: Macmillan Press, 1995.

PEMBLE, John. *Shakespeare Goes to Paris: How the Bard Conquered France*. Londres: Hambledon and London, 2005.

PEREIRA, Lawrence Flores. "Interioridade e Direito: os processos ocultos na tragédia shakespeariana". In: MARTINS-COSTA, Judith (org.). *Narração e normatividade*. Rio de Janeiro: GZ, 2012.

PIERCE, Robert B. *Shakespeare's History Plays*. Columbus, Ohio: Ohio State University Press, 1971.

PONDÉ, Luiz Felipe. *Diálogos sobre a natureza humana*. São Paulo: Versos, 2023.

POTTER, Lois. *The Life of William Shakespeare*. Chichester: Willey-Blackwell, 2012.

PROUDFOOT, Richard. *Shakespeare: Text, Stage & Canon*. Londres: Arden Shakespeare, 2001.

RACKLEY, Erika. "Judging Isabella: Justice, Care and Relationship in *Measure for Measure*". In: RAFFIELD, Paul; WATT. Gary (org.). *Shakespeare and the Law*. Oxford and Portland, Oregon: Hart Publishing, 2008.

ROE, Richard Paul. *The Shakespeare Guide to Italy: Retracing the Bard's Unkown Travels*. Nova York: Harper, 2011.

ROSENBAUM, Ron. *As guerras de Shakespeare*. Rio de Janeiro: Record, 2011.

ROSSITER, A. P. *Angel with horns*. Londres: Longman, 1989.

ROWSE, A. L. *Preface to Shakespeare's Plays*. Londres: Orbis, 1981.

ROYLE, Nicholas. *How to Read Shakespeare*. Nova York: W.W. Norton, 2005.

ROZAKIS, Laurie. *Tudo sobre Shakespeare*. São Paulo: Manole, 1999.

_____. Law and Commerce in *The Merchant of Venice*. In: NUSSBAUM, Martha; Cormack, Bradin; STRIER, Richard (org.). *Shakespeare and the Law: a Conversation Among Disciplines and Professions*. Chicago: University of Chicago Press, 2013.

SAMS, Eric. *The Real Shakespeare*. New Haven: Yale University Press, 1995.

SANDERS, Wilburg et al. *Shakespeare Magnanimity*. Nova York: Oxford University Press, 1978.

SCRAGG, Leah. *Discovering Shakespeare's Meaning*. Totowa: Barnes & Noble Books, 1988.

SCRUTON, Roger. *A cultura importa*. São Paulo: LVM, 2024.

SHAKESPEARE, William. *Obra completa*. Tradução de F. Carlos de Almeida Cunha Medeiros e Oscar Mendes. Rio de Janeiro: Editora Nova Aguilar, 1995.

_____. *The Complete Works of William Shakespeare*. The Shakespeare Head Press Edition. Wordsworth, Hertfordshire, 1994.

_____. *Romeo and Juliet*. Londres: Penguin Books, 1959.

_____. *Hamlet, Prince of Denmark*. Londres: Penguin Books, 1958.

_____. *Hamlet*. Tradução Millôr Fernandes. Porto Alegre: L&PM, 1997.

_____. *The Tragedy of King Lear*. Londres: Penguin Books, 1955.

_____. *The Tragedy of Macbeth*. Londres: Penguin Books, 1950.

_____. *The Merchant of Venice*. Londres: Penguin Books, 1956.

_____. *Othello*. Londres: Penguin Books, 1955.

_____. *Henry the Fifth*. Londres: Penguin Books, 1951.

_____. *Júlio César*. Trad. Carlos Lacerda. Rio de Janeiro: Record, 1955.

_____. *The Complete Works*. Londres: CRW Publishing Limited, 2005.

_____. *A megera domada*. Trad. Millôr Fernandes. Porto Alegre: L&PM, 2010.

_____. *Hamlet*. Trad. Millôr Fernandes. Porto Alegre: L&PM, 2010.

_____. *Rei Lear*. Trad. Millôr Fernandes. Porto Alegre: L&PM, 2010.

_____. *MacBeth*. Trad. Beatriz Viégas-Faria. Porto Alegre: L&PM, 2010.

_____. *Macbeth*. Trad. Manuel Bandeira. São Paulo: Cosac & Naify, 2009.

_____. *Otelo*. Trad. Beatriz Viégas-Faria. Porto Alegre: L&PM, 2010.

_____. *Romeu e Julieta*. Trad. Beatriz Viégas-Faria. Porto Alegre: L&PM, 2010.

_____. *A tempestade, A comédia de erros, As alegres comadres de Windsor e A megera domada*. Trad. Carlos Alberto Nunes. 2ª ed. São Paulo: Edições Melhoramentos, 1954.

_____. *Júlio César, Antônio e Cleópatra, Troilo e Créssida e Timão de Atenas*. Trad. Carlos Alberto Nunes. São Paulo: Edições Melhoramentos, 1954.

SHAPIRO, James. *Quem escreveu Shakespeare?* Curitiba: Nossa Cultura, 2012.

_____. *Um ano na vida de William Shakespeare*. 2ª ed. São Paulo: Planeta, 2024.

SIBONY, Daniel. *Na companhia de Shakespeare*. Rio de Janeiro: Imago, 1992.

SMITH, Emma. *The Cambridge Introduction to Shakespeare*. Cambridge: Cambridge University Press, 2007.

_____. *This is Shakespeare*. Nova York: Penguin, 2019.

SOKOL, B. J.; SOKOL, Mary. *Shakespeare, Law and Marriage*. Cambridge: Cambridge University Press, 2003.

SPENCER, Theodore. *Shakespeare and the Nature of Man*. Nova York: Macmillan and Co, 1961.

SPENGLER, Oswald. *A decadência do Ocidente*. Rio de Janeiro: Zahar, 1964, p. 171.

STENDHAL. *Racine e Shakespeare*. São Paulo: Edusp, 2008.

STERN, Tiffany. *Making Shakespeare*. Londres: Routledge, 2004.

TAYLOR, Gary. *Reinventing Shakespeare: A Cultural History from the Restoration to the Present*. Londres: Weidenfeld & Nicolson, 1989.

TEBO, Margaret Graham. *Shakespeare for Lawyers*. Chicago: ABA Publishing, 2010.

THOMSON, Peter. *Shakespeare's Professional Career*. Cambridge: Cambridge University Press, 1992.

TILLYARD, E. M. W. *Shakespeare's History Plays*. Nova York: Macmillan, 1946.

TRAVERSI, Derek. *Shakespeare: the Last Phase*. Nova York: Harcourt, Brace & Company, 1953.

VIDAL, Nara. *Shakespearianas*. Belo Horizonte: Relicário, 2023.

WAIN, John. *The Living World of Shakespeare*. Nova York: Macmillan and Co, 1964.

WARD, Ian. *Shakespeare and the Legal Imagination*. Londres: Butterworths, 1999.

WATT, Gary. The Law of Dramatic Properties in *The Merchant of Venice*. In: NUSSBAUM, Martha; CORMACK, Bradin; STRIER, Richard (org.). *Shakespeare and the Law: A Conversation Among Disciplines and Professions*. Oxford and Portland, Oregon: Hart Publishing, 2008.

WEINER, Eric. *The Geography of Genius*. Nova York: Simon & Schuster, 2016.

WELLS, Stanley. *Shakespeare & Co*. Nova York: Pantheon Books, 2007.

_____. *Shakespeare Sex & Love*. Oxford: Oxford University Press, 2010.

_____. *Shakespeare off the Record*. Londres: Watkins Publishing, 2011.

_____. *Shakespeare Beyond Doubt*. Cambridge: Cambridge University Press, 2013.

_____. *What Was Shakespeare Really Like?*. Cambridge: Cambridge University Press, 2023.

WILSON, Derek. *Tudor England*. Oxford: Shire Publications, 2010.

WILSON, Harold S. *On the Design of Shakespearian Tragedy*. Toronto: University of Toronto Press, 1968.

WILSON, Luke. "Drama and Marine Insurance in Shakespeare's London". In: JORDAN, Constance; CUNNINGHAM, Karen (org.). *The Law in Shakespeare*. Londres: Palgrave Macmillan, 2007.

YOSHINO, Kenji. *A Thousand Times More Fair: What Shakespeare Plays Teach Us About Justice*. Nova York: Harper Collins, 2012.

ZEEVELD, W. Gordon. *The temper of Shakespeare's thought*. New Haven: Yale, 1974.

ZSCHIRNT, Christiane. *Livros*. São Paulo: Globo, 2006.

ZURCHER, Andrew. *Shakespeare and Law*. Londres: Methuen, 2010.

Direção editorial
Daniele Cajueiro

Editor responsável
Hugo Langone

Produção editorial
Adriana Torres
Laiane Flores
Allex Machado
Mariana Oliveira

Copidesque
Alvanísio Damasceno

Revisão
Ítalo Barros
Rita Godoy

Projeto gráfico de miolo e diagramação
Sérgio Campante

Este livro foi impresso em 2024, pela Vozes, para a Nova Fronteira.
O papel do miolo é Avena 70g/m² e o da capa é cartão 250g/m².